율곡 이이의
정치 필독서
만언봉사
萬言封事

마당

율곡 이이의 정치필독서 만언봉사

초판 인쇄　2024년 03월 10일
초판 발행　2024년 03월 20일

지은이　이이
에디터　배용구
펴낸이　조태현
펴낸곳　마당

우편번호　03115
주소　서울시 종로구 종로66길 20 계명빌딩 502호
전화　02_762_2113
팩스　02_745_9921

등록　1977-000016
ISBN　979-11-91571-37-0-03300
ⓒ 2024, 마당

머리말

"만언봉사萬言封事"는 정치인이 꼭 읽어야 할 지침서다

『율곡전서』총 44권 중 권5에 수록되어 있다. 일명 「갑술만언봉사甲戌萬言封事」 또는 「만언소萬言疏」라고도 불린다. 갑술년에 올린 만언에 이르는 상소라는 뜻인데, 실제는 1만 2,000자가 넘는다. 또한 '봉사'란 옛날 중국에서 신하가 임금에게 상주할 때 내용이 누설되지 않도록 검은 천으로 봉해 올린 데서 생겨난 말로, 흔히 장편의 상소문 또는 책자를 말한다.

당시 지진이 일어나는 등 천재지변이 심해 선조는 조정의 신하로부터 초야에 이르기까지 의견을 구하는 교지를 여러 차례 내렸다. 우부승지에 재임했던 율곡 이이가 『만언봉사』를 지어 올린 것이다. 앞부분에서는 임금이 여러 선비들에게 직언을 구하는 심정과 취지를 약술하고, 본문에서는 정사의 문제점 7항과 대안의 9항을 실제 상황을 열거하며 체계적으로 논술하였다.

이이는 기묘사화와 을사사화 때 이루어진 나쁜 습성과 규칙을 개혁해야 한다고 하면서, 당대 정치가 실질적인 공功을 얻지 못하고 있다고 비판하였다. 특히 상하上下의 신뢰, 관리들의 책임 소재와 책임감, 경연의 운영, 인재 등용, 재해 대책, 백성의 복리 증진, 인심의 교화에 있어 실實이 없음을 지적, 분석하였다.

수신修身의 요체로 분발·학문·공정, 어진 선비를 가까이 함 등을 들었고, 안민安民의 요체로 개방적인 의견 수렴, 공안貢案의 개혁, 사치풍조 개혁, 선상選上, 지방의 노비를 뽑아 서울의 관아로 보냄제도의 개선, 군정 개혁 등의 조목을 현황과 개선책 제시와 함께 논술하였다. 특히, 안민에 대한 진술은 당시까지 역대 조정에서의 해당 정사의 변천 과정을 따지고 분석한 토대 위에서 '옛 제도를 개량하여 새로운 법규를 만든다.'는 정신으로 일관하고 있다.

만언소의 내용은 당시 사회에 대한 전반적인 진단과 처방이라는 점에서 후대에도 큰 영향을 미쳤다. 이이는 말미에서 백성들의 원기元氣가 이미 쇠퇴해 10년이 못 가서 화란이 일어난다고 경고하고, '습속을 따르고 전례나 지키려는 의견들로 인해' 흔들리지 말고 정성으로 해결책을 구하라고 권고하였다.

이이는 우부승지로 재직하던 1574년(선조 7년) 왕의 구언교에 응해 올린 것이다. 내용은 크게 왕의 자세와 마음가짐을 다룬 것과 시폐(그 당시의 못된 폐단)를 지적하며 개혁안을 제시한 부분으로 나눌 수 있다. 서두에서 이이는 때에 맞추어 변법(법률을 고침)하는 것이 영원불멸의 도道라는 정자程子의 말을 인용하면서, 국가를 세운 지 200년이 지났으니 조종지법朝宗之法이라도 상황에 맞추어 개혁해야 할 것을 주장했다. 이어 당시의 문제점으로 을사 기묘 사화 이후 관리 기강의 해이, 서리의 부패, 인재의 침체, 각종 제도와 형정刑政의 타락과 각종 조치가 제대로 시행되지 않는 점 등을 지적하였다.

마지막으로 당시의 구체적인 문제점과 대책을 논했는데 중요한 내용은 다음과 같다. 연산군 때 공물이 늘어나고 불산공물不産貢物이 증가했으니 호구를 조사해 공물액을 다시 책정할 것, 공천 선상은 대립제가 성행하니 선상을 폐지하고 신공身貢을 정부에서 일괄수거해 각사에 분배할 것, 지방관인 병사·수사 水使·만호 등에게 봉급을 지급해 방군수포의 폐단을 줄일 것, 군사의 부방을 폐지하고 국경지방에서는 주민을 훈련시켜, 능력이 뛰어난 자는 노비라도 권관으로 등용할 것 등이다. 16세기의 사회 상황과 이이의 정치사상을 보여주는 대표적인 글이다.

- 편집자 주 -

목차

– 율곡 이이의 생애 –

이 (1536년 음력 12월 26일 ~ 1584년 음력 1월 16일)는 조선의 문신이자 성리학자이다. 본관은 덕수德水. 자는 숙헌叔獻, 호는 율곡栗谷이다. 관직은 이조판서에 이르렀다. 시호는 문성文成이다. 서인西人의 영수로 추대되었다. 이언적[1], 이황[2], 송시열, 박세채, 김집과 함께 문묘 종사와 종묘 배향을 동시에 이룬 6현 중 한 사람이다. 아홉 차례의 과거에 장원급제하여 구도장원공[3]이라는 별칭을 얻었다.

퇴계 이황

15세 때 어머니 신사임당이 죽자 3년간 여묘[4]살이를 한 후, 아버지가 계모 권씨와 재혼하자 금강산에 들어가 승려가 되었다. 이 때문에 훗날 그가 죽은 후에까지도 '머리를 깎고 승려가 되려다가 환속한 사람'이라고 동인[5]과 남인[6]이 공격하는 빌미가 되었다.

---

1) **이언적** : 중종 때 성리학의 이설을 정립한 조선 중기의 문신. 성리학의 이설을 정립하여 이황의 사상에 커다란 영향을 주었으며, 영남학파의 선구자로 추앙받았다. 중종 9년 문과에 급제해 경주 주학교관이 되었으나 인종이 죽자 국사를 관장했고, 명종이 즉위하자 「서계 10조」를 올렸다. 1547년 윤원형과 이기 일파가 조작한 양재역벽서사건에 무고하게 연루돼 강계로 유배돼 성리학 연구에 힘쓰다가 죽었다. 사후 종묘에 배향되었고 문묘에 종사되었으며, 영의정에 추증되었고, 경주 옥산서원 등 여러 서원에 주향되었다.

2) **이황** : 주자성리학을 심화, 발전시킨 조선의 유학자이다. 자는 경호, 호는 퇴계, 퇴도, 도수이며 1548년 단양군수, 풍기군수를 지내다가 이듬해 병을 얻어 퇴계의 서쪽에 한서암을 짓고 공부했다. 이후 성균관 대사성으로 임명되고 여러 차례 벼슬을 제수받았으나 대부분 사퇴했다. 1560년 도산서당을 짓고 독서, 수양에 전념하면서 많은 제자를 길렀다. 선조에게 〈무진육조소〉를 올리고 〈사잠〉, 〈논어집주〉, 〈주역〉 등을 진강했으며 〈성학십도〉를 저술해 바쳤다. 이듬해 낙향했다가 병으로 70세의 나이로 죽었다.

3) **구도장원공**九度壯元公 : 강릉 오죽헌에서 사헌부 감찰 이원수와 신사임당 사이의 셋째 아들로 태어난 그는 천재적인 면모로 유명하였다. 8살에 유명한 '화석정시'를 지었으며, 13세에 진사 초시에 합격한 이래 29세에 대과에 급제하기까지 9번이나 장원 급제하여 '구도장원공'이라고 불리었다. 또한, 23세 때 겨울 별시 답안으로 제출한 '천도책'은 곧바로 중국에까지 전해져 이름을 떨쳤다고 한다.

4) **여묘** : 상제가 무덤 근처에 여막을 짓고 살며 무덤을 지키는 일.

5) **동인** : 서인에 대립한 김효원·유성룡 등을 중심으로 한 당파로, 다시 남인·북인으로 나뉨.

6) **남인** : 동인에서 갈라진 사색당파의 하나. 북인에 대하여 유성룡을 중심으로 한 당파.

공납의 폐단 시정책인 대공수미법[7] 실시를 주장하고, 병조판서로서 여진족 이탕개의 침입을 격퇴한 후, 10만 양병설[8]을 주장해 임진왜란을 예언했다는 명성을 얻었다. 또한 그는 향약의 보급에 참여하는 한편, 안정기에 접어들면서 혼란해진 사회를 개혁할 방법으로 다시 건국 초기와 같은 초심으로 돌아가자는 경장론을 제시하였다. 그는 붕당을 조정하지 못한 한을 남긴 채 죽었으며, 사후 의정부영의정에 추증되었다. 성혼, 송익필, 김장생 등과 함께 기호 지역이 기반인 서인의 종주로 추앙된다. 그를 문묘에 종사하는 문제를 놓고 인조반정 이후 50년간 논쟁의 대상이 되다가 숙종 때 경신환국[9]으로 서인들이 집권한 후 문묘에 종사되었다.

▶ 출생과 가계

율곡 이이는 1536년 강원도 강릉부 죽헌동에 있는 외가인 오죽헌에서, 덕수 이씨 통덕랑 사헌부감찰 이원수와 평산 신씨 신사임당의 셋째 아들로 태어났다. 오죽헌 별채에서 태어났는데, 신사임당이 태기를 느끼게 된 계기가 흑룡이 바다에서 하늘로 오르는 꿈이었기 때문에, 나중에 그가 태어난 방은 몽룡실夢龍室이라 일렀고, 아이 때의 이름은 '현룡見龍'이라 지었다가 뒤에 이珥로 바꾸었다. 이후 경기도 파주에 자리한 본가로 와서 생활하였다.

아버지 이원수는 사헌부감찰, 수운판관과 통덕랑을 지냈으며, 중종 때의 형제 정승인

---

7) **대공수미법**代貢收米法 : 공납제의 폐단을 시정하기 위해 이이·유성룡 등에 의해 제기된 재정 정책.

8) **10만 양병설** : 임진왜란 발발 10년 전, 병조판서 이이는 경연에 들어가 선조에게 10만 양병을 건의했다. 문치의 극성으로 국방과 군역 제도가 허물어진 상황에서 외침이 일어나면 제대로 대응할 수 없다는 판단에 따른 것이었다. 안방준의 『임진록』에 따르면 이이는 경연에서 이렇게 건의했다. "나라의 형세가 부실함이 오래되어 앞으로 닥쳐올 화를 염려하지 않을 수 없다. 도성에 2만 명, 각 도에 1만 명씩 10만 명을 양병해 위급한 일에 대비해야 한다. (…) 직무를 게을리하며 세월만 보내고 무사안일한 습관이 들면 하루아침에 갑자기 변이 일어나 저잣거리 백성들을 이끌고 싸우게 되는 것을 면치 못할 것이니, 그러면 일을 크게 그르치게 될 것이다." 하지만 당시 경연에서는 아무도 이이의 말에 찬성하지 않았다. 경연 직후 동인 출신 유성룡은 "지금처럼 태평무사한 때는 경연의 자리에서 성인의 학문을 우선으로 삼아 힘써 권해야 마땅하지, 군대의 일은 급한 일이 아니다." 하고 반박했다. 그로부터 얼마 뒤 이이는 타계했다. 1592년, 마침내 왜란이 발발하자 그때서야 유성룡은 "우리는 만고의 죄인"이라며 이이의 10만 양병설을 가볍게 여긴 것을 크게 후회했다고 한다.

9) **경신환국** : 1680년(숙종 6년) 3월부터 4월 사이 조선 조정에서 남인 일파가 정치적으로 대거 실각당한 일이다. 당시 재상 허적이 조부 허잠의 시호를 받는 기념식 할 때, 궁궐의 허락을 받지 않고 유악(천막)을 빌린 일에서 시작했다. 경신사화, 경신출척이라고도 한다.

경재 이기, 용재 이행의 5촌 조카였는데, 이기는 의정부영의정, 이행은 의정부좌의정을 각각 지냈다. 또한 종숙당숙 이기와 이행은 당대의 실권자들이었고, 그들은 외가쪽으로는 생육신 성담수, 성담년의 조카이고, 사육신 성삼문의 외종조카들이었다.

벼슬이 낮았던 아버지 이원수는 승진하고자, 일부러 당숙이자 김종직의 문인이며 글을 잘 썼던 이기의 문하에 출입했으나, 부인 신사임당의 권고로 그만두었다. 야사에 의하면, 신사임당이 남편 이원수에게 이기의 집에 출입하다가 화를 당할 것이라고 경고했는데, 과연 이기는 청렴했고 글도 잘 지었으며 벼슬이 의정부영의정까지 이르렀지만, 을사사화[10]에 가담한데다 권력을 남용한 탓에 명종 말엽 관작을 삭탈 당했다.

어머니 신사임당[11]은 학문적 소양이 깊었고, 시문과 서화에 능했다. 또한 어머니 신사임당은 높은 덕을 지닌 인격자였을 뿐만 아니라, 절개가 굳고 시부모를 잘 섬긴다고 칭송을 받던 인물이었다. 이러한 어머니를 두었던 이이는 어려서 어머니에게서 학문을 배웠다. 이런 교육환경 덕에 그는 어려서부터 매우 총명하였다. 그의 외할아버지 진사 신명화는 조광조 등과 가까이 지냈으며, 기묘사화[12] 때의 의리를 지켜 벼슬에 나가지 않았다. 외할아버지 신명화는 아들이 없이 딸만 여럿 두었는데, 딸들에게도 유교, 성리학을 가르치고, 공자, 맹자, 주자의 도리를 가르쳤다.

---

10) 을사사화 : 사화는 '사림의 화'의 준말로 사림파들이 화를 입은 사건들을 말하며, 4대사화 중 하나다. 을사사화에는 외척 간의 갈등이 중요한 변수로 작용했다. 외척인 윤원로·윤원형 형제가 조카 경원대군으로 세자를 교체하려 세자의 외숙인 윤임과 충돌했다. 세자였던 인종이 왕위를 계승하여 사림파를 중용했으나 8개월 만에 세상을 떠났다. 이에 경원대군이 명종으로 즉위했다. 윤씨 형제는 명종의 보위를 굳힌다는 미명 아래 을사사화를 일으켜 윤임 등을 축출했다. 홍문관과 양사의 사림파가 그 부당성을 지적하고 항의하자 사림파 관원을 파직시키고 윤임 등과 종친인 계림군을 역모로 몰아 죽이고 정권을 장악했다.

11) 신사임당과 5만 원권 : 현재 통용되고 있는 5만 원권 지폐 앞면에는 조선 시대의 문인, 화가인 신사임당의 초상화가 그려져 있으며 신사임당이 그린 〈묵포도도〉, 〈초충도수병〉이 함께 그려져 있다. 뒷면에는 어몽룡이 그린 〈월매도〉, 이정이 그린 〈풍죽도〉가 그려져 있다. 율곡 이이는 5천 원권에 초상화가 그려져 있다. 유일하게 모자가 화폐에 도안되어 있다.

12) 기묘사화 : 1519년(중종 14년) 11월 조광조·김정·김식 등 신진사류가 남곤·심정·홍경주 등의 훈구 재상에 의해 화를 입은 사건이다. 중종반정으로 유교적 정치질서가 회복되면서 조광조 등의 신진사류가 점차 두각을 나타냈고 이들은 왕도정치를 이상으로 하는 지치주의 실현에 주력하여 많은 성과를 거두었다. 하지만 철인군주 이상을 왕에게 강요하여 중종이 등을 돌렸고, 반정공신 위훈삭제를 주장하여 훈구세력을 공격하자 이들은 계략을 꾸며 조광조를 비롯한 신진사류를 제거했다. 정치체제가 왕도정치의 실현을 뒷받침할 만큼 성숙하지 못한 상황에서 일어난 사건이다.

이원수는 신사임당 외에도 권씨라는 첩을 한 명 더 두었다. 서모 권씨는 주모 출신으로 술주정이 심하였는데, 신사임당에게는 근심이 되었을 뿐만 아니라 신사임당이 세상을 떠난 뒤, 권씨는 이이를 괴롭혔으나 그는 원한을 품지 않고 서모를 극진히 모셨다.

이이는 어려서 신동이라 불렸다. 그는 생후 1년도 안 되어 말과 글을 깨우쳐서 주변을 놀라게 하였는데, 3세 때에 이미 글을 깨우쳤을 뿐만 아니라, 어머니 신사임당의 글과 그림을 흉내낼 정도로 놀라운 천재였다. 이이는 4세 때 중국의 역사책인『사략』의 첫 권을 배웠는데 가르치는 스승보다도 더 토를 잘 달았다고 한다.

이이는 어머니에 대한 효성이 지극하여 5세 때에 어머니 신사임당이 병으로 자리에 눕자, 외할아버지의 위패를 모신 사당에 홀로 들어가 매일 1시간 동안 기도를 올릴 정도로 어머니를 아끼는 마음이 컸다. 행방불명이 된 이이를 찾던 가족들은 외조부 신명화의 사당에 엎드려 어머니를 낫게 해달라는 어린 이이가 기도하는 모습을 보고는 탄복하였다 한다. 또 11세 때에는 아버지 이원수가 병으로 자리에 눕자, 이이는 칼끝으로 자기의 팔을 찔러 흘러내리는 피를 아버지의 입에 넣어 드렸다고 한다. 그리고 사당에 들어가 아버지의 병을 낫게 해 달라고 눈물을 흘리며 기도했다.

8세 때는 화석정[13]에서「팔세부시八歲賦詩」를 지어 사람들을 놀라게 하였다.

> 숲에는 가을이 저물어 가매
> 시인의 시정은 그지없어라.
> 물빛은 하늘에 닿아 푸르고
> 단풍은 햇빛 따라 불타올라라.

---

13) 화석정花石亭 : 경기도 파주시 파평면에 있는 조선전기 문신 이명신이 건립한 누정. 정면 3칸, 측면 2칸 규모의 초익공 겹처마 팔작지붕 건물이다. 이곳은 원래 고려 말기의 문신 길재의 유지遺址였던 자리였다. 1443년(세종 25년)에 이명신이 건립하였고 1478년(성종 9년)에 이숙함이 화석정이라 명명하였다고 한다. 이명신의 증손인 이이가 중수하여 퇴관退官 후 여생을 이곳에서 보내면서 시를 지으며 학문을 논하고 이理를 구究하니, 중국의 칙사 황홍헌이 정자를 찾아와 음시吟詩, 청유淸遊하였다고 한다. 정자 안에는 '화석정중건상량문'을 비롯하여 여러 개의 현판이 걸려 있다. 이숙함의 정기亭記에 의하면, 당나라 때 재상 이덕유의 별서別墅인 평천장平泉莊의 기문記文 중에 보이는 '화석花石'을 따서 정자 이름으로 삼았다고 한다. 임진왜란 때 불타 없어진 후 80여 년 동안 터만 남아 있었다가 그 뒤 이이의 후손들이 1673년(현종 14년) 중건하였다. 그러나 한국전쟁 때 다시 소실된 것을 1966년 파주 유림이 성금을 모아 복원하였다. 1973년 정부가 실시한 율곡 선생 및 신사임당 유적 정화사업의 일환으로 화석정이 단청되고 주위도 정비되었다.

산에는 둥근 달이 솟아오르고
강에는 끝없는 바람 어려라.
기러기는 어디로 가는 것인가
저무는 구름 새로 소리 끊겨라.

어머니 신사임당이 자주 병환에 눕자, 이이와 형제들은 지극정성으로 어머니 신사임당의 병구완을 하였다. 그러나, 1551년(명종 6년)에 어머니 신사임당은 병으로 세상을 떠났다. 이후, 이이는 정신적으로 방황하였는데, 서모 권씨의 술주정과 괴롭힘은 그의 방황을 부추겼다. 그는 외할머니 이씨와 서신을 주고받으며, 어머니의 빈자리를 외할머니에게 의존하였으나, 그마저도 곧 세상을 떠난다.

1558년 이이는 성주목사 노경린의 딸 곡산 노씨와 결혼하였고, 김씨와 이씨 두 명의 첩을 두었다. 그중 이씨의 서녀에게서 얻은 딸 이씨는 이이가 죽은 뒤 그의 제자였던 김장생의 아들 김집의 첩으로 출가하였다. 1558년 이황을 만났다. 당시 장인이 살고 있던 성주와 이황이 머물던 안동은 그다지 멀지 않았다. 이황과 이이는 평생 동안 이때 단 한 번 만났는데, 이황은 서른다섯 살이나 어린 이이를 맞아 기꺼이 성리학에 대해 깊은 토론을 했고, 성리학으로 세상을 바로잡아 보자는 데 의기투합했다. 두 사람은 짧은 만남을 아쉬워하면서 서로를 잊지 못하여 가끔 편지를 주고받았다.

▸ 스승 휴암 백인걸14)의 만남

1548년, 이이는 13세 때 어른들도 따내기 힘든, 진사 초시에 장원 급제를 따내어 시험관뿐만 아니라 부모하고 주위 사람들까지 놀랐을 정도였는데, 지금으로 친다면 초등학교

14) 백인걸 : 백인걸은 조선시대 중기의 문신이자 사림파 정치인이며 성리학자, 작가이다. 한성부 출신으로 자는 사위士偉, 호는 휴암休菴이며 본관은 수원이다. 시호는 충숙忠肅이었다가 개시改諡되어 문경文敬이 되었다. 백이영은 그의 손자이다. 정암 조광조, 모재 김안국, 김식의 문인이며, 율곡 이이와 우계 성혼은 그의 문하생이었다. 조광조와 김식의 문하에서 수학하다 기묘사화로 스승과 동료를 모두 잃고 실의속에 금강산에 들어가 은거하였다. 뒤에 김안국을 찾아가 그로부터 성리학을 수학하였다. 1537년 문과에 급제하고 성균관에 오래 근무하다가 출사하였으나 문정왕후의 수렴청정에 반대하였으며, 그의 밀지 정치를 비난하다가 파직당했다. 그 뒤 을사사화 등으로 출사하지 않다가 1547년 정미사화에 연루되어 안변에 유배되었다. 그 뒤 윤원형의 몰락 이후 출사하여 1567년(명종 22년) 70세가 교리가 되었다.

6학년 학생이 고위공무원 시험에 합격한 것이나 다름없다.

이이의 학문은 날로 깊어가서 16세 때에는 더 가르칠 것도 없을 정도였으며, 유교 경서뿐만 아니라, 그밖에 다른 여러 책까지도 통달하고 성리학을 깊이 연구하였다.

스승 없이 조광조[15]를 사숙하다가 그는 조광조의 문하생인 휴암 백인걸을 찾아가 수학하였다. 백인걸의 문하에서 우계 성혼[16]을 만나는데, 성혼은 그의 오랜 친구가 된다. 성혼은 조광조의 다른 문하생인 성수침의 아들이자 성수침의 문하생이기도 했다.

휴암 백인걸

고향 파주는 친구 성혼의 아버지 성수침의 연고지이기도 했다. 청년기의 이이와 성혼은 시류의 타락을 논하며 "살아도 같이 살고 죽어도 같이 죽자."고 맹세하였다. 그런데 1567년 선조가 인재를 추천받을 때 사림에서는 이 난세를 치유할 수 있는 인물로 우계를 천거하는데 경의 생각은 어떤가?라고 우계의 사람됨을 물었다.

조광조

선조의 물음에 율곡은 한마디로 "우계는 그러한 위인은 못 되고 학문에 힘쓰는 착실한 선비다."라고 답변했다.

나라의 어려움을 건질 만한 인물이라고 사림에 떠받드는 인물이기 이전에 자신의 오랜 절친한 친구를 착실한 선비에 불과하다고 한 것은 비교적 냉혹한 평가였다.

선조가 이어서 "경과 우계를 비교하면 어떤가?"라고 묻자 이이는 "재주는 소신이 우계보

---

15) 조광조 : 조선 중종 때 도학정치를 주창해 급진적인 개혁정책을 시행한 조선 중기의 문신. 본관은 한양, 자는 효직, 호는 정암이며 17세 때 무오사화로 유배 중인 김굉필에게 학문을 배워 20세 때 촉망받는 청년 학자로서 사림파의 영수가 됐다. 연산군 10년 갑자사화 때 김굉필이 연산군의 생모 윤씨의 폐위에 찬성했다 하여 처형되면서 제자들까지 처벌당하게 되자 함께 유배했다. 중종 5년 사마시에 장원으로 합격하고 이어 알성문과에 급제해 왕의 신임을 얻게 됐다. 연산군이 정치적 혼란을 야기한 뒤 분위기를 새롭게 하고자 했을 때, 정치사상을 주장하면서 중종으로 하여금 이상 정치를 실현하게 했다. 하지만 훈구파의 탄핵으로 사사의 명을 받았고, 정광필의 변호로 유배에 그쳤으나 현량과가 폐지되면서 다시 사사됐다.

16) 성혼 : 1535년(중종 30년)에 태어나 1598년(선조 31년)에 사망했다. 초시에 모두 합격했으나 복시에 응하지 않고 학문과 교육에만 힘썼다. 이이가 죽은 뒤 서인의 주요 지도자가 되었고 이조판서로 봉사했으나 국정운영에 관한 봉사소를 올리고 귀향했다. 이이의 권유로 관직에 나아갔고 임진왜란 중에도 조정에 봉사했으나 대체로 벼슬을 극구 사양했다. 죽은 뒤 기축옥사와 관련되어 삭탈관직되었다가 다시 복권되었고, 좌의정에 추증되었으며, 숙종 때 문묘에 배향되었다. 『우계집』, 『주문지결』, 『위학지방』 등을 저술하였다.

다 자신이 낫긴 하나 수신하고 학문적인 노력에 있어서는 우계에
미치지 못한다."라고 솔직하게 답변했다.

성혼 역시 이이의 그러한 답변에 유감을 갖지 않고 겸허히 받아
들였다.

성혼

▶ 어머니의 죽음과 방황

1551년(명종 6년) 16살이 되던 해 이이는 수운판관인 아버지 이원수가 평양으로 출장을
갈 때 따라가게 되었다. 어머니 신사임당이 사망하자, 묘소가 있는 파주 두문리 자운산에
서 3년간 시묘살이를 했다. 효성이 남달리 지극하였던 이이는 가족들의 만류에도 불구하
고 스스로 3년 동안 어머니의 무덤 옆에 묘막을 짓고 생활하며 어머니의 명복을 빌었다.
또 아버지가 병으로 누웠을 때는, 사당에 들어가 아버지의 병을 낫게 해 달라고 눈물을
흘리며 기도했다.

어머니 신사임당의 사후 자녀들은 서모인 권씨 부인에게서 수난을 겪어야 했다. 온후
하고 자상한 어머니였던 신사임당과는 달리 권씨 부인은 술을 무척 좋아해서 새벽부터
술을 몇 잔 마셔야 겨우 자리에서 일어나는 성격이었고, 조금만 비위에 거슬리는 일이
있어도 빈 독에 머리를 박고 엉엉 울어댄다든가 노끈으로 자살 소
동을 벌이는 등 행패가 심하였다. 자녀들이 당하는 고통은 말이 아
니었다. 참다못한 이이는 가출을 감행할 정도였다.

어머니 신사임당의 오랜 병환과 죽음은 그에게 심적, 정신적 충
격을 주었다. 그는 사람이 왜 태어나고 죽는가에 대해 계속 고민하
면서 한동안 방황하게 된다. 결국 시묘살이를 마친 뒤 금강산으로

미수 허목

들어가 승려가 되었고, 그가 뒤에 불교에 입문했다가 환속한 뒤에
도 문제 삼지 않고 받아준 것은 스승 백인걸과 오랜 친구 성혼이었다. 그러나 이때의 입산
경력은 그의 생전에도 송응개[17] 등의 동인들과 허목[18], 윤휴[19], 윤선도[20] 등의 남인들에

17) 송응개 : 1555년(명종 10년) 식년시에 생원으로 급제하였고, 1564년 식년 문과에 을과로 급제하였다. 1565
년(명종 20년) 홍문관의 정자·저작을 거쳐서 홍문관의 박사·부수찬, 사간원정언을 지내고, 예조정랑으로

게 이단 학문에 **빠졌다**는 이유로 사상공세를 당하는 원인이 된다. 이이가 승려이며 불교
도라는 동인, 남인, 북인 계열 유학자들의 사상공세는 1910년(융희 4년) 조선이 멸망할 때

『명종실록』 찬수에 참여하였다. 1570년(선조 3년) 홍문관교리가 된 뒤, 1573년 함경도에 재상어사로 파
견되었다. 이때 덕원부사 안상 등이 무죄인데 파직시켰다는 사간원의 탄핵을 받아 파직당하였다. 그
러나 같은 해 6월 사헌부장령이 되고, 시강관, 홍문관의 부응교·부교리, 사간원의 사간·집의, 홍문관응
교 등을 두루 역임하였다. 1579년 승지로서 소위 이수李銖의 옥사에서 이를 석방하라는 왕의 명령을 철
회할 것을 청하다가 다시 파직당하였다. 1583년 대사간이 된 뒤, 동·서 분당 이후에는 동인의 중진으로
서 활약하였다. 이때 헌납 유영경, 정언 정숙남, 도승지 박근원, 성균관전적 허봉과 함께 이이를 탄핵
하다가 장흥부사로 좌천되고, 다시 회령에 유배되었다. 강계·갑산에 귀양간 박근원·허봉과 아울러 세
칭 계미삼찬이라 하였다. 이때 조헌을 비롯, 전라도·해주 등지의 유생들로부터 맹렬한 배척을 받았다.
1585년 영의정 노수신의 상소로 풀려났다.

18) **허목** : 조선 후기 때인 17세기 후반 군주권 강화를 통한 정치·사회 개혁을 주장했던 문신. 과거에 급제
하지 않고도 정승 반열에 올라 의정부우의정겸 영경연사에 이르렀다. 당색은 남인으로, 남인 중진이
며, 청남의 영수였다. 학행으로 천거되어 관직에 올랐으며 효종 사후 제1차 예송 논쟁 당시 효종은 장
남의 예로서 3년복을 입어야 한다고 주장하였으나 채택되지 않았고, 제2차 예송 논쟁 당시 인선왕후
의 1년복이 채택되자 사헌부대사헌, 이조참판에 발탁된 뒤 1675년 의정부우참찬 겸 성균관제주, 의정
부좌참찬, 이조판서를 거쳐 특별 승진하여 그해 의정부우의정 겸 영경연사, 사복시제조를 지냈다.
1675년 덕원에 유배중이던 송시열의 처벌문제를 놓고 강경론을 주장하여 온건론을 편 탁남과 대립,
청남의 영수가 되었다. 남인이 실각하고 서인이 집권하자 관작을 삭탈당하고 고향에서 저술과 후진교
육에 힘썼다.

19) **윤휴** : 조선 후기 주자학이 지배하던 17세기 사상계에서 주자의 학설과 사상을 비판한 문인. 본관은 남
원, 자는 희중, 호는 백호, 하헌으로 예송논쟁 때 남인으로 활동하며 송시열 등 서인세력과 맞섰으며,
숙종 즉위 후부터 남인 세력이 정치적으로 대거 축출될 때까지 많은 개혁안을 제기하고 실행하려 했
다. 1680년 영의정 허적의 아들 허견이 복선군을 추대하려는 역모에 관여했다고 하여 유배되었다가
처형당했다.

20) **윤선도** : 의금부 금부도사 겸 통덕랑 등을 지낸 조선 시대 중기, 후기의 시
인·문신·작가·정치인이자 음악가이다. 다산 정약용의 외 5대 조부이다. 정
철, 박인로, 송순과 함께 조선 시조시가의 대표적인 인물로 손꼽히며, 오우
가와 유배지에서 지은 시인 어부사시사로 유명하다. 그는 남인 중진 문신
이자 허목, 윤휴와 함께 예송 논쟁 당시 남인의 주요 논객이자 예송 논쟁
당시 선봉장이었다. 서인 송시열과 함께 효종, 현종을 가르쳤으나 그는 승
승장구하고 윤선도는 한직에 머물렀으므로 후일 갈등의 불씨가 되기도 했
다. 1차 예송 논쟁 당시 송시열의 체이부정 주장과 서인이 당론으로 소현
세자와 민회빈 강씨, 김홍욱 복권운동을 벌이는 점을 근거로 송시열이 효
종의 정통성을 부정한다는 상소를 올렸다가 서인의 맹공을 받고 자신이

고산 윤선도

삼수三水에 유배되어 오랜 세월 유배 생활을 하였다. 조선 효종과 현종의 세자 시절 세자시강원 사부의
한사람이었던 덕에 사형은 모면하고 유배를 받았다. 이는 유배지에서 가사문학과 저서를 남긴 송강 정
철, 20여 년간의 유배지에서 수십권의 저서를 남긴 다산 정약용 등과 비견된다. 그의 학문과 시맥은 이
서우를 통해 성호 이익과 채제공에게로 이어졌다. 1667년(현종 9년) 그의 나이 81세에 이르러 겨우 석방
되고, 숙종 때 이조판서에 추증되었다.

까지도 지속된다.

조광조의 직계 제자였던 그의 스승 백인걸은 비교적 자유로운 분위기에서 유생들과 청년들을 가르쳤고, 이이는 스승인 백인걸의 스승이자 자신의 사조[21)가 되는 정암 조광조 조차 급진적이라며 거침없이 비난을 가하기도 했다.

백호 윤휴

▶ 승려 생활과 환속

묘막에서 독서에 열중하던 이이는 불교 서적을 읽고 유교와 색다른 학문에 흥미를 느껴 3년상이 끝난 1554년(명종 9년) 금강산 마가연訶衍에 들어가 자신의 아호이기도 한 석담石潭이라는 법명으로 승려가 되어 불교를 연구하였다. 불도를 닦았는데, 그가 수행하는 중 승려들 간에 생불이 출현했다는 소문이 자자했다고 한다. 그러나 승려 생활 내내 인간이 왜 태어나고 왜 죽는가에 대한 그의 질문에 대한 해답을 얻지 못했다. 결국 불교가 유교에 미치지 못한다고 확신하고 입산 1년 만에 마가연을 떠나 금강산에서 내려와 환속한다. 하지만 율곡 이이가 주기론을 말하고 아래의 연비어약[22) 시를 남긴 것은 이미 불교에 대한 공부를 마쳤음을 말한다.

연비어약 鳶飛魚躍

연비어약상하동   鳶飛魚躍上下同
솔개 날고 물고기 뛰는 이치 위나 아래나 매 한가지
저반비색역비공   這般非色亦非空
이는 색도 아니요 또한 공도 아니라네
등한일소간신세   等閑一笑看身世
실없이 한번 웃고 내 신세 살피니
독립사양만목중   獨立斜陽萬木中
석양에 나무 빽빽한 수풀 속에 홀로 서 있었네

---

21) **사조**師祖 : 스승의 스승을 말함.

22) **연비어약** 鳶飛魚躍 : 솔개가 날고 물고기가 뛴다는 뜻으로, 온갖 동물이 생을 즐김을 비유적으로 이르는 말.

불교의 무념 무욕이 그의 기질과는 맞지 않다고 판단, 1555년 20세에 금강산에서 내려와 다시 성리학에 탐독하며 유교의 진리를 통해 현실 문제를 타개하겠다는 다짐을 설파하며 『자경문』[23]을 집필하였다. 그러나 그가 한때 승려로 있었다는 점은 후일 동인과 남인에 의해 인신공격의 대상이 된다. 이이가 죽고 2백 년이 지난 뒤에도, 근기 남인의 지도자 허목, 윤휴, 윤선도는 이율곡을 학자의 탈을 쓴 스님이라고 공격했다.

▶ 학자 생활과 과거 급제

백인걸의 문인이기도 한 이이는 이황을 선학으로 모시고 존경하기도 하였다. 1558년(명종 13년) 23살의 이이는 당시 대학자인 58세의 퇴계 이황을 찾아가서 만났다. 이이는 그곳에서 이틀간 머물며 이황과 학문의 여러 가지 문제와 사상을 논하고 시를 짓고 토론하였고, 이황은 그의 재능에 크게 감탄하였다. 비록 견해를 일치시키지 못했지만 그 후 이들은 가끔 편지를 서로 주고받으며 학문에 관한 질의 응답을 나누곤 하였다. 그의 학식과 달변을 높이 산 이황은 자신의 문인은 아니지만 후생가외라 하기도 하였다.

그 뒤에도 여러 차례 서신을 통하여 경공부敬工夫나 격물格物·궁리窮理의 문제를 서로 서신을 주고받으며 교류하였다. 그러나 이황을 방문하여 담론하던 중 이와 기의 문제를 놓고 이황을 논파하려 드는 것을 목격한 이황의 문도들은 그를 이인異人으로 의아하게 보면서도 적개심을 품게 되었는데, 후일 조정에 출사한 이황의 문도들 중 그를 알아보는 이가 있어 그를 스승 이황을 모욕하려 든 논적으로 규정한다.

이이가 질문을 하면 이황은 친절한 답변을 보냈고, 불교에서 과감히 벗어나 유교로 되돌아온 용기를 높이 평가하며 칭찬하는 글을 보내기도 했었다. 그해 겨울 별시[24]에 장원하였는데, 이이는 13세 이후로 29세까지 생원시와 식년문과에 모두 장원으로 급제하였는데, 이로써 그는 과거에 총 9번 장원 급제하였다. 그리하여 그가 거리를 지나갈 때면 아이들까지 구도장원공이 지나간다고 우러러 보았다.

---

23) 『자경문自警文』: 스스로를 경계하는 글
24) 별시別試: 나라에 경사가 있을 때, 또는 병년丙年마다 행하던 과거시험.

▸ 관료 생활과 개혁 활동

 1564년(명종 19년) 이이는 식년문과에 급제한 후 곧 호조좌랑이 되었다가 예조좌랑으로 전임하여 국가를 위해 일하기 시작하였다. 이때 이이는 왕실의 외척 윤원형이 승려 보우를 궁중에 끌어들여 비행을 서슴지 않자 상소를 올려 보우를 제주도로 귀양을 보내고 윤원형[25]을 관직에서 몰아냈다.

이후 이조좌랑을 거쳐 1567년 명종이 승하하고 선조가 즉위하였으나, 명종대의 외척인 좌의정 심통원[26]은 대왕대비의 친족이라는 이름으로 축출되지 않고 재상직에 있으면서 횡포를 일삼았다. 이때 이이는 다시 상소를 올려 심통원을 탄핵하였다. 인순왕후[27]

정철

---

25) **윤원형** : 조선 인종 때 을사사화를 일으켜 반대파를 숙청하고 집권한 조선 중기의 문신. 중종 28년 별시문과에 급제해 사관이 되었고, 1537년 당시 실권자였던 김안로에 의해 유배됐으나, 김안로가 문정왕후의 폐위를 꾀하다 죽음을 당하자 풀려났다. 이후 세력을 얻으면서 세자 호를 폐하고 조카인 경원대군을 세자에 책봉하려고 기도하다가 윤임과 대립했다. 1545년 이기, 정순붕 등과 모의해 사림이 봉성군을 왕으로 세우려는 역모를 꾀한다는 명목으로 처형하고 공신이 됐다. 명종 1년 형인 원로를 제거하고, 이듬해 양재역벽서사건으로 조정 내의 반대세력을 숙청하면서 권력기반을 튼튼히 하다가 집권 20년 만에 문정왕후가 죽자 양사의 탄핵을 받아 관직을 박탈당했다. 이후 강음에 은거하다가 사약을 먹고 죽었다.

26) **심통원** : 두 번 과거에 급제하여 1537년(중종 21년) 별시문과에 장원 급제한 뒤 1546년(명종 1년) 문과중시에 병과로 급제했다. 관직은 승지, 대사헌, 한성부 판윤, 공조판서, 예조판서, 의정부 우찬성, 좌찬성, 이조판서 등을 지내고 우의정을 거쳐 좌의정, 영중추부사 겸 약방 도제조에 이르러 기로소에 들어갔다. 별칭은 심상공沈相公이다. 1565년 왕의 외척으로 윤원형 등과 함께 권력을 남용했다는 탄핵을 받고 사직했으나, 1567년 선조가 즉위한 후 율곡 이이 등의 탄핵을 받고 관직을 삭탈당했다. 서인의 초대 당수 심의겸, 심충겸 형제 및 명종의 왕비인 인순왕후의 종조부이다. 이량, 김안로, 윤임, 윤원형, 윤원로 등과 함께 조선 중기의 대표적인 척신 세력이었으며, 특히 이량, 윤원형과 함께 3흉으로 불렸다.

27) **인순왕후** : 조선의 제13대 국왕인 명종의 정비이다. 본관은 청송이다. 정식 시호는 선열의성인순왕후이며 청릉부원군 심강의 딸이다. 세종의 국구로 소헌왕후의 아버지인 심온의 6대손이며, 심연원의 손녀이자 심강의 딸이다. 1542년 4월에 당시 경원대군이던 명종과 혼인하여 부부인이 되었고 1545년, 명종이 후사가 없는 인종의 뒤를 이어 즉위하자 왕비로 책봉되었으며 1551년에 순회세자를 낳았다. 그러나 순회세자가 1563년에 요절하고 4년 뒤, 후사가 없는 명종이 승하하자 하성군을 즉위시켰는데 그가 바로 선조宣祖이다. 1567년 선조가 즉위하면서 왕대비가 되어 1년 가까이 수렴청정을 한 뒤 물러났고, 1569년 의성懿聖의 존호를 받아 의성 왕대비가 되었으며, 1575년 2월 12일(음력 1월 2일) 창경궁 통명전에서 44세의 나이로 승하하였다. 능은 서울특별시 노원구 공릉동에 위치한 강릉으로 남편인 명종과 함께 묻혀 있으며 인근에는 시어머니인 문정왕후의 태릉이 있다. 한편 동·서 붕당의 원인을 제공한 심의겸과 심충겸은 인순왕후의 동생들이다.

는 곧 수렴청정을 거두었고, 심통원은 삭탈 관직되어 쫓겨났다.

그는 관료생활 중에도 꾸준히 이황, 조식[28], 성혼, 정철[29] 등과 서신을 주고받으며 학문을 연구하였다. 1568년(선조 1년) 천추사[30]가 명나라로 갈 때 사신의 서장관[31]으로 연경에 동행한 뒤, 1569년 귀국 후, 홍문관부교리가 되었다. 곧 홍문관부교리로 춘추관기사관에 겸임되었으며,『명종실록』의 편찬에 참여했다. 이때 그는 퇴

남명 조식

청후 오랜 친구인 성혼과 '지선여중至善與中' 및 '안자격치성정지설顔子格致誠正之說' 등 주자학의 근본 문제들을 놓고 서신으로 장기간 토론하였다. 그해 홍문관 교리를 지냈으며, 1569년 음력 9월에는 송강 정철과 함께『동호문답』이라고 하는 책을 써서 선조에게 올렸다. 그 무렵에 가장 관심 갖고 추진해야 할 일이 무엇인가를 '시무時務'와 '무실務實'이라는 용어를 사용하며, 급선무로 해결해야 하는 정치가 어떤 것인가를 명확히 밝혔다. 기회가 있을 때마다 이이는 계속 '시무'가 어떤 것인가를 계속하여 상소로도 올리기도 하였다.

심의겸[32]은 율곡 이이가 자신의 종조부 심통원 등을 공격하여 탄핵, 몰락시켰음에도

---

28) 조식 : 조선 중기 이황과 함께 영남유학의 지도자였던 조선의 학자. 건중, 호는 남명으로 1548년 전생서 주부를 시작으로 종부시 주부, 사도시 주부 등 여러 벼슬에 임명됐지만 모두 사퇴하고 오로지 처사로 자처해 학문에만 전념했다. 이로 인해 명성이 날로 높아져 많은 제자들이 모여들고 정인홍, 하항 등 많은 학자들이 찾아와 학문을 배웠다. 61세 되던 해 지리산 기슭에 산천재를 짓고 죽을 때까지 그곳에 머물며 강학에 힘썼다.

29) 정철 : 정치적 혼란기의 문신이었으나 정치보다는 국문학사에서 그 이름이 더 높다. 윤선도·박인로와 함께 3대 시인으로 꼽는다. 1562년 문과에 급제했고 동인과 서인의 분쟁에서 서인의 편에 가담했다. 1589년 정여립의 모반사건이 일어나자 우의정으로서 최영경의 옥사를 다스렸다. 이후 정적의 논계가 빗발쳐 파직된 뒤 유배생활을 하다 임진왜란이 일어난 뒤 풀려났다. 강직하고 청렴하나 융통성이 적고 안하무인격으로 행동하는 성품 탓에 동인으로부터 간신이라는 평까지 들었다. 정치가로서의 삶을 사는 동안 예술가로서의 재질을 발휘하여 시가를 많이 남겼고 「사미인곡」을 비롯한 시조 100여 수는 국문시가의 발달에 크게 기여했다. 임진왜란이 한창이던 1593년 명나라에 사신으로 다녀온 이후 강화에서 58세의 나이로 죽었다.

30) 천추사 : 중국의 황제·황후·황태자의 생일을 축하하기 위하여 중국에 보내던 사신.

31) 서장관書狀官 : 삼사三使의 하나. 외국에 보내는 사신을 수행해서 기록을 맡던 임시 벼슬.

32) 심의겸 : 이조정랑 오건이 물러나면서 후임으로 신진사류들로부터 추앙을 받고 있던 김효원을 천거하자, 심의겸은 그가 일찍이 윤원형의 집에 기거하면서 아부했다고 하여 임명을 반대했다. 1574년 김효원이 이조정랑이 되었는데 1575년에 심의겸의 아우 충겸이 이조정랑에 천거되자 이번에는 거꾸로 김효원이 반대했다. 이같은 대립은 전·후배 사이의 대립으로 확대되었으며, 결국 전배는 심의겸을 중심

이이에게 사사로운 감정이나 원한을 갖지 않고 계속해서 친하게 지냈다. 심의겸은 이이를 인격적으로 신뢰하였다. 이이는 그런 심의겸의 인품에 탄복하여 을해당론 이후에도 심의겸을 구원해주려 노력했고, 심의겸은 이이를 서인의 정신적 지주로 추대하였다.

▸ 정적 허엽과의 관계

허엽

그는 허례와 허식을 비판하였다. 그러나 도덕과 윤리와 예절이라는 이름으로 가장된 위선과 형식, 겉치례가 팽배한 사회에서 율곡의 이러한 사물의 본질에 입각한 정직한 자세는 통용되기 어려웠다

율곡의 이러한 사물이나 인간에 대한 정직한 자세는 많은 오해를 불러일으켜 당시 동료는 물론 선배와 원로대신들로부터도 미움을 사 오국소인誤國小人이라고까지 지탄을 받았다. 특히 원로대신들 중 허엽[33]과 이준경 등은 율곡을 예절과 근본도 모르는 인간이라고 분을 터뜨렸다.

이이의 솔직함과 냉정함에 화가 난 이준경은 이이의 스승 백인걸을 찾아가 항의를 한 일도 있다. 한번은 이준경이 백인걸을 찾아가 "자네가 추천한 이 아무개라는 인간이 왜 그 모양인가?" 하고 드러내놓고 역정을 내기도 했다.

으로, 후배는 김효원을 중심으로 결집하여 사림은 2개의 당파로 나누어졌다. 심의겸의 집이 서쪽에 있었던 까닭에 심의겸파를 서인으로 불렀으며, 김효원의 집은 동쪽에 있었으므로 김효원파를 동인이라고 불렀다. 그해에 동서간의 대립이 심화되는 것을 우려한 이이의 상소로 김효원과 더불어 외직으로 밀려나, 개성유수·전라감사를 지냈다.

[33] 허엽 : 조선 중기의 문신, 성리학자로, 나식, 이여, 서경덕과 이황의 문하에서 수학하고, 이언적을 사숙하였으며 진사시에 합격한 뒤 1546년(명종 1년) 식년 문과에 갑과로 급제하여 명종 때 관직에 올랐으며 동서 분당 때는 동인에 가담하였다. 문과급제 후 1551년 부교리를 거쳐 1553년 사가독서한 뒤 장령 때 재물을 탐하였다가 파면되었다. 1559년 필선, 1560년 대사성, 1562년 지제교를 거쳐 동부승지 겸 경연참찬관이 되었다. 1562년 경연관 재직 중 윤근수·구수담·허자 등의 무죄를 주장하다가 다시 파직당했고 1563년초 복직되고 곧이어 삼척부사로 부임하였으나, 과격한 발언 때문에 문제가 되어 다시 파직되었다. 그 뒤 복직하여 1568년(선조 1년) 진하부사로 명나라에 다녀온 뒤 대사간에 올라 향약의 시행을 건의하였다. 1575년 을해당론으로 동인과 서인의 당쟁이 시작될 때 동인에 가담했다. 이후 부제학을 거쳐 경상도 관찰사가 되었으나 병으로 사퇴하고 동지중추부사로 전임되었다. 청렴결백하여 청백리에 녹선되었으나 재물 문제로 탄핵을 당하기도 했다. 아들 성筬·봉篈·균筠, 딸 난설헌이 모두 당대의 문장가로 명성이 높았다.

그러나 이 발언이 이이의 귀에 들어가면서 이이는 이준경을 상당히 부정적으로 생각했고, 이준경 역시 이이의 인격을 의심하였다. 그런데 이이의 재종조부 이기는 그가 공격했던 동고 이준경과 정적관계이기도 했다. 일부에서는 사사로운 원한 관계로 그가 이준경을 싫어한다, 미워한다는 인신공격성 낭설이 돌기도 했다.

화담 서경덕

이이는 서경덕[34]의 기 중심의 설을 성리학자 답지 않게 도에 치우쳤다며 공박했고, 이황의 사단칠정인 이기호발설을 비판하여 이와 기는 한 몸체에서 나온다며, 기는 능동성이 있지만 이는 없기 때문에 사단 뿐만 아니라 칠정도 기가 발동하고 리가 그것을 탐으로서 발생된다는 기발이승일도설을 주장했다. 조식에 대해서는 '세상을 피하여 홀로 서서 뜻과 행실이 높고 깨끗하겠지만, 학문을 하면서 실제로 체득한 주장과 견해가 없고, 상소한 것을 보아도 나라와 백성을 위한 방책은 없다'며 정구, 정인홍, 김우옹 등의 문인들이 그를 추앙해 도학군자라고 하지만 이는 지나친 말이라 하였다. 이는 서경덕과 조식, 이황의 문하생, 추종자들의 분노를 자아냈고, 허엽과 김효원, 송응개, 윤승훈, 허봉, 송응형 등은 이이를 줄기차게 비난하고, 공격하게 된다.

▶ 인재 천거

그러나 사심 없이 사물을 판단하려는 그의 자세는 선조를 매료시켰고, 선조는 일이 있을 때마다 그를 불러 자문하곤 했다. 젊은 나이에 왕의 자문역을 맡게 된 것을 부담스러워하여 스스로 사양하였으나, 왕은 계속 그를 불러들였다.

사림의 천거로 친구 성혼이 중망에 오르자 선조는 율곡을 불러 "사림에서는 이 난세를

---

34) 서경덕 : 조선 중기의 학자로서, 주기파의 거유이다. 스승없이 독학으로 사서육경을 연마했으며 정치에 관심을 끊고 학문 연구와 후학 양성에 일생을 바쳤다. 그의 특이한 독학 방법은 벽에 한자를 붙이고 그 한자와 세상과의 관계를 궁리하였다고 한다. 평생 여색을 멀리했는데, 개성 최고의 유명한 기생 황진이는 그를 시험하고자 일부러 비가 오는 싸늘한 날에는 자신을 다시 집으로 돌려보내지 못할 것이라고 생각하고 교태를 부리며 유혹하였으나 서경덕은 눈 하나 꿈쩍하지 않았다. 그의 인품에 감격한 황진이는 그를 스승 겸 서신과 시문을 주고받는 사이로 남았다는 설이 있다. 스승없이 독학을 한 학자로도 유명하며, 박연폭포, 황진이와 함께 개성의 송도삼절의 하나로 꼽힌다. 그는 평생을 은둔생활을 하며 학문을 즐기다가 58세를 일기로 세상을 떴다.[2] 붕당의 출현 이후 그의 제자들은 동인과 북인에 가담하여 활동하였다. 사후 명종 때 이준경 등의 추증 건의로 증 호조좌랑에 추증되었다가 거듭 추증되어 선조 때 의정부좌의정에 추증되었다. 시호는 문강이다.

치유할 수 있는 인물로 우계를 천거하는데 경의 생각은 어떤가?"라고 그에게 성혼의 사람됨을 물었다. 율곡과 우계는 "살아도 같이 살고 죽어도 같이 죽자."는 동심일체의 교우관계를 지닌 사이였다. 하지만 선조의 물음에 율곡은 한마디로 "우계는 그러한 위인은 못되고 학문에 힘쓰는 착실한 선비입니다."라고 답변했다. 나라의 어려움을 건질 만한 인물이라고 사림에서까지 떠받드는 절친한 친구를 착실한 선비에 불과하다고 한 이 답변 역시 일상의 상식으로는 이해하기 어려운 냉혹한 평가다. 선조가 이어서 경과 우계를 비교하면 어떤가라고 묻자, 율곡은 "재주는 소신이 우계보다 좀 나으나 수신과 학문의 힘씀에 있어서는 우계에 미치지 못합니다."라고 답변했다. 율곡다운 정직한 답변이었다.

어느 땐가 선조가 "경은 짐을 어떻게 생각하는가?"라고 묻자, 율곡은 "전하께서는 선한 의지를 가지고 계시니 학문에 힘쓰고 노력하면 현주賢主가 될 수 있습니다." 라고 답변했다. 이러한 답변을 통하여 선조에게 현명한 임금이 되어 달라는 말을 한 것이다. 율곡은 자신의 생각을 굽히지 않고 진실되게 대답했다. 또 선조가 율곡에게 어떠한 사람을 등용해야 하는가를 묻자, 율곡은 "전하에게 충성을 다짐하는 사람은 되도록 피하고, 자기 일에 충성을 다짐하는 사람을 가까이 하십시오. 전하에게 충성을 다짐하는 사람은 전하를 배신할 가능성이 있지만, 자기 일에 충성을 다짐하는 사람은 전하를 결코 배신하는 일이 없을 것입니다." 라고 답변했다. 그는 자신의 이름을 걸고 직무에 충실한 사람이, 사사로운 충심을 주장하는 자보다 더 믿을만 하다고 보았다.

서경덕, 조식, 이황 등에 대한 비판 외에도 선조는 당대 저명 학자들의 인물평을 내려보라고 율곡에게 지시하였다. 선조임금은 우계와 더불어 당시 정승감으로 물망에 오르고 있던 사암 박순[35],

박순

---

35) 박순 : 1553년(명종 8년) 정시문과에 장원급제한 뒤 전적·수찬·사인 등을 지냈다. 1555년 사가독서를 한 뒤 한산 군수·직제학·동부승지·이조참의 등을 거쳤다. 1565년 대사간으로 있을 때 대사헌 이탁과 함께 척신 윤원형을 탄핵하여 제거하는 데 앞장섰다. 그뒤 대제학·우의정·좌의정을 거쳐 1572년(선조 5년)부터 약 15년간 영의정을 지냈다. 동서당쟁이 심할 때 이이·성혼 등을 편들어 상소하다가 도리어 양사의 탄핵을 받았다. 그뒤 직에서 물러나 영평 백운산에 은거했다. 서경덕의 문인으로 천지의 생성을 이전과 이후로 구분한 태허설太虛說을 주장했다. 또한 정치의 도道는 충과 효라면서, 자신으로 보면 집안이 먼저 이고 나라는 뒤이지만 예禮로써 보면 나라가 존귀하고 집안은 낮다고 했다. 글씨는 송설체에 능했으며, 시는 당시풍唐詩風을 따랐다. 저서인 『사암집』은 동서분당이 싹틀 선조 당시의 주변 실정을 이해하는 데 도움을 준다. 개성 화곡서원, 광주 월봉서원, 나주 월정서원, 영평옥병서원 등에 제향되었다. 시호는 문

퇴계 이황, 그리고 스승 백인걸에 대해 인물평을 했다. 백인걸에 대한 인물평을 요구받은 율곡은 한마디로 "기고학황氣高學荒"이라고 답변했다. 쉽게 말해서 "기가 높고 글이 거칠다."는 것이다. 조광조의 문하생 중 수제자요, 자신의 스승이자 노상 자신이 가까이 모신 어버이 같은 인물에 대해 보통의 상식으로는 이해하기 어려운 냉혹한 평가였다. 이언적에 대해서도 박학하며 글을 잘 짓고, 몸가짐을 장중히 하고 입에서는 못쓸 말이 없었다고 하면서도 세상을 다스리고 백성을 구하는 데는 큰 재질이 없었고 벼슬에 올라가서도 절개가 없었다고 평했다. 또한 이언적이 옛 서적을 많이 읽고 저술을 잘했을 뿐, 가정에서는 부정한 여색을 멀리하지 못하고 조정에 나와서는 도를 행하지 못했다며, 그를 어찌 도학자로 추천할 수 있겠느냐는 평을 내렸다. 그러나 이는 동인에 의해 이이의 인격을 걸고넘어지는 꼬투리로 작용하게 된다.

▶ 붕당 조절

1570년(선조 3년) 관직을 사퇴하고 황해남도 해주 야두촌海에 돌아가 학문의 터를 닦았다. 이듬해인 1571년 조정의 부름을 받고 청주목사로 임명되어 내려간 그는 서후향약을 정하고 백성들의 자치 생활을 권장하여 큰 성과를 거두었다. 다음해 그는 학문 연구를 위하여 신변을 핑계로 사직하고 해주로 낙향했다가 파주의 율곡촌으로 돌아와 학문에 힘썼다.

1572년 이준경이 병으로 임종하기 직전에 사림들이 당을 나누어서 다투게 될 것을 예견하였다. 그리고 당쟁의 중심인물로 이이를 지목하였다. 화가 난 이이는 이준경이 자신을 모함하는 것이라며 반박하였다. 이이는 붕당정치를 무조건 비판할 것이 아니며, 사람은 각자 사상이 다를 수 있다고 반박했다. 이이에 의하면 붕당은 국가정치를 문란하게 하는 무리가 아니라 뜻이 맞는 이들끼리의 모임이라고 반박했다. 그는 소인이 무리를 이루듯, 뜻을 같이하는 군자들끼리 집단을 이루는 것은 당연하다고 보았다.

또한 상대방 정당이라고 해서 전부 소인배들만 있는 것은 아니라고 지적했다. 이준경이 당쟁을 예견하는 글을 쓰자 그는 이준경을 향해, 죽음에 이르러 그 말이 사악하다며

충이다.

강도 높게 비난했다. 그러나 일부 사림 인사들은 그의 종조부 이기가 이준경과 원수였던 것과, 관료생활 초반 그의 솔직함을 비판하고 예의 없는 인간으로 몰고간 것에 대한 한풀이로 해석하였다. 뒤늦게 1575년 을해당론으로 동인, 서인 분당이 확실해지자, 그때 당론을 인정하고 자신의 실책을 인정하였다. 그러나 후에 이이는 자신의 저서 석담일기에서 이준경을 가리켜 '임금을 도로서 인도하지 못하고 오직 자기만 잘난 척 하면서 사람을 받아들이는 도량이 없었다.'고 하였다.

1572년 파주 율곡리에 머무르며 친구인 성혼과 이기론[36], 사단칠정론[37], 인심도심설[38] 등을 논하였다. 주로 성혼의 주장에 이이가 반박 또는 보충설명을 하거나, 성혼이 이이에게 질의하고 이이가 회답하는 형식이었다. 이때 성혼은 이황의 이기이원론도 옳을 수 있다고 하여 장기간 서신과 방문 토론을 벌이기도 했다. 한편 윤근수[39], 윤두수[40], 정철, 송익필[41] 등이 그와 친해졌고 그는

윤두수

36) **이기론** : 자연의 존재법칙을 연구하는 성리학의 이론이다. 이기론은 이학理學·기학氣學이라고도 부르며, 우주론보다 심성론에 치중했기 때문에 심학心學이라고도 일컫는다. 중국 송대에 이기2원론을 창설한 철학자는 정이(1033~1107년)로, 그 이전의 주돈이·소옹邵雍·장재張載·정호程顥 등에 있어서는 아직 이기론이 확립되지 않았다. 그런데 주희의 철학, 즉 성리학은 이 모든 학설을 종합하여 집대성한 것이며, 특히 주돈이의 태극도설太極圖說과 정이의 이기설을 종합한 것이다.

37) **사단칠정론** : 단과 칠정을 둘러싼 이 이론적理論的 논쟁으로 이황과 기대승의 논쟁이 대표적이다. 사단이란『맹자가 말한 도덕적 가치의 실마리인 측은지심·수오지심·사양지심·시비지심을 말하며, 칠정이란『예기』와『중용』에 나오는 희喜·노怒·애哀·구懼·애愛·오惡·욕慾을 말한다. 퇴계 이황은 사단을 이理에서, 칠성은 기氣에서 나오는 마음으로서 파악하였다. 또한 사람은 이와 기를 모두 가지고 있고, 마음의 작용은 이에서 나오는 것과 기에서 나오는 것으로 구분된다 하였다. 이런 이황의 '이기이원론理氣二元論'을 두고 200여 년에 걸쳐 여러 학자들이 각자 다른 주장을 펼치는 사칠변증四七辯證이 일어나게 된다.

38) **인심도심설** : 유교의 도덕적 심성수양에 이론적 근거를 제공하는 학설 가운데 하나로서, 마음의 작용이 2가지의 서로 다른 성격을 띨 수 있음을 밝힌 인성론人性論을 말한다.

39) **윤근수** : 이황·조식으로부터 학문을 배우고 성혼·이이 등과 사귀면서 주자의 학문을 깊이 연구했으며, 당시 명으로부터 들어오기 시작한 양명학에 대해서 유해무익한 것으로 배척하고, 육구연·왕수인의 문묘종사를 반대했다. 문장과 글씨에 뛰어나 당대의 거장으로 손꼽혔으며, 특히 그의 글씨는 영화체라 하여 격찬을 받았다. 1592년 임진왜란이 일어나자 예조판서로 재기용되어 왕을 호종했으며, 문안사·원접사·주청사 등에 임명되어 여러 차례 명나라를 왕래하며 명과의 외교를 맡았다. 1595년 좌찬성에 오르고, 1597년에는 왕비를 수안으로 시종한 뒤 판의금부사를 겸했다. 1604년 임금을 호종한 공으로 호성공신 2등에 봉해졌다. 1608년 선조가 죽자 왕의 묘호를 조祖라고 할 것을 주장하여 이를 관철시켰다.

40) **윤두수** : 1592년 임진왜란이 일어나자 선조와 함께 피난길에 올라 어영대장·우의정을 거쳐 평양에서 좌의정에 올랐다. 평양에 있을 때 명나라에 대한 원병 요청을 반대하고 평양성의 사수를 주장했으며,

자연스럽게 서인으로 기울게 된다.

▶ 정치 활동과 학문 연구

1573년(선조 6년) 다시 선조의 부름을 받아 승정원의 동부승지가 되었다가 우부승지로 옮겨『만언봉사』라는 길고 긴 상소문을 올렸다. 이 상소문에서 이이는 조선의 정치와 사회 풍습 중에서 잘못된 것 7가지를 국가적 근심거리라고 지적하였고 세세하게 설명하여 개선책을 강구하라는 요구 사항을 열거하였다. 선조는 이이가 올린 상소문을 보고 감동하여 칭찬을 아끼지 않았다고 한다. 곧 병조참지에 임명되었다가, 그해 음력 3월 이이는 사간원 대사간에 임명되었다. 그러나 얼마 뒤 병으로 사퇴하고 다시 고향인 경기도 파주 율곡촌으로 내려가 학문 연구에 전심하였다.

1574년(선조 7년)에는 우부승지에 임명되었다가 또 조정의 요구로 황해도 감사로 부임, 약 반 년 간 재직하였다. 그 후에도 자주 조정과 고향을 왕복하면서 사간원대사간·사헌부대사헌·호조판서·대제학·이조판서·의정부우찬성·병조판서 등을 역임하였다.

1577년 황해도 해주의 석담으로 낙향하여, 은거하면서 아동교육서 겸 문맹 계몽, 글을 배우는 사람을 위한 기초지식 교육 서적인『격몽요결』을 저술했다. 학문 연구와 후학 양성에만 힘을 쓰다가 1580년 다시 선조의 부름을 받아 하는 수 없이 정계에 진출하였다. 이듬해 음력 9월 홍문관 부제학으로 있으면서, 주자학의 핵심 내용을 요약한 요약본인

함흥피난론을 물리치고 의주행을 주장하여 이를 관철시킴으로써 함흥이 함락된 뒤에도 선조가 무사하게 했다. 문장에 능하고 글씨도 뛰어나 문징명체에 일가를 이루었다. 한성부좌윤·형조참판을 거쳐 1587년 전라도관찰사, 1589년 평안감사를 지냈다. 이듬해 종계변무宗系辨誣의 공으로 광국공신光國功臣 2등에 해원군海原君으로 봉해졌다. 1589년 정여립의 역모사건을 계기로 일어난 기축옥사를 통해 서인이 동인을 제거하고 정권을 장악한 뒤, 대사헌·호조판서를 지냈다.

41) 송익필 : 조선 중기의 서얼 출신 유학자, 정치인이다. 안당의 진외종손으로, 아버지는 서얼 출신 문신 송사련이며, 진외증조모는 안당 가문의 노비였다. 그는 서인 예학의 태두인 김장생과 김집, 김반 부자 및 인조 반정의 공신 김유 등을 문하에서 길러냈다. 서얼 출신으로, 그의 가문은 출생 문제에 대한 시비 및 아버지 송사련이 안당 일족과 사림 인사들을 역모로 몬 것에 관하여 세간의 비난을 받았다. 관직을 단념하고 고향에서 학문 연구와 후학 교육에 일생을 바쳤다. 그는 율곡 이이와 우계 성혼, 송강 정철 등의 절친한 벗이었으며, 서인의 이론가이자 예학, 성리학, 경학에 능하였다. 후일 안당의 증손부가 소송을 제기하여 환천의 위기에 처했으나, 제자 김장생의 숙부인 김은휘가 그의 일족을 배려하여 10년간 먹여 살렸다고 한다. 1591년(선조 24년) 평안도 희천으로 유배되었다가 1593년 9월에 석방되었다. 사후 사헌부지평에 추증되었다가 1910년(융희 4년) 때 다시 홍문관제학에 추증되었다.

『성학집요』를 저술, 발간하여 보급시켰다. 5편으로 구성된 이이의 책을 받아본 선조는 "이 책은 참으로 필요한 책이다. 이건 부제학[율곡]의 말이 아니라 바로 성현의 말씀이다. 바른 정치에 절실하게 도움이 되겠지만, 나같이 불민한 임금으로 행하지 못할까 두려울 뿐이다."라며 극찬을 아끼지 않았다. 1580년(선조 13년) 기자의 일대기인『기자실기』[42]를 집필하였다.

이이는 평생 동안 대사간에만 9번이나 임명되었고, 선조의 신임은 계속되었다. 1581년 사헌부대사헌이 되었다가 곧 예문관제학에 임명되어 대사헌으로 예문관제학을 겸임하고, 동지중추부사를 거쳐 예문관대제학과 홍문관대제학을 겸임한 양관대제학이 되었다. 1582년 이조판서에 임명되었으며 이때 선조의 왕명을 받고『인심도심설』을 지어 올렸으며, 같은 해 김시습의 일대기『김시습전』과 학생 계몽서『학교모범』을 저술하였다.

▶ 정쟁 조정의 실패

동인과 서인의 당쟁이 격화되자 그는 동인의 김효원, 서인의 심의겸과 정철을 동시에 탄핵하여 양당의 강경파들을 일선에서 후퇴시킴으로써 당쟁을 조절하려 하였다. 그러나 동인들은 그가 일찍이 불교에 귀의하여 승려가 된 것과, 그 승려가 되는 과정에서 서모庶母 권씨와 싸웠던 점을 집중 부각시켜 그를 공격하였다. 또한 당시 사대부가에서는 첩을 거느리는 것이 관행이었는데, 그가 첩을 두명 거느린 점 역시 동인東人당의 인신공격의 대상이 되었다. 또한 동인들은 그의 재종조부 이기가 장리탐관오리의 사위라서 관직에 제한을 받아야 했으나 이언적의 구제를 받고 출사했는데도 명종 때 을사사화에 가담하였고, 말년에 권력을 농단하다가 삭탈관직 당한 것까지 그에게 연결시켜서 공격하였다.

이이는 동인, 서인이 모두 학문을 하는 사류士類이며, 그 분열은 시국관, 환경, 의견의 차이, 개인의 사상, 관점 차이에서 연유한 것이기 때문에, 당초 주자가 처음 주장했던 진

---

42) 『기자실기』 : 1580년에 이이李珥가 집필한 기자箕子에 관한 책이다. 이이가 윤두수의『기자지』는 잡다한 자료를 일정한 체계없이 늘어놓았으므로 기자에 대한 통기統記를 알 수 없다하여 이를 정리한 책이다. 주로 기자가 한반도로 와서 동이족을 교화시키고 고조선을 건국했으며, 단군과 단군조선의 존재 자체를 부정하는 중화 사상을 중심으로 하는 이야기이다. 한국의 역사학계에서는 기자조선과 기자동래설을 인정하지 않고, 또한 실제로 기자조선이 통치하지 않았으므로 이 내용을 거짓으로 보는 시각이 지배적이다.『기자실기』는 우리나라를 소중화로 파악하고 있으며 성리학적 세계관이 반영되었다.

붕, 위붕이나 군자당, 소인당 등으로 나누는 군자소인 구별론은 이제와서 적용시킬 수 없다고 주장했다. 동시에 양시양비론[43])과 보합조제론[44])을 제시하게 된다. 그는 동인, 서인 갈등의 시발점인 심의겸, 김효원 간의 알력, 시비에 대해 양시양비론을 적용하여 비생산적인 논쟁을 중단하고, 같이 조정에 출사하여 국사와 민생문제를 논할 것을 호소하였다.

그는 당쟁의 조절과 정쟁 중단을 촉구하였지만, 동인, 서인 붕당은 기존의 군자의 붕당과 소인의 붕당이 존재한다는 견해를 고수했고, 서인을 군자의 붕당, 동인은 소인의 붕당으로 생각하였다. 따라서 그는 당쟁을 조절하는데 노력하였지만, 비교적 서인의 입장에 서서 당쟁을 조절하려 하였고, 이는 동인에게 늘 불평불만과 적개심의 대상이 되었다.

정인홍

그의 당쟁 조절을 중립적이지 못하다고 판단한 정여립은 서인에서 탈당하여 동인으로 건너간다. 그는 어느 붕당에나 군자, 소인이 있음을 거듭 반복하였다. 또한 자신을 비판한 동인계 인사에 대해서도 석방 사면을 탄원하기도 했다. 그러나 1583년 자신을 면전에다가 나라를 말아먹은 소인, 간신으로 공격하는 송응개 등 삼사의 언관에 대해서는 사면 요구를 거부하며, 엄정한 시비분별을 요구하기도 했다.

그는 당쟁을 조절할 목적으로 심의겸과 김효원을 동시에 비판하고, 정인홍[45])과 함께 상주하였다. 그런데 이건창의 당의통략에 의하면 정인홍이 그뒤 홀로 심의겸을 공격하면서 심의겸이 윤두수, 윤근수, 정철을 끌어들였다고 지적했다. 그러자 이이가 정인홍에게 정철은 기개가 있는 사람이라 심의겸이 시키는 데로 움직일 사람도 아니라고 반박하고, 내가 정철을 추천했는데 지금 정철이 탄핵한다면 나는 이랬다저랬다 하는 사람이 되

---

43) **양시양비론**兩是兩非論 : 양쪽이 다 옳거나 양쪽이 다 그르다는 주장.

44) **보합조제론**保合調齊論 : 여러 가지 약품을 적절히 섞어 약제를 만듦.

45) **정인홍** : 1589년 기축옥사로 조식학파가 탄압을 받으면서 이황학파와 결별하고 북인을 형성했다. 임진왜란이 일어나자 곽재우, 김면 등과 함께 의병을 일으켜 왜적을 격퇴했으며, 이를 계기로 조식학파가 정치적 기반을 확고히 하고 중앙정계로 복귀하게 되는 데에 큰 영향을 끼쳤다. 1608년 영창대군과 광해군을 둘러싼 후사문제로 북인이 대북과 소북으로 대립하게 되자, 소북의 영수 유영경을 탄핵했다가 귀양길에 올랐으나 광해군이 즉위하면서 유배가 풀렸다. 이후 정권을 주도하면서 조식학파의 학문적인 위상 강화에 힘썼으나 인조반정 후 서인의 주도로 처형되었다. 이후 순종 때 영의정으로 복권되었다.

지 않겠느냐 하였다. 정인홍이 난처해지니까 이이가 글을 올려 정철이 심의겸의 무리가 아니라고 하고, 자신의 관직을 체직시킬 것을 상소했다. 이때 윤승훈[46]이 보통 사람은 뜻이 같고, 성격도 같은 뒤에 친해지는데 이미 정은 두텁다고 해놓고, 어떻게 성격은 멀어서 같지 않다고 하느냐고 반박했다. 이이는 윤승훈에게 당나라의 한유와 유종원, 송나라 때의 사마광, 왕안석, 소식과 장돈 등이 사귈 때 정은 형제 같았지만 속마음은 연나라, 월나라와 같았다고 답하였다. 그러나 윤승훈의 반박을 불쾌하게 여긴 이이는 사석에서 "윤승훈은 무식해서 사람에게 붙어서는 시키는 대로 한다."고 하였다. 동인에서는 이 발언을 문제삼아 이이의 인격을 언급하며 비판하게 되었다.

▸ 개혁 주장

이이는 조선이 건국하고 2백년이 경과하였으므로 다시 사회의 기강을 바로세워 관민에게 다시 개국 초기의 자세로 돌아가야 한다며, 변법 경장론을 주장하였다. 율곡 이이가 말하는 변법경장變法更張은 나라의 기강이 무너져 제대로 돌아가지 않음을 지적한 뒤 주장한 것으로서 다음 내용을 가지고 있다.

문벌이나 출신보다는 능력 있는 사람을 기용하자.
신분을 가리지 말고 평민을 포함하여 폭넓게 인재를 양성하자.

---

46) 윤승훈 : 1573년(선조 6년) 진사가 되었고, 이해 식년문과에 급제했다. 1581년 정언의 자리에 있으면서 정철은 심의겸의 당이 아니라며 정철을 비호했던 이이를 탄핵하다가 신창현감으로 좌천되었다. 1587년 황해도구황경차관 등을 거쳐, 임진왜란이 일어난 1592년부터 전쟁이 끝난 1598년까지 무유어사·충청도관찰사·호조참판·경상도관찰사 등을 역임하면서 군량의 조달과 송유진의 난에 연루된 자들의 체포에 공을 세웠다. 1599년 함경도관찰사로 재직시 번호가 난을 일으키자 병사 이수일과 함께 적의 소굴을 소탕했다. 이듬해에는 번호의 발호를 막고 북방을 안정시키기 위해서는 번호의 추장들에게 후한 상품을 하사하여 귀순할 마음을 갖게 해야 한다고 주장했다. 1601년 우의정이 되었으나, 이듬해 영의정 이항복이 정철의 복심이었다고 탄핵을 받게 되었을 때 이항복을 옹호하다가 삼사의 탄핵을 받고 물러났다. 그후 지중추부사·판돈녕부사 등을 거쳐 1603년 좌의정에 올라, 동銅과 철鐵은 우리나라에서 생산되는 것이 아니니 동전을 전국에 유통시킨다는 것은 어렵다고 했고, 양전量田사업이 4년이 지나도 완성되지 않는 것은 관리가 법을 농간하기 때문이라며 우선 경차관을 파견하는 등의 조치를 취하자고 주장했다. 1604년 영의정이 되었으나, 선조의 존호를 올리자는 공론을 정지시키려 했다는 양사의 탄핵을 받아 물러났고, 그로 인해 오랫동안 유영경의 배척을 받았다. 그후 행판중추부사·영중추부사 등을 지냈다. 시호는 문숙이다.

중앙에서는 외척의 권력 집중화를 막고, 지방에서는 수령의 자질을 높이며 이서[47]들에게도 녹봉을 주어 민폐를 막아야 한다.

붕당을 막기 위해서는 사림의 공론을 존중하고 사기를 높여야 한다.

민생을 괴롭히는 방납을 시정해야 한다.

왕실 사유재산을 억제하고 왕실의 경비를 줄여야 한다.

군포에 대한 족징과 인징을 금지해야 한다.

공노비의 선상[48]을 개선하여 부담을 줄여야 한다.

사창제를 실시하여 빈민을 구제해야 한다.

이는 율곡 이이가 당시 개혁적인 성격을 지녔음을 말해준다. 율곡 이이는 조세 제도에 대한 철저한 관리 및 대장 기록의 중요성도 상대의 이론을 깨뜨려 뒤엎었다. 탐관오리가 공납이나 진상물을 빙자하여 갈취한 물품을 사적인 축재에 쓴다며 거듭 주장했다.

또 1583년(선조 16년) 병조판서에 임명되고, 병조판서로 시작된 그해 음력 2월에는 국방력 강화를 위해 『시무육조』를 계진하였는데 내용은 첫째 어진이를 등용하시오, 둘째 군대와 백성을 제대로 키우시오. 셋째 재용을 넉넉하게 마련하시오, 넷째 국경을 견고하게 지키시오, 다섯째 평소 전쟁에 나갈 군마를 충분하게 확보하고, 길러야 합니다, 마지막 여섯 번째는 교화를 밝히라는 것이었다. 같은 해 음력 4월 다시 '봉사'를 선조에게 올려 그동안 주장했던 폐정에 대한 개혁을 실시할 것을 다시 반복해서 요구하였다.

봉사에는 공안의 개혁, 군적을 고치고 지방의 군현을 합병하여 불필요한 공직자 수를 줄이고, 관찰사도지사의 임기를 보장하여, 관찰사로 하여금 지방을 제대로 다스릴 기회를 주어야 한다고 하는 요구였고, 서얼 제도를 폐지하며 신분에 관계없이 천민이나 노비 중에서도 능력 있는 사람은 평등하게 공직에 발탁하여 나랏일을 맡겨야 한다 등이었다. 그리고 찬집청[49]이라는 관청을 신설하여 국가에서 각종 서적들의 편찬 사업을 주관해야 한다고 주장했으며, '경제사'를 신설하여 국가의 경제 문제의 해결을 담당하는 전담 부서로 활용해야 한다고 방안을 내놓았다.

---

47) **이서**吏胥: 관아에 딸려 말단의 행정 실무에 종사하던 이속吏屬. 서리胥吏.

48) **선상**選上: 지방의 노비를 뽑아 서울의 관아에 보내던 일.

49) **찬집청**纂輯廳: 자료를 모아 분류하고 일정한 기준으로 순서를 세워 책을 엮는 관청.

이이는 당색을 초월해서 인재를 구해야 한다고 주장했다. 그에 의하면 동인과 서인에 군자만 있는 것이 아니라 소인도 있을 수 있다며, 서인에 군자가 있으면 소인도 있고, 동인에도 소인배만 있는 게 아니라 군자도 있을 수 있다며, 당파 위주로 서로 자기 당파 사람만 천거하고 끌어주고 밀어주는 인사정책에 반대하며, 당색을 떠난 채용을 주장했다. 그러나 그의 주장은 같은 서인들로부터도 동인에게 우호적인 것이 아니냐는 의심을 받았다.

그는 양반에게도 똑같이 군역을 부과하고 병력을 증강할 것을 주청하였다. 군사비용 발생에 대한 대안으로 그는 불필요한 관직자의 수효를 줄이고, 실직에 있지 아니한 자에게는 품계 역시 회수할 것을 건의하였다. 그러나 이러한 주장은 양반들의 집단 반발에 부딪쳐 공세의 대상이 되었다.

▸ 서얼 허통론

1583년(선조 16년) 변방에서 이탕개의 난이 일어나자 당시 병조판서 율곡 이이는 국난을 극복하기 위한 제안으로, 전쟁에서 공훈을 세우거나 군량미를 내면 서얼에게도 벼슬길을 열어주자는 주장을 하였다. 그러나 태종의 유언을 빌미삼아 서얼차대[50]에 집착했던 양반들의 반대에 부딪혀 좌절되었다. 그러나 이이의 납속허통[51] 주장은 서얼허통[52]의 물꼬가 됐다. 바로 이 때 이언적의 서손자이자 이전인의 아들인 이준도 납속허통을 받아 자신과 후손들의 과거 응시 길을 열었다. 이언적의 서자 이전인은 뛰어난 학행과 효심이 남달랐으나 서자라는 이유로 이언적의 대를 잇지 못했다.

---

50) **서얼차대**庶孽差待 : 서얼을 차별하여 대우하던 일.

51) **납속허통법**納粟許通法 : 조선시대 기근·전란 시 곡식을 바친 서얼들에게 금고법을 풀어 과거에 응시하도록 허락한 제도.

52) **서얼허통** : 양반의 첩에게서 태어난 사람과 그 후손들을 서얼이라 하는데, 서는 양첩 소산, 얼은 천첩 소산을 가리킨다. 이들은 문과의 생원, 진사 시험에 응시하지 못하며 잡직 이외의 관직은 맡을 수 없었고 승진에도 제한이 있었다. 서얼의 허통 문제를 처음으로 제기한 것은 조광조였다. 이후 이이 등에 의해 허통 문제가 계속 제기되었다. 인조, 현종, 숙종 연간에도 계속 허통 문제가 논의되었으며, 서얼들의 집단 상소 운동도 숙종 대 이후에는 자주 나타난다. 그리하여 영조 때는 호부호형을 인정하고 문과를 개방하기도 하였다. 서얼허통 문제가 큰 진전을 보인 것은 정조 때이다. 정조는 즉위 직후 서얼에 대한 승진 제한을 대폭 풀었으며, 규장각에 검서관 제도를 두어 유득공, 이덕무, 박제가, 서이수와 같은 서얼을 검서관으로 등용하였다. 또 초계문신 가운데도 서얼 출신이 다수 있었다.

서얼 허교 주장 역시 유학자들에 의해 태종 이방원의 유지를 거스르는 행위라는 비난을 계속하였고, 동인에서는 그가 사사로운 원한으로 불교에 입문했던 점을 계속 들먹이며 그가 사회를 어지럽힐 생각으로 서얼의 허통을 주장한다며 공세를 계속하였다.

그의 서얼 허통은 신분제를 문란하게 만들 우려가 있다는 동인들의 공격을 받았고, 심지어는 같은 당인 서인들로부터도 비난의 대상이 되었다. 그런데 유일하게 동인인 류성룡과 정구가 그의 서얼 허통 주장에 '인재를 가려 쓰는 데는 차별이 있어서는 안 된다'며 당색을 초월하여 동의하였다.

▶ 십만 양병설

임진왜란 발발 10년 전, 병조판서 이이는 경연에 들어가 선조에게 10만 양병을 건의했다. 문치의 극성으로 국방과 군역 제도가 허물어진 상황에서 외침이 일어나면 제대로 대응할 수 없다는 판단에 따른 것이었다.

안방준의 『임진록』에 따르면 이이는 경연에서 이렇게 건의했다.

> "나라의 형세가 부실함이 오래되어 앞으로 닥쳐올 화를 염려하지 않을 수 없다. 도성에 2만 명, 각 도에 1만 명씩 10만 명을 양병해 위급한 일에 대비해야 한다. …(중략)… 직무를 게을리하며 세월만 보내고 무사안일한 습관이 들면 하루아침에 갑자기 변이 일어나 저잣거리 백성들을 이끌고 싸우게 되는 것을 면치 못할 것이니, 그러면 일을 크게 그르치게 될 것이다."

하지만 당시 경연에서는 아무도 이이의 말에 찬성하지 않았다. 경연 직후 동인 출신 유성룡은 "지금처럼 태평무사한 때는 경연의 자리에서 성인의 학문을 우선으로 삼아 힘써 권해야 마땅하지, 군대의 일은 급한 일이 아니다." 하고 반박했다. 그로부터 얼마 뒤 이이는 타계했다.

1592년, 마침내 왜란이 발발하자 그때서야 유성룡은 "우리는 만고의 죄인"이라며 이이의 10만 양병설을 가볍게 여긴 것을 크게 후회했다고 한다.

이이가 10만 양병설을 주장하던 당시, 조선의 총 병력수는 장부상으로는 30만 명이 넘었으나, 실제 전투 가능한 병력 숫자는 1,000명 정도가 되었다고 한다. 1581년 대제학 재직 중 오랫동안 저술하던『경연일기』의 완성을 보았다.

선조의 두터운 신임을 받은 이이는 1582년 이조판서와 형조판서를 거쳐 병조판서에 임명되어 여진족의 반란을 진압하였고, 대제학을 역임하고 우찬성에 올랐다. 이듬해 당쟁의 조정을 시도하였으나 오히려 탄핵을 받아 일시 퇴직되었다가 다시 이조판서가 되는 등 반대파의 탄핵에 시달리느라 제대로 경륜와 소신을 펼칠 만한 기회는 부족하였다.

▶ 후학 양성

정여립[53]은 일찍이 이이의 문하에서 수학하였다. 이이의 다른 제자들은 정여립을 "넓게 배우고 많이 기억하여 경전을 통달하였으며, 의논이 과격하고 드높아 바람처럼 발하였다."고 하여 긍정적으로 평가하기도 했다. 이이 역시 정여립의 재주를 총애하였다. 그러나 이이는 그의 과격성을 눈여겨보았고 때로는 그를 경계하게 된다.

정여립

훗날 정여립이 과거에 급제하고 이이의 문하를 다시 찾아갔을 때 그가 서인당을 왜 찾아왔는지 까닭을 묻자, 정여립은 "저는 서인당을 찾아온 것이 아니라, 율곡 선생님을 찾아온 것입니다."라고 대답하였다.

한때 정여립의 재주를 아껴 총애했던 이이는 죽기 석 달 전에 여러 가지 이유를 들어 관직 이조판서직의 사퇴의 상소를 선조에게 올리면서, "정여립은 박학하고 재주는 있으나 의논이 과격하여 다듬어지지 못한 병폐가 있다."고 지적하였을 정도였다. 이에 선조 임금도 "그런 사람을 어찌 쓸 수 있겠는가? 사람을 쓸 때는 그 이름만 취할 것이 아니라

---

53) 정여립 : 정여립은 정치적 결사의 성격을 갖는 대동계를 조직하여 활동하다가 모반을 꾀한다는 서인의 탄핵을 받고 체포되기 직전 자결했다. "천하는 공물인데 어찌 일정한 주인이 있으랴."라는 천하공물설, "누구라도 임금으로 섬길 수 있다"라는 하사비군론과 같은 당시로는 혁신적인 사상을 표방했다. 이이로부터 학문을 배웠고, 1570년(선조 2년) 식년문과에 급제한 후 벼슬길에 올랐으나 서인의 비판과 선조의 미움을 받자 벼슬을 버리고 고향으로 돌아갔다. 이후 고향 진안 죽도에서 사람들을 규합하여 대동계를 조직했다. 대동계는 신분에 제약을 두지 않고 가입을 허가했으며 보름마다 1번씩 무술훈련을 하는 등 호남을 중심으로 세력을 확장해가다 조직을 전국으로 확대했다. 병권을 탈취하려 한다는 고발로 관련자들이 차례로 체포되고 스스로 목숨을 끊었다. 실제로 그가 대동계를 이용하여 반란을 꾀했는지는 확실하지 않다.

반드시 시험을 해봐야 알 수 있는 것이다."라고 답하였다고 한다.

▶ 생애 후반

　정여립은 총명하고 논변을 잘하여 널리 이치를 탐구하는 데에만 힘썼으며, 특히 시경과 훈고, 물명物名에 정통한 것으로 자부하였다. 그는 이이의 문하만이 아니라 성혼의 문하에서도 수학하였다. 이이와 성혼도 정여립의 박식, 총명함을 좋아하여 그를 조정에 적극 천거하기도 하였다. 1570년(선조 2년) 식년 문과 을과에 급제한 정여립은 다시 스승인 이이의 문하에 출입하며 수학하였다. 그러나 당시 이이 문하에 드나드는 선비들이 오직 서인뿐이고 동인들은 전혀 보이지 않자, 이이에게 다음과 같이 지적하였다.

　정여립 : 서인만이 이 나라 사대부입니까?
　이　이 : 동인들은 늘 반대만 하거든.
　정여립 : 그래도 그렇지, 동인에도 반드시 인물이 있을 텐데 무조건 백안시하는 건 좋지 않은데요.
　이　이 : 뭐야?
　정여립 : 사람이면 다 같은 사람이지 동인 서인 나뉘었다고 일부 선비들이 그들을 짐승으로 취급할 것까지는 없잖습니까?
　이　이 : 내가 호랑이 새끼를 키웠나?

　이이는 동인들의 공격으로 동인들에 대한 감정이 극도로 악화되어 있었다. 한편 다시 찾은 스승 이이가 아직도 공정하고 합리적으로 바라보리라 생각했던 정여립은 실망하게 된다. 이미 이이와 정여립 사이에는 이미 틈이 벌어지기 시작하였고, 서인이 대부분인 이이의 다른 제자들과도 마찰을 빚었다. 정여립에 대한 이이의 불신이 깊었던 것으로 짐작된다. 이런 이유로 정여립은 스승을 배반했다는 공격을 받게 되었고, 끝내 그 보복을 받았던 것이다.
　이이와 정여립 사이에 서인과 동인에 대한 인식 차이로 약간의 갈등이 있었던 것으로 보이기는 하지만, 두 사람 다 붕당에 얽매이는 것을 별로 좋아하지 않았던 인물들이다. 이이는 평소 선조에게 붕당을 초월하여 인재를 등용할 것을 건의한 바 있었고, 정여립은 이이 문하에 의외로 서인당이 많고 그들이 편견이 심하다는 사실에 반발하였던 것이다. 그런 이유로 정여립은 이미 이이가 죽기 전에 서인당을 떠났던 것이다. 그런가 하면 정여립이 이이를 배반했다는 당시 서인들의 주장에도 불구하고, 정여립은 이이를 참다운 성인으로 숭배했다는 이야기도 있다. 오히려 이이는 정여립의 과격한 성격을 상기시켜 그가 이조전랑의 물망에 올랐을 때 반대하였다.

▸ 과로와 병세

1582년(선조 15년) 이조판서에 임명되었다가 형조판서를 거쳐 병조판서로 임명되었다. 병조판서로 있을 때부터 갑자기 과로로 쓰러진 그는 관직을 사퇴하고 요양하게 된다. 하루는 그가 출근 길에 현기증을 느끼고 주저앉은 것을 놓고도 동인 측에서는 태도가 불량하다며 비난을 가했다. 동인은 계속 그를 탄핵하고 공격하였다.

그는 일단 당쟁의 조절을 위해서 서인의 영수인 심의겸을 비판하였고, 정인홍의 심의겸 탄핵 상소에도 동조하였음에도 1583년(선조 17년) 당쟁을 조장한다는 동인의 거듭된 탄핵으로 스스로 사직했다가, 같은 해 다시 돈녕부판사에 임명되고, 다시 이조판서가 되었다. 동인의 송응개는 조정에서 이이는 나라를 말아먹은 간신이라고 면전에서 혹평하였다. 송응개는 이이가 불교 승려가 환속해서 자기가 최고라고 우기며, 언제는 심의겸도 좋다, 언제는 김효원도 좋다고 양비론을 펼치며 위로는 임금을 속이고 아래로는 백성을 속이니, 이이 같은 자야말로 나라를 팔아먹은 간신이 아니냐고 혹평을 가했다. 이이는 자신을 공격하다가 파직되거나 탄핵된 인물들이 자신을 비판한 이유를 꼼꼼히 따져보고, 오히려 자신을 비판한 이들의 석방과 탄원을 요구했다. 그러나 송응개가 처벌받을 때는 한 장의 탄원서도 써주지 않았다. 동인은 이이가 집무를 마치고 퇴청하던 중 현기증을 느끼고 비틀비틀한 것까지도 문제삼았다. 결국 그의 당쟁을 조절하려는 노력은 수포로 돌아갔고 동인들에 대한 이이의 미움과 원망, 인간적인 감정은 극에 달하게 되었다. 또한 당쟁 조절 노력에 협조하지 않는 같은 서인 당원들 일부에게도 인간적인 혐오감과 환멸감을 느끼게 된다.

1583년(선조 16년) 정여립은 예조좌랑이 되었는데, 이어서 이조전랑의 물망에 올랐다.

이이는 당시 이조판서직에 있었으며, 아마도 정여립의 과격한 성격을 간파하였던지 그의 임명을 반대하였다. 이이는 자신의 문인이기도 했던 그의 과격성을 보고는 은근히 그를 경계했다. 그러나 이이는 병세가 악화되어 결국 관직 생활을 오래 계속하지 못하고 세상을 떠났으며, 이이가 죽은 두달 후 정여립은 홍문관수찬에 올랐다. 정여립은 수찬에 오른 뒤 이이를 비난하고, 동인계 인사들과 가깝게 지내게 된다. 결국 정여립은 이이가 싫어했던 동인들과 가까이 했다는 비판을 받았으며, 결국 선조의 미움을 사서 벼슬을 사직하고 고향으로 돌아갔다.

▶죽음

당색으로는 서인에 속했는데, 이 때문에 그는 동인과 서인의 당쟁을 조절하려고 노력하였음에도 성과를 거두지 못하고 동인의 공격 대상이 되었다. 그는 붕당에 대해서도 소인이라 하더라도 그 재주를 취해야지, 소인배들이라고 배척하는 것은 백성을 구제하는 도리가 아니라 하였다. 그는 성혼, 류성룡[54], 정구, 우성전, 송익필, 조헌[55] 등의 지기들

---

54) 류성룡 : 조선 중기의 문신, 학자, 의학자, 저술가이다. 본관은 풍산豊山, 자는 이견而見, 호는 서애西厓이고, 시호는 문충文忠이다. 경상도 의성의 외가에서 태어났으며, 간성군수 류공작의 손자이며, 황해도 관찰사 류중영의 차남이다. 이황의 문하에서 후에 1590년 통신사로 갔던 조목·김성일과 동문 수학하였으며 성리학에 정통하였다. 과거를 통해 관료로 등용되어 서인이 아닌 이산해와 같은 동인으로 활동하였다. 그러나 정여립의 난과 기축옥사를 계기로 강경파인 아계 이산해, 정인홍 등과 결별하고 남인을 형성하였다. 임진왜란이 발발하기 직전 군관인 이순신을 천거하여 선조로 하여금 전라좌수사로 임명하도록 하였으며 이순신으로 하여금 임진왜란 당시 열세였던 조선의 전세를 역전시키는 데 공을 세웠고, 임진왜란에 4도 도제찰사, 영의

서애 류성룡

정으로 어려운 조선 조정을 총 지휘하였다. 노량해전과 같은 날인, 정인홍, 이이첨 등의 북인의 상소로 인해 영의정에서 관직삭탈하게 된다. 안동으로 내려가 선조의 부름에도 올라가지 않고 임진왜란 때 겪은 후회와 교훈을 후세에 남기기 위해 『징비록』을 저술하였다. 이 책은 대한민국의 국보 제132호이다. 죽을 때까지 청렴하고 정직한 삶을 살았던 청백리이면서 '조선의 5대 명재상' 가운데 한 사람으로 평가 받기도 한다. 이순신과는 어려서부터 같은 동네에서 함께 자란 절친한 사이로서 후견인 역할을 하였으며 이순신의 형 이요신과 친구사이기도 하다.

55) 조헌 : 임진왜란 당시 금산에서 700명의 의병을 이끌고 끝까지 분전했으나 중과부적으로 모두 전사했다. 정치적으로는 기호학파에 많은 영향을 주었다. 평생을 직언으로 일관했다. 임진왜란이 일어나자, 5월에 격문을 띄우고 의병을 모아 차령에서 왜군을 물리쳤다. 그후 다시 의병을 모아, 8월 1일 영규의 승군과 같이 청주성을 수복했다. 왜적이 충청도와 전라도를 빼앗으려 한다는 소식을 듣고 금산으로 향했

에게 당쟁을 조절하려다가 동인의 미움을 산 일을 한탄하며 통곡하였다. 동인의 집중 탄핵을 받아 지친 이이는 모든 관직에서 물러나 경장하고 싶어하던 구국의 뜻을 풀지 못한 채 병을 얻어 사퇴하고 와병하였다.

사계 김장생

병석에 누운 동안에도 동인의 공격은 계속되었다. 그는 경기도 파주군 주내면 율곡촌에서 요양하던 중 차도가 없음을 알고 한성으로 내려왔으며, 1584년(선조 19년 음력 1월 16일) 새벽 한성부 대사동 자택에서 향년 49세를 일기로 사망하였다. 그가 남긴 재산은 서재에 가득한 책들과 부싯돌 몇 개였다.

문인으로는 조헌, 김장생[56] 등이 있다. 이 중 김장생은 그의 친구인 송익필의 문하와 성혼의 문하에서도 수학하였는데, 송익필이 노비로 환천 되면서 학문적 연원을 이이와 성혼에게서만 찾게 되었다. 1592년(선조 25년) 4월 임진왜란이 터지자 선조는 어가를 타고 의주 파천길에 한탄하며 그의 이름을 불렀다고 한다.

으나, 충청도순찰사 윤국형과의 의견대립과 전공을 시기하는 관군의 방해로 의병이 흩어지고 700여 명만이 남게 되었다. 이들을 이끌고 금산으로 가서 8월 18일 왜장 고바야가와의 군대와 전투를 벌였으나, 인원과 무기의 열세로 모두 전사했다. 학문에 있어서는 이론보다도 실행實行과 실공實功을 지향했다. 이기설에 있어서는 대체로 이이의 철학을 계승하여 이理의 일차성을 인정하면서도 기氣의 존재를 중시했다. 한편 그는 국내외의 형세를 명확히 판단하고 그에 대한 절실한 대응책을 강구하여 여러 가지 경세론을 제시하기도 했다. 그의 사상과 행적은 조선 후기 서인계 학파에 많은 영향을 끼쳤는데, 국난이 있을 때마다 의리사상으로 전개되어, 병자호란 때의 김상헌이나 송시열, 그리고 한말의 최익현 등이 모두 그를 숭상했다.

56) 김장생 : 문묘에 종사된 해동 18현 중의 한 사람이다. 자字는 희원, 호는 사계, 본관은 광산이다. 아버지는 사헌부 대사헌 김계휘이다. 처음에 구봉 송익필에게 예학을 배우고 후에 율곡 이이에게 성리학을 배워 예학과 유학의 거두가 되었으며, 그 뒤 우계 성혼의 문하에도 출입하여 수학하였다. 1578년(선조 11년) 학행으로 천거받아 관직에 올라 창릉참봉, 돈령부참봉 등을 지낸 뒤 순릉참봉, 평시서봉사를 지낸 뒤 관직에서 물러나 송익필의 문하와 성혼의 문하를 출입하며 학문을 연마하였다. 이후 활인서 별제·사포서·사옹원 봉사가 내렸으나 모두 병으로 나가지 않았다. 정여립의 옥사 등으로 은퇴하였고 임진왜란 때는 호조정랑으로 군량미 조달에 노력하였다. 그 뒤 전란이 종결되자 단양군수,남양부사, 양근군수, 안성군수, 익산군수, 철원부사 등의 지방관을 지내며 선정을 베풀었다. 인조 때는 호조참판과 형조참판을 지낸 뒤 가의대부 행용양위부호군에 이르렀으며, 관직에서 물러나 학문 연구와 후학 양성에 전념하였다. 인조반정 이후로는 서인 산림파(산당) 영수로 공신 세력에 대항하여 영향력을 발휘하였다. 송익필과 이이, 성혼 등의 제자이자 계승자로 기호학파를 형성, 확장하는데 기여하였고, 예학에 정통하였다. 김집, 송시열 등을 길러냈다. 사후 이조판서에 증직되었다가 다시 의정부영의정에 추증되었다.

사후 중 대광보국숭록대부 의정부 영의정 겸 영경연 홍문관 춘
추관 관상감사에 추증되었다. 그러나 그가 죽은 뒤에도 동인과 동
인의 분파인 북인, 남인은 이이가 1년간의 입산 경력이 있음을 놓
고, 불교와 관계했다 하여 온갖 트집을 잡아 비방을 하였다. 1591
년(선조 24년) 종계변무가 성사되자 그는 그해 음력 윤 3월 2일 광국
원종공신 1등에 특별히 추록되었다.

조헌

▶사후

장지는 경기도 파주시 법원읍 동문리 자운산 선영에 장사되었
다. 증 영의정에 추증되고 시호는 문성공의 시호가 내려졌다. 임
진왜란 당시 그의 부인 교하 노씨와 하녀 1인이 그의 묘소 주변에
서 시묘살이를 하며 묘소를 지켰다. 왜군이 노씨와 하녀를 겁탈하
려 하자 이들은 자결로서 항거하였는데, 임진왜란이 종결된 뒤 후
대에 그들의 시신을 수습하면서 누가 부인 교하 노씨이고 누가 하
녀인지 분간할 수 없었으므로 이들의 시신은 율곡 이이의 묘소 앞

백사 이항복

에 합장하였다. 부인과 하녀의 묘소가 이이의 묘소 앞에 소재한 것은 그 때문이다.

1615년(광해군 7년)에 율곡의 애제자 김장생 등의 공의로 고향 파주에 그를 모신 사당
문성사가 설립되었다. 문성사는 1649년(효종 즉위년) 효종왕이 사액을 내려 자운서원이라
하였다. 1631년(인조 8년) 경기도 파주시 법원읍 동문리에 이이의 신도비[57]가 세워졌다.
이항복[58]이 글을 짓고 신익성[59]이 글씨를 썼으며, 김상용[60]이 새겨 넣었다.

---

57) **신도비**神道碑 : 임금이나 종이품 이상의 벼슬아치의 무덤이 있는 근처의 길가에 세우던 비석.

58) **이항복**李恒福 : 조선 승정원 동부승지 겸 당상관 등을 거쳐 조선 의정부 영의정 직책을 지낸 조선 중기
의 문신·정치가·시인·작가이다. 주로 잘 알려져있는 오성과 한음 대감 중 '오성'이다. 본관은 경주, 자
는 자상子常, 호는 백사白沙·필운弼雲·청화진인靑華眞人·동강東岡·소운素雲, 시호는 문충文忠이다. 우참찬을 지
낸 이몽량의 아들이며, 도원수 권율의 사위이다. 경주 이씨 백사공파의 파조이다. 임진왜란 당시 조선
선조를 수행하여 의주까지 몽양을 다녀왔으며, 호성공신 1등으로 오성부원군에 봉해졌다. 참판, 우의
정, 좌의정을 거쳐 1600년 영의정에 이르렀다. 광해군의 인목대비 폐모 및 영창대군, 임해군 처단을 반
대하다가 유배되어 유배지에서 중풍으로 병사하였다. 공신 책록 경력으로는 1604년 선무원종공신 1
등, 1608년 정운원종공신 1등에 녹훈되었다. 죽마고우 이덕형과의 우정 이야기 『오성과 한음』대감으

우계 성혼과 구봉 송익필과는 이웃에 사는 절친한 친구였는데 인조 때 서인이 집권하면서 이이와 성혼을 문묘에 종사해야 한다는 여론이 나타났으며 1682년(숙종 8년)에는 우계 성혼과 함께 문묘에 종사되었다. 다시 기사환국[61]으로 출향되었다가 갑술환국[62]으

로 잘 알려진 인물이다.

59) **신익성**申翊聖 : 선조의 부마駙馬이다. 정숙옹주와 혼인하여 동양위에 봉해졌다. 병자호란 때의 척화오신의 한 사람이다. 임진왜란 때는 선무원종공신 1등에 올랐으며 1606년(선조 39년) 오위도총부부총관이 되었다. 광해군 때 폐모론廢母論이 일어나자, 이를 반대하다가 추방되어 쫓겨났다. 1623년(인조 1년) 인조반정 후 재등용되어 이괄의 난이 일어나자 왕명으로 3궁을 호위하였다. 1627년 정묘호란 때는 세자를 모시고 전주로 피하였다. 1636년 병자호란 때는 인조를 호종하여 끝까지 성을 지켜 청군과 싸울 것을 주장하였다. 주화파 대신들이 세자를 청나라에 볼모로 보내자고 하자, 칼을 뽑아 대신들을 위협하기까지 하였다. 호종의 공으로 재상과 같은 예우를 받고, 1638년에는 오위도총부도총관을 제수했으나 사퇴하였다. 화의가 성립된

신익성

뒤 삼전도비사자관에 임명되었으나 이를 거부, 사퇴하였다. 1642년 명나라와 밀무역을 하다 청나라로 잡혀간 선천부사 이계가 조선이 명나라를 지지하고 청나라를 배척한다고 고하여, 최명길·김상헌·이경여 등과 함께 심양에 붙잡혀가 억류당했으나 조금도 굴하지 않았다. 소현세자의 주선으로 풀려나와 귀국한 뒤 시·서로써 세월을 보냈다.

60) **김상용** : 조선시대 중·후기의 문인, 시인, 정치가, 서예가로 선조 때 문과에 급제하여 관작은 보국숭록대부 의정부우의정, 판돈녕부사에 이르렀고, 병자호란 때 강화도가 함락되자 문루에 화약을 쌓고 불을 붙여 자분(自焚) 순절하였다. 자는 경택景擇, 호는 선원仙源·풍계楓溪·계옹溪翁, 시호는 문충文忠, 본관은 안동이다. 1614년(광해군 6년) 8월 27일 위성원공신 1등에 책록되었다. 일찍이 외할아버지인 정유길에게서 고문古文과 시를 배웠다. 그리고 성혼과 이이의 문인으로서 황신·이춘영·이정구·오윤겸·신흠 등과 친밀했으며, 당색이 다른 정경세와도 도학으로써 사귀었다. 정치적으로 서인에 속하면서 인조 초에 서인이 노서老西·소서少西로 갈리자 노서의 영수가 되었다. 시와 글씨에 뛰어났는데, 특히 서체는 2왕二王의 필법을 본뜨고, 전篆은

선원 김상용

중체衆體를 겸하였다. 작품으로는 평양의 숭인전비 및 풍덕군수 장인정의 비에 남긴 전액篆額이 있다. 시조로는 「오륜가」 5장, 「훈계자손가」 9편이 전한다.

61) **기사환국** : 인현왕후가 왕자를 낳지 못한 가운데 1688년 소의 장씨가 아들 균을 낳자, 숙종은 균을 원자로 삼아 명호를 정하고 소의 장씨를 희빈으로 봉했다. 노론의 우두머리 송시열이 이에 반대하자 숙종은 그의 관직을 삭탈하여 제주도로 유배하고, 영의정 김수흥을 비롯한 많은 노론계 인사를 파직·유배했다. 이후 송시열은 제주도에서 정읍으로 유배지를 옮기던 중 사약을 받았고, 김만중·김익훈·김석주 등은 보사공신의 호를 삭탈당하거나 유배당했다. 숙종이 중전 민씨가 원자책봉에 불만을 품고 있다는 이유로 중전을 폐비하려고 하자 이를 반대하던 이들을 유배시키고, 이듬해 중전을 폐했다. 그 뒤 6월에 원자를 세자로 책봉하고 10월에 희빈장씨를 왕비로 책립했다. 이렇게 서인이 집권 10년 만에 남인에게 정권을 빼앗긴 국면을 기사환국이라 한다.

62) **갑술환국** : 숙종이 폐비사건을 후회하고 이에 앞장섰던 남인에 대해 반감을 지니고 있었는데, 1694년

로 서인들이 집권한 후 다시 문묘에 종사되고 계속 제향되었다. 그가 죽은 후 황해도 백천에 문회서원이 건립되어 그를 제사하였으며, 강원도 강릉의 송담서원 그밖에 풍덕의 구암서원, 황주의 백록동서원 등에 배향되었다. 등 전국 20여 개 서원에 배향 되었다.

▸ 사상

이이의 사상과 학문은 사계 김장생을 거쳐 김집[63], 안방준[64], 우암 송시열[65] - 수암

노론계의 김춘택과 소론계의 한중혁 등이 폐비 민씨의 복위운동을 전개하였다. 서인을 대상으로 필요한 기금을 모금하는 과정에서 처음에는 주로 노론이 가담하였으나 점차 소론측의 찬동자도 많아졌다. 이 소식에 접한 남인 민암과 이의징 등은 1689년 기사환국을 통해 집권한 남인의 세력을 공고히 하고 반대파의 세력을 일제히 타도하기 위하여 1694년 3월에 김춘택 등 수십 명을 체포한 후 국문을 시작하였다. 그러나 숙종은 폐비 민씨를 두둔한 나머지 국문을 주도한 남인의 행동을 미워하여 국문을 주관한 민암과 판의금부사 유명현 등을 귀양보냈다. 당시 민씨복위운동을 주도했던 서인들은 기사환국 이래 왕의 총애를 받고 있던 숙빈 최씨와의 연결을 통해 궁중과의 연결을 도모하였고, 이를 매개로 왕비 장씨와 남인계의 잘못된 점을 숙종에게 알리는 데 주력하였다. 결국 이 사건을 계기로 숙종은 남인을 배척하고 남구만을 영의정, 박세채를 좌의정, 윤지완을 우의정에 기용함으로써 소론 정권을 성립시켰다. 숙종은 기사환국 때 왕비가 되었던 장씨를 희빈으로 복귀시키는 한편 노론계 민유중의 딸인 인현왕후 민씨를 6년 만에 복귀시켜 궁중으로 들어오도록 하였다. 한편 송시열·김익훈·조사석·김수항·민정중 등 1689년에 화를 당하였던 노론계 인물들에게 다시 작위를 주었다. 반면 남인측은 민암·이의징 등이 사약을 받았고 권대운·목내선·김덕원 등이 유배당하였다. 그뒤 남인은 다시는 정권을 잡을 수 없었다. 이후 정계에서는 서인 내부의 소론과 노론과의 쟁론이 시작되었다. 중앙정치의 주도권을 놓고 치열한 다툼을 벌인 환국 과정에서는 전 단계의 붕당정치에서 보이던 여러 정치집단 사이의 상호 비판과 그 바탕 위에서 유지되는 균형은 찾아보기 어렵게 되었다. 결국 승리한 집단이 주축이 되어 주요 행정체계와 밀접하게 연결된 관료직을 독점하며 우위를 다져갔고, 주요 병권을 장악하는 일이 많았다. 가령 1694년 당시 훈련도감과 어영청의 양대장에 신여철·윤지완 등 소론계를 등용시켜 소론 정권을 공고히 뒷받침하였던 것은 대표적인 사례이다.

63) 김집 : 조선 중기의 문신이자 유학자, 작가이다. 이언적, 이황, 이이, 송시열, 박세채와 함께 인신人臣으로서 최고 영예인 문묘와 종묘 종사를 동시에 이룬 6현 중 하나다. 선조, 광해군, 인조 때의 서인 지도자로, 인조 반정 이후 비공신계 서인과 산림 세력의 지도자로 활동하였다. 소현세자와 민회빈 강씨 등이 연이어 죽자 이들의 죽음에 의혹을 제기하고 복권 운동을 시작하였다. 그 뒤 청음 김상헌, 우산 안방준 등과 함께 북벌론을 제창하였다. 서인 산림의 당수로 송시열, 송준길, 이유태와 윤선거, 윤문거, 박세채 등이 그의 문하에서 배출되어 학문적으로는 노론과 소론의 공동조상이다. 효종 초에는 안방준과, 송시열, 송준길 등과 함께 김육의 대동법을 적극 반대하였다. 1614년(광해 6년) 8월 27일 위성원종공신 3등에 책록되었다. 사계 김장생의 아들이며 율곡 이이의 서녀사위이다. 또한 숙종의 정비 인경왕후의 종증조 할아버지이며, 양관대제학 김익희 광남군 김익훈의 숙부가 된다. 서포만필과 구운몽의 작가 서포 김만중은 그의 종손자였다.

64) 안방준 : 조선 중기의 의병장, 문신, 성리학자이다. 임진왜란 때 호남의병으로, 정묘호란과 병자호란에

권상하[66] - 한원진[67] 등 서인 노론으로도 이어졌고, 우계 성혼의 문인들과 결속한 사계

는 호남의병장으로 활동하였다. 광해군 때 그를 등용하려 하였으나 사양하였다. 인조반정 이후 관직에 여러번 제수되었으나 서인 편향의 조정에 출사를 거부하고 후학 양성에 매진하다가 병자호란과 정묘호란 때 의병을 이끌고 청나라 군사와 맞서 싸웠다. 효종 때 유일로 천거되어 사헌부지평에 임명되었으나 나가지 않았다. 그 후 사헌부 장령 등을 거쳐 공조참의에 이르렀다. 당색으로는 서인으로, 김집과 함께 김육의 대동법을 반대하였다. 호남지방의 저명한 성리학자로 명성을 떨쳤다. 『은봉전서』는 은봉 선생의 도학·절의·문장이 함축되어 있는 문집이다. 은봉의 문집은 생존시에 초고본을 『우산수필』·『은봉수필』·『매환필기』라 불렸고, 1773년에 목판본으로 5책을 간행하면서 『우산집』이라 불렸으며, 1864년 20책(본집 38권, 부록 2권)으로 중간하면서 『은봉전서』라 불렸다. 1969년에는 전국 유림과 후손들이 협력하여 속집 2권 1책, 부록 4권 2책을 다시 보완하여 모두 44권 21책으로 완편하였다. 사후 1657년(효종 8년) 가선대부 이조참판, 1813년(순조 13) 자헌대부 이조판서에 추증되고, 1821년(순조 21년) 문강文康이라는 시호를 받았다. 『삼원기사』,『기묘유적노랄수사』,『사우감계록』,『혼정편록』,『매환문답』, 임진왜란 때의 의병 활약상인 『항의신편』,『이대원전』,『호남의병록』 등의 저서를 남겼다.

65) **송시열** : 문신 겸 성리학자였다. 성리학의 대가이자, 송자宋子라고 존칭 받은 대학자로 당색은 서인, 분당 후에는 노론의 영수였다. 이언적, 이이, 이황, 김집, 박세채와 함께 학자로서 최고 영예인 문묘에 배향 되었고 사후에는 신하로서의 최고 영예인 종묘에도 함께 종사 되었으니, 은진송씨는 6대 국반國班 중 하나이다. 효종, 현종 두 국왕의 왕자 시절 가르친 스승이었으며, 1633년(인조 10년) 경릉참봉으로 출사하여 대군사부, 진선, 장령, 찬선, 세자사부, 이조판서, 의정부좌의정, 우의정, 영중추부사 겸 영경연사, 행판중추부사, 영중추부사 겸 영경연사에 이르렀다. 예송 관련 논쟁 때 그는 주자가례에 의하여 효종이 인조의 차남이었으므로, 계모인 자의대비(장렬왕후)는 차남의 예에 따라 상복은 기년복을 입어야 된다고 하였다가, 남인 측의 시

우암 송시열

비에 의해 논쟁이 불거지게 되었다. 당초 1차 예송 관련 논쟁에서 송시열은 학문적 명성이 높았기 때문에 당시 예조 관리들의 예법에 대한 자문을 받아서 그에 대해 학문적 자문을 한 것이었으나, 붕당인 남인들에 의해 예송 관련 논쟁으로 번지게 되었던 것이다. 송시열의 기년복은 장자인 소현세자와 그 후손의 정통성을 인정하며 소현세자가 요절하였지만 장남과 자녀들이 살아있었는데 소현세자의 자녀들이 아닌 동생에게 왕통이 계승된 것에 대한 예법적 의견이었다. 시호는 문정文正이다.

66) **권상하** : 송시열의 학통을 이은 노론 계열로, 인물성이론人物性異論을 지지하는 호론湖論의 입장을 취했다. 할아버지에게 배우다가 10세 때 사림파의 거두 유계를 만나 가르침을 받았다. 1661년(현종 2년) 진사가 되었으며, 1663년에는 송시열을, 2년 뒤에는 송준길을 만나 두 사람을 스승으로 학문에 몰두했다. 1659년에 있었던 자의대비 복제문제로 1674년(숙종 즉위년) 송시열이 덕원으로 유배되자, 벼슬길에 나가지 않고 청풍에서 학문에 힘썼다. 1689년(숙종 15년) 기사환국으로 송시열이 정읍에서 사사되었을 때 유품을 받고, 그 유언에 따라 괴산 화양동에 만동묘를 세웠으며, 숙종의 뜻을 받들어 대보단을 세웠다. 1703년 찬선贊善, 이듬해 호조참판에 이어 1716년까지 13년간 해마다 대사헌에 임명되었으나 모두 나가지 않았다.

67) **한원진** : 한원진은 이이-송시열-권상하의 학통을 이어 정통 주자학을 충실히 계승·발전시켰다. 실학자들과는 반대로 주자학의 입장에서 변화하는 현실에 보수적으로 대응했다. 1717년 천거되어 영릉참봉으로 첫 관직을 지냈다. 1725년 경연관으로 뽑혀 영조의 총애를 받았으나, 소론을 배척하는 발언이 탕평책을 거스르는 것이라 하여 파면됐다. 그 이후엔 임명되는 관직마다 모두 사퇴하고 학문에 매진했다.

김장생과 김집의 또다른 문하생 일부, 윤황[68]과 윤선거[69] 등을 통
해 서인 소론에게도 계승되었다.

　임진왜란과 병자호란, 정묘호란으로 도망노비 발생 및 신분제
도 해체가 가속화되자 이이의 문하생들은 봉건사회 해체 양상에
반발, 신진관료·지주 중심의 사회 운영을 합리화하며 송익필 계열
의 예학을 내세운다. 그러면서도 한편으로는 이이를 자신들의 정

수암 권상하

신적 지주임을 재선언했고, 이이의 사상이 주자학을 정통으로 계승했음을 강조했다. 이
이의 정통성을 입증하기 위해 서인은 계속 이이의 성균관 문묘 종사운동을 벌였고, 이이
는 스님일 뿐이라는 근기남인[70]계 허목, 윤휴, 윤선도 등의 정면반박을 받게 된다. 당초

　송시열의 학문을 계승하기 위해 이기심성의 문제를 집중적으로 연구했으며, 인성과 물성의 차이를 도
　덕적 관점에서 해석하여 인간의 사회적 상하관계를 당연한 것으로 생각했다. 토지개혁과 새로운 학문
　도입을 통해 사회 개혁을 주장했던 실학자들과는 대조적으로, 중화적 세계관과 신분질서 강화를 바탕
　으로 현실에 대응했다.

68) 윤황 : 1597년(선조 30년) 알성 문과에 을과로 급제해 승문원권지정자에 임명되었다. 1599년 주서로 입시
　한 뒤 군자감첨정·성균관전적을 거쳐, 1601년에 감찰이 되었으며 곧 정언으로 옮겼다. 이 때 홍문관은
　중요한 부서이므로 은상恩賞으로 사사로이 임명할 수 없다는 것과, 척신의 직을 파할 것을 주장했으며,
　이 후 병조·예조의 좌랑, 예조정랑을 거쳐 북청판관으로 나갔다. 1608년(광해군 즉위년) 북청판관으로 혼인
　한 자제를 거느리고 관아에 머물고 있다는 사헌부의 탄핵을 받았으며, 광해군의 정치가 문란해지자 시
　골에 은거하였다. 1626년(인조 4년) 사간·보덕 등을 역임했으며, 이듬해 정묘호란이 일어나자 주화主和를
　반대해 이귀·최명길 등 주화론자의 유배를 청하고, 항장降將은 참할 것을 주장하였다. 그런데 주화는 항
　복이라고 했다가 왕의 노여움을 사 삭탈관직되어 유배의 명을 받았으나 삼사의 구원으로 화를 면하였
　다. 이듬해 다시 사간이 되었고 길주목사·안변부사·사성·승지·대사성 등을 거쳐 1635년 대사간에 이르
　렀다. 이 때 전란으로 어려워진 백성의 구급책에 대해 의견을 제시했으며, 이 후 이조참의를 지냈다.

69) 윤선거 : 1633년 생원·진사시에 합격하고 성균관에 들어갔다. 1636년 병자호란이 일어나자 강화로 가
　서 권순장·김익겸 등과 함께 성문을 지켰다. 이듬해 강화가 함락되자 권순장·김익겸은 자살했으나, 그
　는 성을 탈출하여 목숨을 건졌다. 1651년 이래 여러 벼슬에 임명되었으나, 강화도에서 홀로 살아나온
　데 대한 자책으로 관직을 맡지 않았다. 1653년 황산서원에서 송시열·유계·권성원 등과 함께 윤휴의 주
　자경전주해 변개 문제에 대하여 격론을 벌일 때, 윤선거는 윤휴를 변호하여 송시열과 대립된 견해를
　표명했다. 1665년 송시열과 다시 만나, 송시열과 윤휴의 예송 시비를 놓고 재차 논쟁을 벌였다. 1669년
　송시열에게 보내는 서신인 〈기유의서〉를 작성하여, 남인과 서인간의 당쟁을 지양하는 정견을 제시하
　면서 윤휴와 허목의 등용을 주장했다. 저서로 『노서유고』·『계갑록』 등이 있다.

70) 근기남인 : 경세치용의 학풍을 특색으로 하는 근기近畿 지방의 남인 학파. 곧 성호학파星湖學派를 가리킨
　다. 성호 이익은 퇴계 이황의 학통을 이었는데, 통칭 퇴계의 학통은 영남학파를 가리킨다. 이이 학파
　의 인사들이 많이 살았던 기호지역 중에서도 근기 일대에 별도로 퇴계학을 이어받아 스스로 하나의
　학파를 이루었던 것이 남인 계열의 성호학파였던 것이다. 근기학파는 영남에서 이황의 학통을 이은
　한강 정구에서 비롯된다. 한강의 제자가 미수 허목이요, 허목을 사숙한 이가 이익이다. 이익의 학통은

집권 세력의 견제를 위해서는 반대 세력이 소수나마 존재해야 한다, 붕당에 관계없이 어느 당에도 소인과 군자는 있다는 이이의 견해를 고수하던 서인, 노론은 1623년 인조반정[71] 때까지만 해도 남인과 연립정권 구성을 시도하기도 했다. 그러나 예송[72]을 계기로 이이의 견해를 버리고 남인 및 반대파에 대한 탄압 정책을 실시하게 된다.

▶ 학문관

그의 학문 즉 성리설의 특징은 논리적이다. 반면에 이황은 체험을 중시한 것이었다. 그는 학문에 대하여 실생활에 적용할 수 있는 학문을 참된 학문이라고 규정하였다. 아무리 훌륭하고 고결한 이론이라고 해도 현실에 적용이 불가능하다면 이는 헛된 공리공

다시 순암 안정복을 거쳐 성재 허전에 이른다. 그런데 이익의 학통은 따로 소장층의 급진주의자들에게도 이어진다. 그 대표적인 인물이 녹암 권철신이며, 그 제자가 손암 정약전, 다산 정약용 형제이다. 심재 조긍섭은 퇴계의 학통을 영남과 근기의 두 파로 나누면서 "영남의 학은 정밀하고 엄격하여 항상 원리에의 회귀와 마음의 수양으로 주를 삼았고, 근기의 학은 너르고 깊어 응용 위주로 시국을 바로잡는 데 중점을 두었다."고 평가했다. 영남학파는 지방에 경제적 근거가 마련되어 있었기 때문에 굳이 벼슬길에 나서지 않아도 생활을 이어갈 수 있었으므로 정치적·사회적 문제에 대한 관심보다는 예학·성리학 등 주자의 가르침을 받들어 학문연구에 몰입할 수 있었다. 반면 근기학파는 원래 벼슬에 대한 의존도가 높아 한 번 몰락하면 생활조차 어려웠기 때문에 자기 자신의 문제와 더불어 정치적·사회적 현실의 개조와 경세치용의 학풍을 추구하게 된 것이다.

71) 인조반정 : 1623년 3월 서인 일파가 무력 정변을 일으켜 광해군을 폐위시키고, 능양군 종(倧)을 왕으로 옹립했다. 능양군은 광해군의 이복동생인 정원군의 아들로서, 바로 조선의 제16대 왕인 인조(재위 1623~1649)다. 능양군과 서인 일파는 광해군을 등에 업고 여러 차례 역모사건을 조작해 정적을 제거한 대북파 이이첨, 정인홍, 이위경 등 수십 명을 참수하고, 200여 명을 유배했으니 이것이 인조반정이다. 반정은 실정을 일삼는 왕을 폐위시키고, 새로 왕을 세우는 것이다. 중종반정은 반정 세력이 사후에 왕을 추대했지만, 인조반정은 능양군이 스스로 왕이 되기 위해 처음부터 반정을 주도하였다. 반정 세력은 광해군이 명나라를 배신하고, 폐모살제의 패륜을 저질렀다는 이유를 들었다.

72) 예송 : 기해예송(1차예송)과 갑인예송(2차예송)으로 2차례 전개되었다. 기해예송은 1659년 효종이 죽자 자의 대비의 복상기간을 만 1년으로 할 것인가 만 2년인 3년으로 할 것인가에 대한 논란으로 시작되었다. 일반적으로 왕가는 성종대에 제정된 〈국조오례의〉를 기준으로 했다. 그런데 〈국조오례의〉에는 효종처럼 차자로서 왕위에 올랐다가 죽었을 경우 어머니가 어떤 상복을 입어야 하는지에 관해 규정이 없었으므로 문제가 발생했다. 1674년 효종비가 죽자 금지되었던 예송이 재연되었는데, 그것이 갑인예송이다. 2차례의 예송은 성리학의 핵심문제이면서 왕위계승 원칙인 종법의 이해 차이에서 비롯된 서인과 남인 간의 논쟁이었다. 예송은 주자학의 핵심내용인 종법을 누구에게나 예외없이 적용하면서 예의 불변성을 강조한 송시열 등 주자정통주의와 국왕만은 예외라며 예의 가변성을 인정하려는 주자비판론자와의 사상적 대립이었다.

담[73])이라는 것이 그의 사상이었다. 그러나 그의 후배인 서인은 그의 실용사상을 사장시키고 관념적이고 교조적으로 나아가 당쟁을 격화시키게 된다.

▶ 경장론

당시 성리학이나 다른 학문에서는 사물, 어느 국가나 사회에 생성기, 창업기와 수성기가 있고, 그 다음으로 멸망, 소멸의 단계가 있다고 보았는데, 이이는 수성기와 멸망 사이에 경장[74])이라는 것이 필요하다고 보았다. 시작, 창업기를 거쳐서 창업에서 멀지 않은 시점에 위기를 겪고 이를 잘 극복하는 것을 수성이라 하였다. 수성기의 단계를 거친 뒤에 어느정도 시간이 잡히고 정착된 뒤에는 다시 관료주의에 빠지거나 무사안일, 퇴폐에 빠진다고 보았다. 이때 그는 다시 국가와 사회를 다시 다잡을 필요성을 역설하고 그러한 중쇠나 관료주의, 고착화를 극복할 대안으로 다시 팽팽하게 조인다, 다시 긴장시킨다는 뜻의 경장이라는 개념을 도입하고 경장론[75])이라 하였다. 그리고 경장의 방법으로 변통[76]), 전면 개정이 아닌 일부 수정, 재정비를 경장의 방법으로 제시하였다.

그는 자신이 살던 사회를 조선이 건국한 뒤 어느정도 체제는 안정되었지만 정비된 각종 제도가 무너져가는 중쇠기中衰期의 단계라고 보고, 일종의 국가 재건, 조직 재건과 비슷하게 시급한 국가의 재정비가 필요하다고 보고 이를 경장이라 하였다. 그는 당시 시대가 바로 경장이 요구되는 시대라고 판단하였다. 따라서 전통이나 구질서에 집착하지 말고,

---

73) **공리공담** 空理空談 : 실제로 아무 소용이 없는 헛된 말.

74) **경장**更張 : 정치적·사회적으로 낡은 제도를 고쳐 새롭게 함.

75) **경장론**更張論 : 정치·사회적 폐단이 누적되었을 때 나라의 정신과 문화를 일신해야 한다는 개혁안을 가리키는 유교용어. 우리 유학사에서 이 경장론을 역설하였던 사람으로는 조광조 외에 이이가 대표적인 인물이다. 이이의 역사철학에 의하면, 역사의 모든 시기는 창업創業·수성守成·경장의 3기로 구분된다. 역사의 전개에서 일단 창업이 이루어지면, 그 혁명의 이념과 정신을 잘 보존하고 전수하는 수성의 시기가 오게 되고, 수성의 시기가 오래 지속하다 보면, 정신과 문물제도가 병들게 되는 시기가 필연적으로 오게 마련이다. 그런 경우에 경장을 해야 하는데, 경장할 때가 되어서 경장을 하지 못하면 나라에 큰 병폐가 생기게 된다고 말하였다. 이런 역사관 속에서 그는 당시를 경장의 시대로 규정하고, 사회와 정치의 숙폐宿弊를 지양하고 새로운 혁신을 도모하기 위해 한 개인이나 기성의 관료에 의해서가 아니고, 시무時務를 밝게 알고 국사國事를 염려하는 사류士類에 의해 나라의 최고 지성이 동원되어야 한다고 역설하였다. 그가 경제사經濟司 창설을 주장한 것도 경장론의 한 보기이다.

76) **변통**變通 : 형편과 경우에 따라 일을 융통성 있게 처리함.

기존의 것을 현실에 맞게 수정, 고치는 변통을 통한 일대 경장이 필요하다고 보았다. 그는 자신의 저서『동호문답』,『만언봉사』 등에서 경장의 방법, 사회를 다시 개혁하는 안, 안민 安民을 위한 국정 개혁안을 제시하였다.

『만언봉사』에서 그는 "때에 알맞게 한다."시의時宜는 것을 강조하였다. 그는 "정치에 있어서는 때를 아는 것이 소중하고 일에 있어서는 실질적인 것에 힘쓰는 것이 중요하다." 고 하였고, "때에 알맞게 한다."시의時宜는 것은 시대의 변화, 환경의 변화에 따라 때에 따라 변통을 하고, 각종 제도와 법을 마련하거나 기존의 법, 제도를 정비해서 백성을 구제하는 것이라고 주장하였습니다. 인습에 안주하거나 집착하지 않고 변화된 시대나 생활에 맞춰서 현실에 맞도록 고치고 개정하는 것이 백성을 구제하는 것이라 보았다. 시대가 바뀌고 환경이 바뀌면 제도나 법이 맞지 않을 수도 있기 때문에, 현실에 맞지 않다면 그 시대 분위기, 환경에 맞게 제도를 개혁, 정비해야 되고 이러한 변통을 통해 경장을 할 수 있다, 그리고 시대의 문제와 사회의 부조리, 백성들의 불편함을 해소, 구제할 수 있다고 제시하였다.

그는 자신이 살던 조선 중기를 중쇠기로 지적한 이유로, 각종 민생 범죄, 유랑민 증가, 왜구나 여진족의 수시 약탈, 양반 관료층의 기강 해이 등을 들고 이를 백성들의 경제적 파탄 현상으로 진단했다. 그는 이러한 백성들의 생활 파탄의 원인으로 각종 오래된 제도와 인습의 폐단, 현실을 대변하지 못하는 이상론, 관념론에 대한 집착으로 규정했다. 따라서 경장의 방법으로 국가의 통치체제 정비, 공안과 군정등 부세제도의 개혁, 노인과 아이에게까지 거둬가는 세금과 각종 지방관과 향리들에 의한 가렴주구[77] 개선, 세금 납부 항목과 국가 조세 등에 대한 일원화 및 세금액수 균등화 등을 제시했다. 그는 국가와 사회의 재정비가 필요하고, 그 재정비의 방법으로 그는 큰 틀은 유지하되 법률 개혁, 제도 개선 등을 통해 당시 현실, 시대상을 반영하게 해야 된다고 하였다.

그밖에도 그는 백성들의 사회교화 역시 경장의 하나라고 보고 서원향약, 해주향약, 사창계약속 등을 만들어 향약과 사창법[78]을 실시하고 지방에 서원, 향교, 서당의 건립을 보급, 적극 장려하여 지방 인심 습속의 교화를 역설했다.

---

77) **가렴주구** : 세금을 혹독하게 거두고, 재물을 강제로 빼앗음.

78) **사창** : 각 지방의 촌락에 설치한 곡물 대여 기관

▶ 일도설

그는 이와 기는 하나라고 판단했다. 그의 사상은 기발이승일도설[79]로 대표되며 퇴계의 사단칠정[80]설로서 이기호발설[81]을 배격하였다. 그가 23세 때 지은『천도책』[82]에 이미 그 바탕이 드러나 있다. 즉 율곡은 이황이 기氣와 이理는 서로 독립되어 있다는 데 이설異說을 제기하여 우주의 본체는 이기이원으로 구성되었다는 것은 인정하나 이와 기는 공간적으로나 시간적으로나 분리되거나 선후先後가 있는 것이 아니라고 보았다. 따라서 이와 기는 최초부터 동시에 존재하며 영원무궁하게 떨어질 수 없는 것이어서 이는 조리條理, 즉 당연의 법칙으로 우주의 체體요 기는 그 조리를 구체화하는 활동이니 우주의 용用이라 주장하였다.

즉 이황의 설은 호발설이고 이이는 일도설이었다. 하지만 이황의 칠정설인 기발이승설만을 취한 것이다. 반면에 그의 사단설인 이발기수설[83]을 비판하였다. 또한 그것은 이황과 사단칠정설논쟁을 벌인 기대승의 영향을 받은 것이다. 또한 서경덕에 대해서도 기 중심의 설로서 독창적이지만 문제가 있다며 비판한다. 그의 설은 기가 운동하고 이는 그

---

79) **기발이승일도설**氣發理乘一途說 : 이황의 '사단이발이기수지, 칠정기발이이승지'을 참조로 이이가 주창한 학설. "대저 발하는 것은 '기'고, 발하게 하는 원인자는 '이'다. 기가 아니면 발할 수 없고 이가 아니면 발하도록 할 수가 없다."고 하였다. 그는 현상계에서 운동, 변화하고 있는 모든 작용은 기의 작용이며 그 운동 변화를 가능하게 하는 원인자는 이라고 하는 주자학의 기본 이론에 충실하면서, 이황과는 달리 이기불상리의 측면을 더욱 강조해 기발이승일도설을 내세운다.

80) **사단칠정**四端七情 : 맹자 성선설의 근거가 되는 사단은 측은지심·수오지심·사양지심·시비지심을 말하는데, 각각 인·의·예·지의 실마리가 된다. 칠정은『예기』예운 편에 나오는 희·노·애·구·애·오·욕 등 사람이 가진 7가지 감정을 말한다. 우리나라에서는 성리학이 도입된 초기부터 16세기까지 사단과 칠정을 이기론으로 설명할 때 각각을 이와 기에 분속시켜 설명하는 것이 일반적이었으나 그 관계를 둘러싸고 여러 차례의 사단칠정논쟁이 벌어졌다. 이황과 기대승의 논쟁과 이이와 윤흠의 논쟁이 그것이다. 이황을 지지하는 견해를 주리론이라 하고, 이이를 지지하는 견해를 주기론이라 하여, 우리나라 성리학의 양대 흐름으로 설명하기도 한다.

81) **이기호발설** : 이이는 이 세계의 일체존재는 이理와 기氣로 되어 있고, 이 양자의 존재구조는 발하는 기 위에 이가 올라타 있는 상하의 구조라 했다. 이것은 이황이 사단을 이발이기수지, 칠정을 기발이이승지의 두 길로 제시한 것과 대조된다. 즉 이황이 사단을 이가 발함에 기가 따라가는 전후의 존재형식으로 보고, 칠정을 기가 발함에 이가 올라타 있는 상하의 존재형식으로 본 것과는 구별된다.

82)『**천도책**天道策』: 이이가 별시해別試解에 장원하였을 때의 답안答案을 말한다.

83) **이발기수**理發氣隨설 : 이황의 본체론과 인간 심성론에 관한 이론

원인이 된다는 설에 근거한 것이다. 그는 자기의 주장을 발진시키면서 이 주장이 주자의 뜻과 어긋나면 주자가 잘못 된 것이라고까지 하는 자신을 얻게 된 것이다. 이같이 그는 학문으로 유명할 뿐 아니라 경세가로서도 혁혁한 업적을 남겼다. 훗날 영남의 유직이 효종원년에 올린 상소문에서 이이의 설을 불교와 육왕육구연과 왕수인과 같은 주기설로서 이단이라고 공격하였다. 그는 이황이야말로 주리설로서 정학이라는 사상에 근거하여 이이를 비판했던 것이다. 그후 주리설은 정학이고 주기설은 이단이라고 여겨지게 되었다. 그 상소로 인하여 유직은 조정으로부터 처벌받아 과거시험을 응시할 수 있는 자격을 박탈당하였다. 하지만 이이 역시 기의 뿌리가 이라고 말하였기 때문에 주리설이라고 할 수 있다. 또한 이황과 이이 모두 기의 뿌리가 리라고 했기 때문에 모두 이일원론 또는 이기 일원론이라고 할 수 있다. 그의 저작인 『동호문답』[84), 『성학집요』[85), 『인심도심설』[86), 『시무육조소』등은 모두 임금의 도리와 시무를 논한 명저로 그의 정치에 대한 태도는 유학자의 이상인 요순시대를 실현하는 것이었다.

▸ 향약과 규례

이 밖에 정치적 부패의 타개와 백성의 구제에 대한 방책에 관해서는 한층 구체적인 포부를 가지고 있었다. 『만언봉사』에서 율곡은 부패의 시정책 7개항을 제시하였는데 특히 그 중 십만양병설을 주장하여 임진왜란을 예언한 것은 유명한 사실이다. 이 밖에도 대동법의 실시와 사창의 설치 등을 제의한 일은 조선 사회 정책에 획기적인 혁신을 가져오게 하였으며, 일반 민중의 계몽을 위하여 〈서원향약〉, 〈해주향약〉, 〈사창계약속〉, 〈동거계사〉, 〈학교모범〉, 〈해주은병정사학규〉, 〈약속〉, 〈문헌서원학규〉 등의 규례를 많이 만들었다.

▸ 정당관

84) 『동호문답東湖問答』: 이이가 왕도정치에 대한 경륜經綸을 문답체로 서술해 선조에게 올린 문답서.

85) 『성학집요聖學輯要』: 이이가 제왕의 학을 위하여 1575년에 저술한 정치서. 성학서.

86) 인심도심설人心道心說 : 유학의 심성론에서 심心의 양면성에 관한 학설. 유교교리

그는 기존의 성리학의 사상처럼 정당을 군자의 정당과 소인의 정당이 존재한다고 보았다. 그러나 조선 명종 때까지만 해도 붕당을 형성하는 것은 죄악으로 보는 시각이 강했는데, 그는 붕당을 부정할 것만은 아니라고 보았다. 이이의 붕당관은 기존의 성리학적 붕당관에서 벗어나지 않았으나, 소인의 정당을 완전히 배척할 수 없음을 인정하고, 다만 군자의 정당을 상대적으로 많이 등용함으로써 문제를 줄여가는 것으로 해결해야 된다고 판단하였다.

▶ 여성 교육관

그는 기존의 유교나 성리학의 남녀 차별에 반대하였다. 여성 역시 하나의 인간이자 인격체로 간주하였고, 여성에게도 유교와 성리학을 가르쳐 인의예지와 도덕적 소양을 가르쳐야 된다고 확신했다. 그의 이런 사상은 집안의 여성들에게 사서삼경을 직접 가르치는 것으로도 나타났다. 또한 그는 어머니 신사임당의 영향을 받았는데, 이는 딸들에게도 유교와 성리학을 가르쳤던 외할아버지 신명화의 영향력이기도 했다. 그러나 동시에 여러 명의 첩을 거느리는 이중적인 면모를 보이기도 한다.

▶ 독서관

이이는 그의 저작 자경문에서 독서에 대한 생각을 규정하였다.

새벽에 일어나면 아침나절 할 일을 생각하고, 아침밥을 먹고 나면 낮 동안 할 일을 생각하고, 잠자리에 들 때면 내일 할 일을 생각한다. 아무 일이 없으면 마음을 내려놓고 일이 있으면 반드시 생각을 하여 일 처리에 마땅한 방도를 얻어야 할 것이다. 그런 뒤에 독서를 한다. 독서란 옳고 그름을 분변分辨하여 일을 행하는 데 실천하는 것이다. 만약 일을 살피지 않고 오뚝 앉아 독서만 한다면, 무용한 학문이 된다.

또한 격몽요결의 4장에서 율곡은 독서에 대해 상세히 논하고 있다. '배우는 사람은 늘 이 마음을 보존하여 사물의 유혹에 져서는 안 된다. 반드시 이치를 따져보고 궁리窮理, 선善을 밝힌 뒤에야 마땅히 행해야 할 도리가 눈앞에 드러나 앞으로 나아갈 수 있는 것이다.

그러므로 도道로 드러내는 데는 이치를 따지는 것보다 앞서는 것이 없고, 이치를 따지는 데는 독서보다 앞서는 것이 없다. 왜냐하면 성현聖賢들이 마음을 쓴 자취와 본받거나 경계해야 할 선과 악이 모두 책에 있기 때문이다.'라고 하여 독서를 세상, 사물의 이치와 진리를 깨우치는 가장 기본적인 단계로 해석하였다.

▶ 인맥과 학맥

이이는 학문적으로는 김종직[87] 학파의 직계로서, 친구인 성혼과 함께 백인걸의 문하생이었다. 성혼은 백인걸 외에도 성수침에게도 사사했는데, 백인걸과 성수침은 조광조의 문인이었다. 이들의 친구였던 노수신 역시 이연경의 문인으로, 이연경 역시 조광조의 문인이었다.

점필제 김종직

그는 관료생활 중에도 스승인 백인걸을 자주 찾았는데, 이이가 백인걸과 함께 정암 조광조와 퇴계 이황의 인물평을 논하면서 정암과 퇴계의 우열을 놓고 평을 했는데, 이때 이이는 스승인 백인걸에게 조광조에 대해 타고난 성품은 훌륭하였지만 학문이 성숙하지 못한 채 관직에 나가서 일을 그르쳤다고 소신을 피력했다. 백인걸은 조광조의 문하생이었다.

---

87) 김종직 : 조선시대 전기의 문신이자 사상가이며, 성리학자, 정치가, 교육자, 시인이다. 조선국 경상도 함양군 군수 직책을 지냈다. 자字는 계온季溫·효관孝盥, 호는 점필재佔畢齋, 시호는 문충文忠, 본관은 선산(일명 일선)이다. 세조 때에 동료들과 함께 관직에 진출하여 세조~성종 연간에 동료, 후배 사림파들을 적극 발탁하여 사림파의 정계 진출 기반을 다져놓았다. 1459년(세조 5년) 문과에 급제하여 출사하여 성종 초에 경연관·함양군수·참교·선산부사를 거쳐 응교가 되어 다시 경연에 나갔으며, 승정원도승지·이조 참판·동지경연사·한성부 판윤·공조 참판·형조 판서·지중추부사에 이르렀다. 재지사림(在地士林)의 주도로 성리학적 정치질서를 확립하려 했던 사림파의 사조(師祖)의 한사람이자 중시조격이다. 그러나 세조의 즉위를 비판하여 지은 〈조의제문〉이 무오사화를 불러일으켰다. 조선왕조 수립 이후 성리학을 전승한 것은 길재, 권우였고, 사림파 출신으로 처음 조선정계에 진출한 이는 권근이었으나, 세조 이후 조선 조정에 본격적으로 출사한 것이 김종직과 그의 동료, 제자들이었으므로 김종직을 사림파의 실질적인 중시조로 간주한다. 김종직은 자신을 전별餞別하는 문인들을 '우리당'이라고 불렀는데 김종직을 종주로 삼았던 정치세력이 사림이다. 이를 통상 붕당 정치의 시원으로 간주한다. 정여창, 최부, 김굉필, 이목, 권경유, 김안국, 김정국, 김일손 등이 모두 그의 제자였고, 조광조는 김굉필의 제자로서 그의 손제자였으며, 남효온과 남곤2), 송석충, 김전, 이심원 역시 그의 문하생이었다. 그는 세조의 찬탈을 비판하고 이를 항우의 초 회왕 살해에 비유한 조의제문을 지어 기록에 남겼으나 그 자신은 1459년(세조 5년) 문과에 급제하여 관직에 나가 벼슬이 지중추부사에 이르렀다.

조광조는 다시 김종직의 문하생의 한 사람인 김굉필[88])의 문하생이기도 하다. 이이와 성혼의 문하생 중의 한명인 사계 김장생의 문하에서 송시열과 송준길[89]) 등이 배출되었고, 이이와 성혼은 후일 서인의 종주로서 추앙되었다.

---

88) 김굉필 : 조선 전기의 문인, 교육자, 성리학자, 화가로 점필재 김종직의 제 자로 김일손, 김전, 남곤, 정여창 등과 동문이었다. 『소학』에 심취하여 스스로 '소학동자'라 칭하였고, 『소학』의 가르침대로 생활하였다. 1472년(성종 3년) 19세 때 경상도 합천군 야로 말곡 남교동(현 경남 합천군 가야면 대전리 남교마을)에 사는 순천 박씨 가문으로 장가들었다. 처가 주변 개천 건너 지동이라 부르는 작은 바위 아래에 조그마한 서재를 짓고 한훤당이라는 당호를 붙였다. 이후 김굉필은 한훤당을 자신의 호로 삼았다. 김종직의 문 하에서 수학하다가 1480년(성종 11년) 식년과 생원시와 초시에 합격하고, 다시 성균관에 들어가 유생으로 수학하였다. 1494년(성종 25년) 훈구파 출신 경

한훤당 김굉필

상도관찰사 이극균에 의해 유일로 천거되어 출사하여 합천 일민으로 주부, 사헌부감찰, 형조좌랑 등을 지냈다. 1498년 무오사화가 일어나자 연좌되어 평안도 희천에 유배되었는데, 그곳에서 지방관으로 부임한 조원강의 아들 조광조를 만나 학문을 전수하였다. 순천군으로 이배되어 1504년 갑자사화로 시장에서 사형되었다. 중종 반정 후 복권되어 승정원도승지에 추증되고, 1517년 증 우의정, 1575년 증 영의정에 거듭 추증되었다. 그는 1484년 10월 스승 김종직이 이조참판이 된 뒤에도 훈구파에 대해 간하지 않자, 이를 계기로 풍자시를 지었다가 김종직과 결별하게 되었다. 그 자신도 조광조·이장곤·주계정 이심원·김안국·이연경 등의 제자들을 배출했으며, 김종직 사후 사림의 영수로 추대되었다. 김굉필의 문인들과 이들의 학통은 후대에 가서 조광조, 백인걸의 학통과 함께 기호 사림파를 거쳐 서인학파를 이루게 되었다. 『소학』을 행동의 근간으로 삼아 『소학』을 알지 못하고는 사서육경을 알 수 없다고 주장하기도 하였다. 문묘에 종사된 동방5현 중의 한 사람이다.

89) 송준길 : 조선시대 후기의 문신·유학자·성리학자·정치가로서 유교 주자학의 대가였다. 문묘에 종사된 해동 18현 중의 한 사람이다. 노론·소론이 분당되기 전에 사망하였으나 사실상 그가 이끌던 문인들은 그의 사후 노론을 형성하였다. 송시열과 함께 북벌론을 주장하였으며, 제1차 예송 논쟁 당시 송시열과 함께 주자의 성리학과 주자가례에 의거하여 자의대비의 복상 문제때 기년복 설을 주장하였다. 일찍부터 김장생과 그 아들 김집 문하에서 수학하였으며 1624년(인조 3년) 진사로서 세마洗馬에 임명되었으나 사양하였고, 김장생과 김집의 문하에서 학문연구에 전념하였다. 인조 때 학행으로 천거되었으나 소현세자와 민회빈 강씨가 억울하게 죽었다고 보고 그들을 동정하였고, 소현세자 사후에게는 세자의 아들에게 계승권이 돌아가야 된다고 주장하다가 인조의 눈밖에 났다. 그 뒤 학문 연구에 정진하다 1649년 효종 즉위 직후 스승 김집의 천거로 발탁되어 청요직을 역임했다. 그 뒤 1차 예송 논쟁 당시 송시열, 김수항과 함께 서인논객으로 활동하였으며, 이때 서인 온건파를 이끌며 남인에 대한 강경 처벌에 반대하는 입장에 섰다. 윤선도의 상소 이후 한때 윤선도의 구명운동을 펴기도 했다. 당색은 서인으로, 율곡 이이를 사숙하였고, 김장생, 김집의 문하생이며, 장인이기도 한 남인학자 정경세의 문하에도 출입하여 그를 사표로 받들었다. 친척인 우암 송시열과 함께 양송으로도 불렸다. 자는 명보, 호는 동춘당, 본관은 은진. 영천군수를 지낸 송이창의 아들이며 딸 송씨는 숙종의 계비 인현왕후 민씨와 민진원, 민진후의 생모이다. 우암 송시열의 친척이며 류성룡의 문인인 정경세의 사위이다. 처수는 이의활의 딸로, 이언적의 증손녀이다. 남인의 영수 허적과는 먼 인척간으로 사위 민유중의 외외종숙이 된다. 명성황후에게는 7대 외조부가 된다. 송이창, 김장생, 정경세, 김집의 문인이다.

▶ 평가

긍정적 평가로 이항복은 이이의 신도비를 썼다. 이이의 제자인 김장생은 이이의 가장 큰 제자로 이이의 일대기인 '행장'을 지어 이이의 업적을 찬양하였다. 김장생은 이이를 추모한 율곡행장에서 "고려 말엽에 문충공 정몽주[90] 선생이 처음으로 도학道學을 열어 명유들이 이어져 조선에 와서 번창한다. 그러나 학문이 높고 밝은 데에 이르고 재주가 경국제세의 역량을 감당할 만하고 의리로써 벼슬에 나아가고 물러났던 사람에는 조광조와 율곡 두 분이었 다."라고 평가하고 율곡이야말로 만세토록 태평성대의 나라를 세 우려 했으니 그 공로가 원대하다 말하겠다며 극찬하였다. 그는 제 자들에게 동방지성인東方之聖人이라는 칭호를 받고 기호학파를 형 성하여, 후세의 학계에 강력한 영향을 끼쳤다. 그의 제자로는 사

포은 정몽주

계 김장생, 중봉 조헌, 수몽 정엽, 묵재 이귀 등의 학자들이 율곡의 문하였다.

율곡이 대학자이면서 뛰어난 정치가로 평가 받을 수 있었던 점에는 몇 가지 요인이 있다.

첫째, 신사임당을 어머니로 두었다는 점이다. 율곡은 어렸을 때 문학, 예술에 조예가 깊은 신사임당으로부터 수학했다. 조선 시대에는 여성은 한문 서적을 읽지 않는 것이 관 례였다. 어머니에게서 글을 배우고 학문을 익히는 것은 극히 이례적인 일이라고 할 수 있다. 그만큼 글을 읽고 쓰는 것을 좋아했기 때문에 가능했을 것이고, 또 그것이 남들과는 독자적인 길을 갈 수 있는 밑바탕이 되었을 것이라 짐작된다.

둘째, 퇴계 이황이라는 선배가 있었다는 점이다. 율곡은 23세 때 도산서원[91]으로 직접 퇴계를 방문했고, 그 뒤로도 편지를 주고받으며 학문과 개인적 신상에 관해 의견을 나눴 다. 고향으로 돌아가려는 퇴계를 극구 만류했고, 퇴계가 죽고 나서는 만시輓詩를 지어 애

---

90) 정몽주 : 고려 말기의 문신(1337~1392년). 자는 달가達可이고 호는 포은圃隱, 시호는 문충文忠이다. 1392년 조 준, 정도전 등이 이성계를 왕으로 추대하려 하자, 이를 반대하고 끝까지 고려 왕조에 충성을 바치다가 선죽교에서 이성계의 아들 이방원의 부하에게 죽임을 당하였다. 의창義倉을 세워 가난한 사람을 구제 하고 유학을 보급하였으며, 성리학에 뛰어났다. 저서에 『포은집』이 있고, 시조로 〈단심가〉가 전한다.

91) 도산서원 : 경상북도 안동군 도산면 토계리에 있는 조선 시대의 서원이다. 1574(선조 7년)년에 퇴계 이황 의 문인門人과 유림이 중심이 되어 그의 유덕을 기리어 세웠다. 장서藏書와 장판藏版 및 이황의 유품이 소 장 되어 있다.

도했다. 퇴계와 함께 조선 성리학의 두 줄기를 형성했다는 평가를 받는다. 후대 학자들이 학파와 붕당의 형성에 따라 퇴계와 율곡 사이에 건널 수 없는 강이 흐르는 것처럼 만들고, 그에 따라 학문적으로나 정치적으로나 적대적인 관계처럼 되어버렸지만, 당대에는 서로를 인정한 좋은 선후배였다. 율곡은 그런 선배와의 편지 교류 등을 통해 학문적 연마를 할 수 있었고, 선배가 이루어놓은 성과를 디딤돌로 해서 자신의 학문적 세계를 구축할 수 있었다.

셋째, 선조 시대에 활동했다는 점이다. 율곡이 관직에 진출하자마자 문정왕후[92]가 사망하고 외척인 윤원형이 탄핵을 받았다. 사화로 얼룩졌던 시대는 지나가고 사림이 중앙의 무대에 오르는 때가 된 것이다. 개혁 의지가 강하고 학문적 역량이 있었던 율곡이 사림파가 정계의 중심이 된 때에 관직에 들어갔다는 것은 행운이었다. 율곡보다 서른다섯 살 위였던 퇴계의 경우 사림이 위축되었던 때에 관계에 있었으므로 조정에 염증을 느끼고 고향으로 물러나는 쪽으로 생각을 굳혔던 것과는 대비된다. 물론 선조의 한계, 사림의 분열 등 이후 전개되는 상황이 율곡을 괴롭혔다는 점을 간과할 순 없다. '십만 양병설' 등의 건의에 대해 선조가 미온적으로 받아들였고, 또 붕당에 대해 중립적인 입장을 견지하여 조율하려고 했으나 동인과 서인 양쪽으로부터 공격을 받는 결과를 낳아 정치적 성과를 거두지는 못했다. 그렇더라도 율곡은 항상 중앙 정계의 한 중심에 서 있었다.

넷째, 학문적 지식이 있었던 친구들과 교류했다는 점이다. 평생의 친구인 성혼, 송익필, 정철 등 당대의 인사들이 주위에 있어 학문적으로나 정치적으로나 개인적으로 부족한 것을 채워주고 격려해 주어 자신의 역량을 펼칠 수 있었다. 율곡은 몸이 좋지 않거나 뜻이 좌절될 때면 선대의 고향인 파주로 물러나 학문과 교육에도 관심을 기울였다. 그 결과 학문과 교육 분야에서도 많은 성과를 거둘 수 있었고 제자도 많이 양성했다.

부정적 평가는 이준경이 당쟁의 화를 예언했을 때, 그는 뒤에 후회하고 신념을 바꾸기는 했으나 이준경을 강한 어조로 비난하여 그에 대한 처벌 여론을 형성하게끔 유도하기도 했다. 유성룡 등이 이준경을 옹호했는데 이는 후일 이인좌의 난 당시 경상북도 지역이

---

92) 문정왕후 : 조선 중종의 계비(1501~1565년). 본관은 파평이며, 영돈령부사 윤지임의 딸이다. 중종 비 신씨가 즉위 직후 폐위되고, 제1계비 장경 왕후 윤씨가 제12대 왕 인종을 낳은 뒤 죽자, 1517년 왕비에 책봉되었다. 아들 명종이 즉위한 후 수렴청정을 하면서 동생 윤원형과 함께 을사사화를 일으켰다. 보우 대사를 우대하여 불교의 중흥을 꾀하기도 했다. 능은 태릉이다.

집중적으로 호응하는 원인을 제공한다.

당쟁의 조절을 위한 노력을 기울였으나 서인의 입장에서 조절하려 노력한 한계점이 있다.

택리지의 저자 이중환[93]은 그가 동인 인사들이 유배되도록 사주했다며 비판하였다. 그에 의하면 '율곡은 유학자로서 이름이 높았고 또 서인으로 자처하지 않았으나, 세 차례에 걸쳐 귀양 보낸 일에 손을 쓴 것은 경솔했다.'며, '이 일로 조정이 혼란에 빠져 수습할 수 없게 되었으니, 그 책임을 면하기 어렵다.'고 비판했다.

지나치게 왕에게 의존적이었다는 비판도 있다. 이이는 지나치게 왕에게 의존하는 태도를 보였는데, 그것 역시 잘못이다. 그는 선조를 착한 개혁군주로 만들어 조선을 재건하려는 정치노선을 신봉했다. 그러나 심리적으로 건강하지 않은 인물에게 성인聖人이 되라고 요구하는 것은 의미없는 일이다. 물론 의지박약으로 큰 뜻을 세우지 못하는 왕에게 큰 뜻을 품으라고 설득하는 것도 마찬가지다.

정조처럼 좋은 아버지를 두지 못했기에 이이는 착하지만 세상일에 뜻이 없는 아버지에 대한 미련을 버리지 못하고 그 결과 지나치게 왕에게 집착했다.

▶ 저서

『성학집요』,『격몽요결』,『동호문답』,『소학집주』,『만언봉사』,『기자실기』,『경연일기』,『석담일기』,『순언』,「인심도심설」,「김시습전」,「천도책」등을 저술하였다.

---

93) 이중환 : 조선 말기의 실학자(1690~1752년). 음서로 출사하여 통덕랑으로 재직 중 1713년 증광문과에 병과로 급제하여 승정원가주서가 되고 그 해 승문원 부정자, 승문원 정자를 역임하였다. 이후 부사정 등을 거쳐 1716년 목호룡 등과 함께 숙빈 최씨의 묘지를 선정하려 전국을 답사하고 돌아왔다. 1717년(숙종 43년) 김천도찰방, 1719년 승정원 주서, 1720년(경종 즉위년) 춘추관사관, 성균관 전적, 1722년(경종 2년) 병조정랑, 성균관전적, 1723년 병조정랑, 부사과를 역임하였다. 그러나 경종 때 목호룡이 노론 4대신이 경종을 폐출하려 한다고 고변한 신임옥사 이후 소론계로부터는 노론에게 협력하였다는 이유로 공격당했고, 영조 즉위 후에는 노론으로부터 신임옥사 당시 그가 목호룡에게 말을 빌려 준 것을 문제삼아 공격당했다. 목호룡 고변 관련자들을 국문할 때 함께 체포되어 구금, 국문당한 뒤 파면되었다. 이후 학문 연구에 전념하였으며 전국을 다니면서 지리·사회·경제를 오래 연구하여 『택리지』를 저술하였다. 1753년 통정대부에 임명되었으나 요직에 중용되지는 못하였다. 1701년에 충청도 관찰사를 지낸 이진휴의 아들이다. 성호 이익의 문인이자 그의 재종손이었다. 당색으로는 남인이었다.

▶ 논란과 의혹

1579년의 곽사원의 제방송사가 정언지 등에 의해 1589년 터지게 된다. 이 10년 된 사건은 결국 주관 부처인 공조의 참판 정언지의 상소로 선조의 결심을 얻어 조사하게 되었다. 그 과정에서 의혹이 있는 송익필 일가의 뒤를 이이가 봐주었다는 것이다.

토목 공사를 둘러싼 부정 사건에 송익필의 조카사위 송익필의 형 송한필의 사위가 관련되었고, 그 동안 이이가 이 사건을 극력으로 돌보아주었다는 의혹이 있다.

동인의 남북 분당 시 의심으로 이발[94], 정인홍 등이 우성전[95]의 축첩을 문제삼은 것 역시 동인 강경파들의 온건파에 대한 불신, 의혹의 한 원인이 되었다. 우성전은 여러 명의 첩을 두었는데 이 점이 일부 동인 소장파들에 의해 의혹으로 제기되었다.

그런데 우성전이 문제가 되었을 때도 동인들은 이이를 배후로 의심했다. 우성전은 당시 동인들이 떠받들던 인물이었다. 우성전은 학문적 소양도 폭넓었고 지략이 남달랐으며, 경세에 대한 관점이 뚜렷하였다.

동인들이 "우성전이 대신이 된다면 만백성이 잘살 수 있을 것이다."라고 말했을 정도

---

94) **이발** : 1568년(선조 1년) 생원이 되고, 1573년(선조 6년) 알성문과에 장원, 이듬해 사가독서를 하고, 이조정랑으로 발탁되었다. 1579년 응교, 1581년 전한, 1583년 부제학을 역임하고 이듬해에 대사간에 이르렀다. 홍가신·허당·박의·윤기신·김영일·김우옹 등과 교유하였으며, 특히 최영경과 친하였다. 조광조의 지치주의至治主義를 이념으로 삼아 사론士論을 주도, 경연에 출입하면서 왕도정치를 제창하여 기강을 확립하고 시비를 분명히 가렸다. 또, 이조전랑으로 있을 때에는 자파의 인물을 등용함으로써 사람들로부터 원망을 샀으며, 동인의 거두로서 정철의 처벌문제에 강경파를 영도하였다. 이로 인하여 이이·성혼 등과도 교분이 점점 멀어져 서인의 미움을 받았다. 1589년 동인 정여립의 모반사건이 일어남을 계기로 서인들이 집권하게 되자, 관직을 사퇴하고 교외에서 대죄待罪하던 중 잡혀 두 차례 모진 고문을 받고 장살되었다. 이발이 죽은 뒤 82세의 노모와 8세의 아들도 엄형嚴刑으로 죽었는데, 노모는 형벌이 너무 지나치다고 꾸짖으면서 끝내 역모에 관한 일을 승복하지 않았으며, 문생·노비도 모두 엄형을 가하였으나 승복하는 자가 없었다.

95) **우성전** : 1568년(선조 1년) 별시문과에 급제하여 검열·봉교·수찬을 거쳐 1576년 수원현감을 지냈다. 1581년 한때 파직되었다가 장령·사옹원정·응교·의정부사인 등을 역임했다. 동서분당 때에는 김효원·유성룡 등과 함께 동인을 대표했으며, 그 뒤 이발과 사이가 벌어져 그는 남산에 살아서 남인으로, 이발은 북악에 살았기 때문에 북인으로 나누어졌다. 1591년 정철의 사건에 연루되어 관직을 삭탈당했다. 1592년 임진왜란이 일어나자 경기도에서 의병을 모집하여 추의군이라 칭하고, 강화도에 들어가 김천일 등과 합세했다. 병선을 이끌고 적의 진로를 차단했으며, 행주에서는 권율을 지원하기도 했다. 전공으로 대사성에 기용된 뒤 남하하는 왜적을 경상남도 의령까지 추격했으나 병을 얻어 경기도 부평으로 후송된 뒤 죽었다. 역상易象과 예학에 조예가 깊었다. 이조판서에 추증되었다. 저서에 『퇴계선생언행록』·『역설』·『이기설』·『계갑일록』 등이 있다. 시호는 문강이다.

로 동인들이 떠받드는 새로운 지도자였다. 이런 우성전에게도 한 가지 흠이 있었는데, 기생 한 명을 지나치게 좋아한 것이었다. 심지어 우성전의 부모상 때에도 이 기생이 상례에 어긋나게 머리를 풀고 우성전의 집에 출입할 정도였다.

상중에 기생이 우성전의 집에 출입하는 것을 보고 해괴하게 여긴 인물은 동인 이발이었다. 이발은 사헌부장령으로 있던 정인홍에게 우성전의 부모상에 기생이 출입하더라고는 사실을 이야기하였다. 훗날 대북大北의 영수가 되는 정인홍은 재야에 오래 있던 사람으로서 자신의 깨끗한 처신을 자랑삼아 온 인물이었다. 그는 예에 어긋난 이러한 일을 두고 볼 수 없다면서 앞장서서 우성전을 공격했다.

정인홍이 우성전을 탄핵한 것은 이처럼 동인인 이발의 토로에 의한 것이었는데, 동인들은 이것 역시 이이가 뒤에서 조종한 것이라고 이이를 의심하였다.

▶ 승려에 대한 의혹

19세에 어머니 신사임당의 갑작스러운 죽음에 충격을 받은 그는 금강산에 들어가 1년간 승려로 생활하였다. 그러나 후에 그의 정적들은 이를 두고 그가 사이비 학자, 학자의 탈을 쓴 중 불교 승려이라고 인신공격성 비난을 가하였다. 율우의 문묘 종사 논쟁이 벌어지자 허목은 이이를 유학자의 옷을 입은 불교 승려라고 비판했다. 윤휴도 허목과 같은 시각에서 이이를 비판했다.

인조 즉위 초부터 시종 율곡 이이와 우계 성혼의 문묘 종사를 놓고 논란이 발생했다. 남인 중에서 율곡과 우계의 문묘 종사를 반대한 핵심 인물들은 미수 허목과 고산 윤선도, 백호 윤휴 등이었다.

율우의 문묘 종사 논쟁이 벌어지자 허목은 이이를 유학자의 옷을 입은 불교 승려라고 비판했다. 허목이 율곡 이이의 문묘 종사를 비판한 명목은 그의 학문이 유교가 아닌 불교에 바탕을 두었다는 것이었다.

학문에는 차례가 있고 공功에는 순서가 있다. 율곡은 한갓 큰 것을 이기려는 굉장한 논의를 갖고서 자신이 싸움에서 이기기만을 힘썼다. 그는 '먼저 중요한 길을 찾아 문정門庭을 훤히 연 뒤에라야 정해진 방향이 없이 널리 배울 수가 있다.'라고 하였다. 이는 도道를 보는 것을 먼저 하고 학문을 뒤로 돌린 것으로 학문 방법을 거꾸로 한 것이다. 이는 불교의 돈오법96)이지 공자의 가르침이 아니다.

허목은 이이가 당쟁을 조절하는 것처럼 행세했지만 '율곡은 한갓 큰 것을 이기려는 굉장한 논의를 갖고서 자신이 싸움에서 이기기만을 힘썼다.'며 이를 부인하였다.

백호 윤휴도 허목과 같은 시각에서 이이를 비판했다.

율곡 이이가 『성학집요』97) 서문에서 말하기를 "'먼저 요로98)를 찾아서 문정門庭을 확실히 연 후에 정해진 방향 없이 널리 배우라'라고 했는데, 이 말은 크게 잘못되었다. …(이하 중략) … 율곡의 말처럼 한다면 근본을 세움이 확실하지 못하고 방향이 정해지기도 전에 요로와 문정을 얻게 되는 것이니 이 무슨 말인가?… (이하 중략) … 이는 불가佛家의 거꾸로 배우는 방법이지 공자의 가르침이 절대 아니다."라고 했다.

허목과 윤휴에 의하면 율곡은 유학자가 아니라 유학자의 옷을 입은 불교 승려에 불과한데 승려를 어떻게 문묘에 종사하느냐는 비난인 셈이었다. 허목의 비판은 결국 율곡 이이의 출가 경력을 정치적으로 이용해 그의 문묘 종사를 막으려는 당파적 비판에 지나지 않는 것이었다. 남인 중에서 율곡과 우계의 문묘 종사를 반대한 핵심 인물들은 미수 허목과 고산 윤선도, 백호 윤휴 등이었다. 어린 시절 한때의 방황을 이들은 이해하지 않았다. 허목, 윤휴 등이 이율곡을 학자가 아니라 불교 승려라고 몰고 가자 분노한 송시열은 허목과 윤휴를 이단 사이비라고 규탄하였고, 이들에 대한 감정적인 분노를 품게 된다.

▶성격

성격은 솔직하였으며, 그는 위선과 가식을 극도로 혐오하여 꾸며서 말하기를 거절하였다.

그러나 도덕과 윤리와 예절이라는 이름으로 가장된 위선과 형식, 겉치레가 팽배한 사회에서 율곡의 이러한 사물의 본질에 입각한 정직한 자세는 통용되기 어려웠다. 율곡의

96) 돈오법頓悟法 : 선종에서 단번에 진심의 이치를 깨친 뒤에 번뇌와 오랜 습기를 제거해 가는 불교수행법.
97) 『성학집요聖學輯要』 : 이이가 제왕의 학문을 위하여 지은 책
98) 요로要路 : 가장 중요한 길. 요진要津. 중요한 자리. 주요한 지위.

이러한 사물이나 인간에 대한 정직한 자세는 많은 오해를 불러일으켜 당시 동료는 물론 선배와 원로대신들로부터도 미움을 사 오국소인[99]이라고까지 지탄을 받았다.

주로 이황과 서경덕의 문인이었던 동인과 남인, 북인은 그가 18세에 불교에 입문했다가 환속한 점과, 그의 할아버지가 윤원형의 동료인 이기의 재종손이라는 점을 걸고 넘어지며 그를 계속 중상, 인신비방하였다.

성삼문의 백이 숙제[100] 비판 역시 그르다며 백이 숙제도 옳고 주 무왕 역시 옳다는 양시론 역시, 대중을 현혹하고 혹세무민하려 한다는 이유로 동인과 남인 계열의 꾸준한 인신공격 대상이 되었다.

▸유적지

문묘에 배향되어 있으며, 갑술환국 이후 문묘 종사는 확정되었다. 또한 경기도 파주시에는 그의 위패와 영정이 봉안돼 있는 서원인 자운서원과 여생을 보낸 누각 화석정이 있다. 황해도 백천의 문회서원에 배향되었다. 파주 이이 유적이 2013년 2월 21일 대한민국의 사적 제525호로 지정되었다.

예언서로 전해지는 '칠언고결', '옥룡자청학동비결', '오백론사비기' 등이 있다.

---

99) **오국소인**誤國小人 : 나라를 그르친 간사한 사람.

100) **백이숙제**伯夷叔齊 : 중국 주나라 때의 백이와 숙제를 아울러 이르는 말.

신사임당

조선 시대 중기의 문인이자 유
학자, 화가, 작가, 시인이다. 조
선시대 중기의 성리학자 겸 정
치인 율곡 이이, 화가 이매창의
어머니다. 강원도 강릉 출신으
로 본관은 평산平山이다. 본명은
신인선申仁善이라고도 하나 확실
하지 않으며 사임당은 그의 당
호堂號이다.

율곡선생전서
소疏계啓의議

요망스러운 중 보우를 논박하는 상소

- 을축년(1565년, 명종 20년) -

삼가 생각건대, 벼슬을 지킴에는 각각 그 직책이 있으나, 정성이 마음에 사무치면 직분의 한계를 지키는 데만 구애될 수 없으며, 의견을 말씀 드리는 것이 반드시 그때가 있으나 해로움이 나라에 절박하게 되면 때만 기다릴 수는 없는 것입니다. 지금 신이 간언[101]의 책임을 맡지 않았으니 간언할 수 있는 직분이 아니요, 전하께서 바야흐로 상중[102]에 계시니 진언할 만한 때가 아닙니다. 그러나 장사치와 나그네도 오히려 길거리에서 의논하고 있으니, 사람이란 참으로 직분에 구애받지 않고 정성을 다할 수 있다는 것이요, 백관이 총재[103]의 말을 따르기만 하는 것이 아닌즉, 일이 있으면 진실로 때를 기다리지 않고도 극진히 말할 수 있다는 것입니다. 그러므로 어리석은 신은 곧 만번 죽을 것을 무릅쓰고 감히 한 가지 생각한 바를 올리니, 삼가 바라건대 전하께서는 한번 보시고 헤아려 주소서. 지금 이 보우[104]의 일은 온 나라가

---

101) **간언**諫言 : 웃어른이나 임금에게 하는 충고.

102) **상중**喪中 : 상제喪制로 있는 동안.

103) **총재**冢宰 : 조선 시대, 육조의 하나인 이조의 으뜸 벼슬.

다 같이 분하게 여기어 그의 살을 저며 내고자 합니다. 태학[105]에서는 항의하는 상소를 올리고 양사[106]에서는 번갈아 글을 올리며 옥당[107]에서는 차자[108]를 올려 여러 날 동안 그치지 않는 지경에 이르렀으나, 전하의 들으심은 더욱 아득하니 온 나라의 신하와 백성들이 놀라고 실망하지 않는 이가 없어 모두 말하기를, "전하께서 온 나라의 공론

보우

은 믿지 않으시고 요망한 중 하나만을 옹호한다." 합니다. 신은 밝고 총명하신 전하께서 보우로 인하여 이런 누명을 받으시는 것을 통탄스럽게 여깁니다.

대개 말하기를, "보우는 시역[109]의 죄를 지었으며 전하께서는 원수를 놓아준 과실이 있다." 하니, 이것은 진실로 너무 과격한 말이어서 신도 감히 다 믿지는 않으나, 전하께서 보우에게 죄가 없다 하시는 데 이르러서는 신은 적이 괴탄[110]하는 바이며 또한 감히 이 말씀을 믿고 따를 수 없습니다. 이 전교가 나오자, 삼척동자도 모두 속으로 웃으니, 위대하신 왕의 말씀[王言]은 이러해서는 안 될 것이라고 사사로이 염려하고 있습니다. 궁궐 안의 은밀한 일은 비록 뜬소문이라고 핑계할 수 있다 하더라도 하늘이 낸 물건을 함부로 없애고

---

104) **보우**普雨 : 명종 때의 중으로, 호는 허응당·나암이다. 문정왕후의 신임을 얻어 봉은사 주지가 되고 선종 양교를 부활시키며, 선종 판사가 되었다. 윤원형·상진 등과 합세하여 3백여 사찰을 국가 공인의 정찰淨刹로 하고 2년 동안에 승려 4천여 명을 뽑았으며, 승과를 두기로 하여 도대선사가 되었으나 문정왕후가 죽자 유림들의 배불상소排佛上疏로 제주도로 귀양 갔다가 그곳에서 참형당하였다.

105) **태학**太學 : 인재 양성을 위하여 한양에 설치한 최고 유학 교육 기관.

106) **양사**兩司 : 조선 때, 사헌부와 사간원의 병칭.

107) **옥당**玉堂 : 홍문관의 부제학 이하 교리·부교리·수찬·부수찬 따위 실무에 임하던 관원의 총칭.

108) **차자**箚子 : 신하가 임금에게 올리던 간단한 서식의 상소문.

109) **시역**弑逆 : 시살弑殺. 부모나 임금을 죽임. 시역弑逆. 시해弑害.

110) **괴탄**怪嘆 : 괴상히 여겨 탄식함.

사대부의 여인들을 속여 현혹시키며 참람되게 승여¹¹¹⁾를 만들고 지존¹¹²⁾을 욕되게 한 것은 만백성이 눈으로 본 바이니, 모두 뜬소문이라고 할 수 있겠습니까. 눈썹은 지극히 가까이 있어도 보지 못하는 것이니, 궁중의 일을 나라 사람들은 다 알지만 전하께서 알지 못하시는 것이 어찌 없겠습니까. 뭇사람의 분노는 그치게 할 수가 없으며 백성의 입은 막을 수가 없는데, 전하가 굳이 이렇게까지 거절을 하시는 것은 무슨 까닭입니까. 또 전하께서는 진실로 보우에게 털끝만치도 죄가 없다고 생각하십니까. 보우가 제 뜻을 마음대로 행한 지가 지금 몇 해입니다. 널리 죄와 복을 베풀어 임금을 속였으며, 궁내의 재정을 고갈시켜 백성들에게 환란을 끼쳤으며, 교만하고 뽐내 스스로 성인¹¹³⁾인 체하여 자신을 높여 사치하고 참람하니, 이 중에 한 가지만 있어도 죄는 용서할 수 없는 것입니다. 전하께서 그래도 그에게 죄가 없다 하심은 무슨 까닭입니까. 전하께서는 총명하고 강단이 있으시어 벼슬을 깎아내리고 귀양 보내는데 있어 권세가 있는 자나 은총을 받는 자라 해도 일찍이 조금도 용서하지 않으셨는데, 요망스러운 중 하나를 베는 데 있어서는 유달리 어렵게 여기시며 지체하고 계시니, 신은 진실로 우매하여 그 이치를 깨닫지 못하겠습니다. 어찌 나라 사람들이 모두 죽여야 한다 하는데 죄가 없는 자일 수 있겠습니까.

　비록 그러하나, 신이 크게 근심하는 것은 이 때문이 아닙니다. 왜냐하면, 대개 옥당은 전하의 심복이며, 대간은 전하의 이목耳目이며, 태학의 유생들은 비록 공자를 모두 본받지는 못하고 있다 하더라도 그중에 뜻이 있는 자는 또한 모두 공자의 제자입니다. 전하께서 이미 훌륭한 인재를 선택하여 심복과 이목의 지위에 있게 하시었으니, 그 직책에 맞는다고 생각하신다면 그 의견

111) 승여乘輿: 임금이 타는 수레.
112) 지존至尊: '임금'을 공경하여 일컫는 말.
113) 성인聖人: 지혜와 덕이 뛰어나 길이길이 우러러 받들어 본받을 만한 사람. 성자聖者.

을 쓰셔야 하고, 그 직책에 적합하지 않다고 생각하신다면 그 사람을 쫓아내셔야 할 것입니다. 직책을 맡겨 놓고서도 믿어 주지 않고 의심하면서도 내쫓지 않는 것은 진실로 부당합니다. 지금 옥당과 양사, 태학의 유생들이 입을 모으고 말을 합하여 한 중에게 죄주기를 청하다가 끝내 임금의 마음을 돌이키지 못한다면, 비록 "전하께서 전하의 심복과 이목이 되는 관원과 공자를 본받는 선비들에 대한 대우를 모두 중 한 사람보다도 못하게 한다."고 말한다 하더라도 또한 망언이 아닐 것입니다. 어찌하여 그렇게 맡기기는 중하게 하시고, 대우하기는 박하게 하십니까. 가령 보우가 터럭 끝만 한 죄도 없고 애매한 누명을 받고 있다 하더라도 천하와 후세의 사람들이 장차 전하를 어떠한 임금이라 하겠습니까. 하물며 이제 보우의 죄는 죽음에 마땅하고 간쟁하는 자의 말이 망녕되지 않은 데야 말할 나위 있겠습니까. 이 뒤로부터 나라 사람들은 모두 말하기를, "전하께서 보우를 대우하심이 더하면 더하지 달라진 것이 없다." 할 것이며, 중들은 모두 말하기를, "전하께서 우리 도道를 높이심이 유생들이 간쟁한다고 해서 이간될 수는 없다." 할 것이니, 이로 말미암아 이단[114]의 무리는 뜻을 얻고 선비의 기운은 더욱 꺾일 것입니다. 조정에 있는 신하들은 모두 말하기를, "간하는 말 따르기를 물 흐르듯 하는 전하의 아름다움이 중 하나 때문에 가로막혀 버렸다." 할 것이며, 재야在野에 있는 선비들은 모두 말하기를, "전하의 음성音聲과 안색이 사람을 천리 밖에서 거절한다." 할 것입니다. 이로 인해 조정의 백관들은 맥이 풀려지고 간하는 길은 더욱 막힐 것입니다. 선비의 기운이 이미 꺾이고 간할 길이 막히게 되면, 곧은 선비는 전하의 얼굴빛을 보고 멀리 가서 숨어 살게 되고 간사한 사람은 틈을 엿보아 다투어 나오게 될 것입니다. 이로 말미암아 조정의 기강은 날로 문란해지고 국가의 명맥

---

114) **이단**異端 : 자기가 믿는 이외의 도道. 전통이나 권위에 반항하는 주장이나 이론. 시류에 어긋나는 사상 및 학설.

은 더욱 상하게 될 것입니다. 전하께서 비록 불교를 배척하실 뜻이 있다 해도 누가 좋아서 돕고 따를 것이며, 전하께서 비록 덕을 따르는 총명이 있다 해도 누가 좋아서 흉금을 털어놓고 아뢰겠습니까. 그렇다고 어찌 전하의 뜻을 집집마다 일러 주며 말해 줄 수 있겠습니까.

한 가지 일의 실수는 경중輕重을 따질 것이 못 될 듯하고, 한 사람 중의 미미한 존재는 유무有無를 따질 것이 못 될 듯하지마는, 폐해가 국가에 절실하게 미치는 것이 이와 같습니다. 일찍이 전하를 슬기롭고 지혜롭다고 생각했는데 이것을 살피지 못하셨습니까. 구구한 선비의 기운이 또 이에 따라서 꺾이고, 열려 있던 언로115)도 따라서 막혀 버리며, 근근이 이어 오던 국가의 명맥도 따라서 상하게 되어 재해災害가 함께 이르러 구제할 수 없이 된 연후에는 비록 보우 같은 자를 100명을 베더라도 어찌 지나간 잘못을 보충할 수 있겠습니까. 신은 엎드려 생각건대, 전하께서는 옥체가 본래 약하신 데다가 수척한 모습으로 최질116)을 입으시고 침통한 얼굴로 곡읍117)을 하고 계시는 때이니 번거롭게 귀에 거슬리는 말을 올린다면 전하의 마음이 편하지 못하실 것이요, 만일 다시 사사로운 걱정으로 지나치게 생각하다가 전하의 마음을 상하게 할까 두려워서 급하게 물러가고 간하지 않는다면 전하의 나라가 편안하지 못할 것입니다. 사세가 여기에 이르렀는데도 잘 조처하지 아니하면 전하께서 마음이 편하지 못하시고 국가도 평안하지 못하게 되어, 마침내는 둘 다 온전하지 못할 것이니, 이것이 신이 밤중까지 자지 못하고 천정을 쳐다보며 눈물을 흘리는 까닭이옵니다.

---

115) **언로**言路 : 임금 또는 정부에 말을 올릴 수 있는 길. 또는 모든 사람이 의견을 말할 수 있는 통로.
116) **최질**衰絰 : 상중에 입는 삼베옷
117) **곡읍**哭泣 : 소리를 내어 섧게 욺.

　신의 어리석은 소견으로 반복하여 생각해서 한 말씀을 얻었습니다. 대개 자성[118])께서 나라를 근심하는 뜻과 복을 비는 정성 때문에 보우의 기만[119])을 거절하지 못한 지가 20년이나 되었습니다. 하루아침에 승하하시었다 해서 갑자기 보우를 베어 버리면 자성께서 생존해 계실 때의 뜻에 어긋날 것 같고, 전하께서도 살리기를 좋아하는 어지심으로 거상[120])하는 날을 당하여 어찌 사람에게 극형을 가하려 하시겠습니까. 전하께서 주저하시고 인내하시는 마음을 신도 망녕되나마 헤아릴 수가 있습니다. 전하께서 쾌히 공론을 좇아서 즉시 극형을 베풀지 못하신다면 어찌하여 먼 변방으로 귀양을 보냄으로써 대중과 함께 그 요망스러운 중을 버린다는 뜻을 보이지도 않으십니까. 대개 이렇게 한다면, 온 나라 신민[121])의 마음을 조금 위로할 수 있고, 또한 기만하고 미혹시키는 세력을 조금 감할 수 있으며, 전하의 살리기를 좋아하고 죽이기를 싫어하시는 어진 마음에도 어김이 없을 것입니다. 전하는 어떻게 생각하십니까. 전하께서는 지금 보우의 죄가 없다고 생각하고 계시는데 신은 귀양 보내자는 말씀을 드렸고, 사림[122])들은 바야흐로 시역[123])으로 지목하는데 신은 죄를 감하자는 말을 내었으니, 진실로 위로는 전하의 뜻을 거스르고 아래로는 사림의 기대를 저버린 것입니다. 신의 어리석은 충성으로는 반드시 전하의 어진 마음을 온전히 하고 국가의 원기元氣를 보존하려 함입니다. 그러므로 비록 위아래로 죄를 얻으면서도 스스로를 걱정하지 않는 것입니다. 만일 전하께서 단연코 죄가 없다 하시어 끝내 보우를 내쫓겠다는 뜻을 보이지 않으신다면 이것은 선

---

118) **자성**慈聖 : 임금의 어머니. 자전慈殿. 명종의 모후인 문정왕후를 가리킨다.

119) **기만**欺瞞 : 남을 속여 넘김. 기망欺罔.

120) **거상**居喪 : 상중喪中에 있음.

121) **신민**臣民 : 군주국에서 관리와 백성을 아울러 이르는 말.

122) **사림**士林 : 유림儒林.

123) **시역**弑逆 : 부모나 임금을 죽임. 시살弑殺.

비의 기운이 꺾이고 간언을 올릴 길이 막히며 국가의 명맥이 상하는 것을 모두 돌아보시지 않는 것이니, 하물며 서캐나 이[蝨] 같은 신이 반딧불같이 미약한 힘으로 어찌 감히 일월日月의 광채光彩를 돕기를 바라겠습니까. 만일 신의 말에 혹시 조금이라도 쓸 만한 것이 있다고 생각하신다면, 이것은 꼴 베고 나무하는 사람들에게도 물어보고 천근[124]한 말을 살피는 것이요, 또한 성덕[125]의 한 가지 일이니, 어찌 반드시 그 사람을 보고 그의 말까지 폐해서야 되겠습니까.

아, 국가의 참혹한 화는 오늘날보다 더 심한 때가 없었고 백성의 여위고 쇠약함도 오늘날보다 더 심한 때가 없었습니다. 참혹한 화의 때를 당하여 여위고 쇠약한 백성에게 부역을 시키고, 또 거듭 선비의 기운을 꺾고 간언을 드릴 길을 막으며 국가의 명맥을 상하면서 백성을 몰아붙인다면 반드시 다가올 근심과 헤아릴 수 없는 환란은 장차 차마 말하지 못할 정도일 것입니다. 『시경』[126]에, "비유하건대 저 배의 흐름이, 이를 곳을 알지 못함과 같으니, 마음에 근심하는지라, 옷 입은 채 잠잘 겨를도 없도다.[譬彼舟流 不知所屆 心之憂矣 不遑假寐]" 하였으니, 신의 근심이 진실로 이와 같습니다. 신이 본래 지극히 어리석고 매우 고루한 자질로 외람되게 나라의 빛남을 보고 임금이 손님으로 예우하는 반열에 채워졌더니, 다행히 전하의 버리지 않으시는 은혜를 입어서 뽑아 장원 자리에 두시었으니, 전하의 은혜가 깊고 중하여 갚을 바를 알지 못하고 있습니다. 그러므로 눈으로 나라를 병들게 하는 기미를 보고, 마음에 감격한 정성이 간절하여 감히 침묵을 지키지 못하고 이미 분별없는 말씀을 올렸습니다. 삼가 직분을 뛰어넘은 죄를 벌하여 주소서.

---

124) **천근**淺近 : 깊지 않고 얕음.

125) **성덕**盛德 : 크고 훌륭한 덕.

126) **『시경詩經』** : 오경五經의 하나. 중국 최고最古의 시집으로, 주周나라 초부터 춘추 시대까지의 시 311편을 수록함. 공자가 편찬하였다고 전함. 모시毛詩.

윤원형을 논박하는 상소

삼가 생각건대, 임금은 종묘사직[127]을 한몸으로 삼고 만백성과 더불어 한마음이 되나니, 종묘사직의 편안함과 위태로움을 자기의 편안함과 위태로움으로 삼으며 만백성의 근심과 즐거움을 자기의 근심과 즐거움으로 삼으면, 종묘사직이 편안하고 만백성이 기뻐하여 화목한 기운을 감응하여 불러서 하늘의 복을 빌어 국운이 길이 연장할 것입니다. 만일 혹시라도 자기 한 몸만을 생각하고 종묘사직의 편안함과 위태로움은 생각하지 않으며 자기 한 마음만 따르고 만백성의 근심과 즐거움을 돌아보지 않으면, 종묘사직이 위태로워지고 만백성이 원망하여 점점 화란을 초래하게 되어서 몸과 마음이 함께 편안하지 못할 것입니다. 이것은 필연적인 이치이므로 일러 깨우쳐 주는 것을 기다리지 않고서도 알 수 있는 것입니다. 아, 진실로 그 위태로움을 편안하게 여기고 그 재난을 이롭게 여기며 나라가 망하는 것을 즐겁게 여기지 아니한다면, 어느 누가 자신의 몸과 종묘사직이 둘이 되고 자신의 마음이 만백성과 더불어 같지 않은 것으로 여기는 자가 있겠습니까. 신들이 엎드려 뵈

---

127) **종묘사직**宗廟社稷 : 왕실과 나라를 아울러 이르던 말.

옵건대, 전하의 옥체가 자주 미령[128]하시니, 이것은 참으로 종묘사직의 불행이요, 만백성이 깊이 근심하는 일입니다. 권세를 잡은 간신이 마음대로 횡포를 부려 국가의 명맥을 깎아 없애 종묘사직이 위태로워지려 하고 만백성이 모두 원망하고 있으니 이것은 참으로 전하의 불행이요, 전하의 마음에 깊이 근심하실 일입니다. 전하의 한 몸은 종묘사직의 주인이요, 전하의 한 마음은 만백성의 마음입니다. 종묘사직이 편안하면 전하도 편안할 것이요, 만백성도 기뻐할 것입니다.

윤원형[129]의 죄는 머리털을 뽑아서도 셀 수가 없는데, 전하께서 끝내 두둔하시어 기어이 윤원형의 목숨을 보전하게 하려 하시면서 매양 옥체가 미령하심을 간언을 막는 구실로 삼고 계십니다. 잘 모르겠습니다만, 오늘날 전하의 팔다리나 이목耳目과 같은 신하와 온 조정의 백관이 진언[130]하는 것이 옳은 것입니까, 그른 것입니까. 공론을 펴고자 하는 것입니까, 사적인 원한을 갚고자 하는 것입니까. 나라를 살리고 백성을 구제하려는 것입니까, 나라를 병들게 하고 백성을 해치려 하는 것입니까. 만일 아뢰는 말이 옳지 않고 사적인 원한을 갚고자 하며 나라를 병들게 하고 백성을 해치고자 한다면 비록 옥체가 건강하시고 조금도 병환이 없다 하더라도 어찌 그 말을 용납하시어서 그들 마음대로 방자하게 하도록 할 수 있겠습니까. 그러나 만일 그 말이 매우 옳고 공론을 펴려 하며 나라를 살리고 백성을 구제하려 하는 것이라면, 옥체가 미령한

---

128) **미령**靡寧 : 어른의 몸이 병으로 편하지 못함.

129) **윤원형**尹元衡 : 명종 때의 문신이며, 소윤의 영수領首이다. 명종의 세자인 인종을 폐하고 문정왕후의 아들 경원대군을 세자로 책봉하려다가 인종을 옹호하는 윤임과 대립되었는데, 윤임 일파를 대윤이라고 한다. 인종이 즉위하자 삭직당하였으나, 8개월 만에 인종이 죽고 명종이 즉위하면서 문정왕후가 섭정하게 되자, 왕후의 신임을 얻어 20여 년 동안 집권하면서 대윤 일파를 모두 숙청하였다. 문정왕후가 죽자 실각되어 강음江陰에 안치되었다가 죽었다.

130) **진언**陳言 : 낡아 빠지고 케케묵은 말.

날이라도 더욱 충언忠言을 용납하시어서 종묘사직을 편안하게 하고 만백성을 순탄하게 하셔야 할 것인데, 하물며 도리어 미령하시다는 말씀으로 핑계를 삼을 수 있겠습니까. 나라가 다스려지고 어지러워지는 기미[131]가 한 가지가 아니지마는 그중에서도 임금에게 병환이 있을 때가 더욱 두려운 때가 됩니다. 그러므로 옛날의 성왕聖王은 비록 병환이 위독한 때라 하더라도 오히려 책상에 기대어 명령을 내림으로써 종묘사직을 편안하게 하고 인심을 진정[132]시켰습니다. 만일 모두 병이라 핑계하여 공론을 막고 인심을 어기어 나라가 편안하고 위태로움을 돌보지 않는다면 이것은 임금에게 병환이 있을 때가 바로 국가가 위태롭고 망하는 때가 될 것입니다. 예로부터 간언을 거절한 임금이 하나가 아니었지마는, 병으로 핑계를 댄 임금이 있다는 말은 듣지 못하였습니다. 전하의 이 말씀이 반드시 만세의 화근禍根이 되지 않는다고 할 수 없으니, 신들은 삼가 전하를 위하여 심히 안타깝게 여깁니다.

윤원형의 죄악은 밝게 드러나서 만인의 눈으로 본 것인데도 전하께서는 모두 사실이 아닌 뜬소문이라고 핑계하시니, 이것은 전하께서 그의 죄악을 밝게 살피시지 못하여 종묘사직이 위태로워지고 만백성이 모두 원망하고 있는 것을 알지 못하는 것입니다. 진실로 밝게 살피시어 실지로 종묘사직이 위태로워지고 만백성이 원망하고 있는 것을 아신다면, 전하께서는 지금 스스로 엄중한 결단을 내리시기에 겨를이 없으실 터인데, 어찌 다른 사람의 말을 기다리고 계시겠습니까. 대신이 나라의 원기元氣가 쇠퇴하여졌다고 간절하게 진달하였으니 대신이 전하를 속인 것이겠습니까. 시종[133]하는 후설[134]의 신

---

131) **기미**幾微 : 낌새.

132) **진정**鎭靜 : 흥분이나 아픔 따위를 가라앉힘.

133) **시종**侍從 : 왕 옆에서 항상 어복御服과 어물御物을 나누어 맡던 직분.

134) **후설**喉舌 : 목구멍과 혀. '후설지신'의 준말.

하가 종묘사직의 위태로움이 절박하여 조석에 달려 있다 하여 여러 차례 거듭
상소를 올렸으니 근신[135]이 전하를 속인 것이겠습니까. 전하의 이목耳目이 되
는 관원들이 26조목과 기타 소인小人의 죄악과 감추어진 악행을 들어서 대궐
앞에 엎드려 극력 간하였으니, 이것이 이목이 되는 신하가 전하를 속이는 것
이겠습니까. 온 조정의 선비들이 그의 죄를 바루고자 하지 않는 이가 없어, 간
하는 직책을 따지지 않고 다투어 궐문에서 부르짖으니 이것이 온 조정이 전하
를 속이는 것이겠습니까. 온 나라 사람의 여러 해 동안 쌓인 원한이 하루아침
에 모두 폭발하여 길거리에 모여 욕하며, 관사[136]에 원통함을 호소함으로써
위로 전하에게 이르기를 바라니, 그들의 분노와 원한의 기운이 하늘에까지
사무쳤는데, 나라 사람들이 모두 전하를 속이고자 하는 것이겠습니까. 팔다
리나 이목과 같은 신하부터 온 조정의 선비와 온 나라 사람을 모두 믿지 못하
신다면 전하께서는 장차 무엇을 믿고서 온갖 정사를 처리하며 한나라에 임하
시겠습니까. 아니면 사람들의 말은 비록 다 믿는다 하더라도 전하께서는 윤
원형의 공로를 생각하시고 사사로운 정으로 외척[137]을 불쌍히 여기시어 마
침내 스스로 어쩌지 못하시는 것입니까. 종묘사직은 전하께서 주관하는 것
이요, 만백성은 전하께서 하늘로 삼아야 할 것입니다. 차라리 종묘사직의 위
태로움은 볼지언정 한 사람의 훈신[138]은 버리지 못하고, 차라리 만백성의 인
심은 잃을지언정 한 사람의 외척은 귀양 보낼 수 없으시다면, 이는 훈신이 전
하께서 주관하시는 종묘사직보다 중하고, 외척이 전하께서 하늘로 삼아야 할
만백성보다 중하다는 것이니, 이것이 어찌 전하의 본심이겠습니까. 아, 윤원

---

135) **근신**近臣 : 임금을 가까이에서 모시던 신하.

136) **관사**官司 : 마을. 관아官衙.

137) **외척**外戚 : 같은 본 이외의 친척. 외친外親. 외가 쪽 친척.

138) **훈신**勳臣 : 훈공이 있는 신하.

형이 어진 사람을 투기하고 능력 있는 사람을 미워함은
이임보[139]와 같고, 재물을 탐하여 만족할 줄 모르는 것은
원재[140]와 같고, 저택邸宅이 사치하고 참람함은 양기[141]
와 같고, 궁중의 비빈[142]과 몰래 내통하는 것은 한탁주
[143]와 같고, 말은 꿀같이 달콤하면서 뱃속에 칼을 품은 것

이임보

이 이의부[144]와 같고, 임금을 무시하고 윗사람을 위협하는 것은 가사도[145]와
같으니 저 소인들 한 사람만으로도 모두 백성을 도탄에 빠뜨리고 종묘사직을
뒤집어엎기에 충분한데, 하물며 한 몸에 그 악한 것을 겸
비한 데다가 잔인하게 인륜을 어지럽히고, 마음속에 품
고 있는 흉측스러운 생각은 여러 간흉들도 미치지 못할
정도의 자인 경우야 어떠하겠습니까. 이는 신들의 말이
아니고 나라 사람들의 말이니, 황천[146]과 후토[147]가 이

한탁주

139) **이임보**李林甫 : 당나라의 종실宗室로서 유영교활柔佞狡猾하여 장구령張九齡을 대신하여 19년 동
안 재상으로 있으면서 안녹산安祿山·사사명史思明의 난리가 나게 하였다.

140) **원재**元載 : 자는 공보公輔이며, 당나라 대종代宗 때에 이보국에 아부하여 벼슬이 중서시랑中書
侍郎으로 있다가 이보국이 죽자 사사賜死되었다.

141) **양기**梁冀 : 후한 순제後漢順帝 때 양황후梁皇后의 오빠로, 그 아버지 양상梁商을 대신하여 대장大
將이 되었는데, 제帝를 독살하고 환제桓帝를 세워 20여 년 동안 집정하였으나 결국 자살하
였다.

142) **비빈**妃嬪 : 비妃와 빈嬪을 말한다.

143) **한탁주**韓侂冑 : 남송 때 사람으로 한기의 증손자이다. 영종이 즉위하자 정책공이라고 자부
하여 선량한 신하들을 많이 참소하여 추방하였는데 결국 참수되었다.

144) **이의부**李義府 : 당나라 고종 때 사람으로 성질이 음흉하여 사람과 말하면서 반드시 웃으므
로 사람들이 "그 웃음 속에 칼이 있다." 하였고, 또 부드러우면서 사람을 해치므로 인묘人
猫라 불렀다.

145) **가사도**賈似道 : 송나라 이종理宗의 귀비貴妃인 누이 덕으로 좌승상이 되고, 이종의 아들 도종
이 즉위하자 더욱 정사를 농락하였는데, 결국 건강의 화패禍敗를 초래했다.

146) **황천**皇天 : 크고 넓은 하늘.

러한 말을 들을 것입니다. 아, 국가의 원기元氣인 공론은 끝내 막을 수 없으며, 물불을 가리지 않는 대중의 분노는 끝내 그치게 할 수 없어 온 나라가 흉흉하며 진정할 길이 없습니다. 이제 전하께서 미령하신 때를 당하고 또 국가의 환난 속에 빠진 때를 만나서, 신들이 눈물을 흘리며 마음 아파하고 더욱 윤원형이 나라를 배반한 데 대하여 격분하며 이를 갈고 있는 것입니다. 삼가 바라건대, 전하께서는 공평한 마음으로 살피고 생각하시어 급히 공론을 따름으로써 종묘사직을 편안하게 하시고 모든 사람의 노여움을 풀어 주신다면 더없이 다행스러운 일이겠습니다.

---

147) **후토**后土 : **토지의 신**神.

간원諫院이 시사時事를 진언陳言한 상소

– 병인년(1566년, 명종21년) –

삼가 생각건대, 천하의 일은 전진하지 않으면 후퇴하고 국가의 형세는 다스려지지 않으면 어지러워지는 것입니다. 전진하고 후퇴하는 것과 다스려지고 어지러워지는 것은 진실로 그 운수가 있지만, 그 전진하고 후퇴하거나 다스려지고 어지러워지는 까닭은 사실상 사람에게 달려 있습니다. 그러므로 임금은 마땅히 다스려지고 어지러워지는 기미를 살피어 그 다스려지는 요인은 힘쓰고 어지러워지는 요인은 없앰으로써 반드시 다스리기를 기약한 뒤에 그만둘 것이요, 조금 성취된 것을 편안하게 여기고 일반적인 규칙에 얽매여 그럭저럭 되는대로 그 성패成敗를 맡겨 두어서는 안 됩니다. 신들이 삼가 뵙건대, 전하께서 등극하신 이래로 해뜨기 전에 의복을 갖추시고 밤늦게 식사를 하시며 정력을 다하여 다스리기에 힘써, 안으로는 음악과 여색女色의 즐김이 없고, 밖으로는 사냥을 좋아하시는 일이 없어서, 옛날 임금들의 마음을 고혹[148]시켜 정사를 해치는 요인이 되던 것은 모두 성상[149]의 생각에서

---

148) **고혹**蠱惑 : 아름다움이나 매력 따위에 홀려 정신을 못 차림.

149) **성상**聖上 : 살아 있는 자기 나라의 임금을 높여 이르는 말.

끊으셨습니다. 그러나 요즘에 권간[150]과 행신[151]이 정사를 어지럽히어 나라 형세가 심히 위태하더니, 다행히 하늘이 성상의 마음을 열어 주심을 힘입어 여러 간신들을 쫓아내어 온 나라 백성들이 목을 늘이고 눈을 씻으며 정치의 교화를 우두커니 갈망하고 있었는데, 교화를 좀먹고 정사를 해치는 여러 가지 기구가 차례로 개혁되어 없어져서 윤음[152]이 내려질 때마다 보고 듣는 사람들이 으쓱하여져, 태평성대의 소망이 아침이 아니면 저녁에 이루어질 것 같으니, 이는 지극한 다스림의 기미라 하겠습니다. 그러나 지금까지 정사가 아직 크게 민심을 위로하지 못하였고, 기강이 아직 정숙하지 못하였으며, 공도[153]도 아직 넓혀지지 못하였고, 탐하는 풍조가 아직도 그치지 않고 있습니다. 착하고 나쁜 것이 구분이 되지 않아 벼슬길이 혼잡한 것도 전과 같고, 송사 재판도 공평하지 않아 권력이 있고 교활한 자가 뜻을 얻고 있는 것도 전과 같습니다. 천심天心도 기뻐하지 않아서인지 예기치도 않았던 재이[154]가 거듭 나타나고 백성의 힘은 이미 다하였는데도 혜택이 내려지지 않고 있습니다. 이는 진실로 여러 해 동안 쌓여 고질[155]이 되어서 한 가지 약만으로 고치기가 어렵기 때문입니다. 큰 벼슬아치는 어물어물 발라맞추는 데에 습관이 되어 있고, 작은 벼슬아치는 익살로 받아넘기는 데에 습관이 되어 있으며, 안으로 모든 관사[156]는 편안하고 게으른 데에 습관이 되어 있고, 밖으로 여러 고을에서는 가혹하게 거둬들이는 데에 습관이 되어 있습니다. 오랜 습관에 얽매여

---

150) **권간**權奸 : 권세를 가진 간신.

151) **행신**倖臣 : 간사한 신하.

152) **윤음**綸音 : 임금이 신하나 백성에게 내리는 말. 윤언綸言. 윤지綸旨.

153) **공도**公道 : 공평하고 바른 도리.

154) **재이**災異 : 재앙이 되는 괴이한 일.

155) **고질**痼疾 : 오래되어 바로잡기 어려운 나쁜 버릇.

156) **관사**官司 : 마을. 관아.

있어서 그것을 스스로 버리지 못하고 용납하고 말하지 않는 것을 달권[157]으로 여기고, 건의建議하고 아뢰는 것을 일을 만드는 것으로 여기며, 시속[158]을 따르는 자를 중도[159]를 얻었다 이르고, 특별히 뜻을 세우고 끌리지 않는 자를 오활하고 괴이하다 이르고 있습니다. 이와 같은 현상은 권간[160]이 나라를 좀먹던 때나 별다르게 낫지도 않습니다. 이와 같이 그럭저럭 지내며 새는 것이나 막고 터진 것이나 꿰매고 하면, 날로 다스려져 나아가는 것은 보지 못하고 마침내는 반드시 날로 어지러운 데로 나아갈 따름이니, 어찌 깊이 두렵게 생각할 일이 아니겠습니까. 신들은 모두 변변하지 못한 사람으로서, 언관의 자리에서 죄를 기다리며 천장을 우러러 사사로이 탄식하며 밤에도 잠을 이루지 못하면서 폐단을 고칠 근원을 깊이 생각한 나머지 귀머거리나 소경 같은 어리석은 정성을 다하여 삼가 세 가지 일을 가지고 성명[161]께 드립니다.

첫째는 마음을 바르게 하여 다스림의 근본을 세우는 것이요, 둘째는 현명한 이를 등용하여 조정을 맑게 하는 것이요, 셋째는 백성을 편안하게 하여 나라의 근본을 튼튼히 하는 것입니다.

이른바 마음을 바르게 하여 다스림의 근본을 세운다는 것은, 임금이 어질면 어질지 않는 이가 없고 임금이 의義로우면 의롭지 않는 이가 없어서입니다. 옛날 임금도 다스리고자 하지 않는 이가 없었으나, 다스려지는 때가 항상 적고 어지러운 때가 항상 많았던 것은, 다만 몸을 다 닦지 못하여 만방萬邦에 밝혀 바르게 할 수 없었던 까닭입니다. 그러므로 마음 바르게 하는 것을 첫머리로

157) 달권達權 : 그때그때 형편에 따라 일을 알맞게 잘 처리함.

158) 시속時俗 : 그 당시의 풍속.

159) 중도中道 : 어느 한쪽으로 치우치지 않은 바른길.

160) 권간權奸 : 권세를 가진 간신.

161) 성명聖明 : 임금의 밝은 지혜.

삼았는데, 그 조목이 세 가지가 있습니다. 첫째는 큰 뜻을 세우는 것이요, 둘째
는 학문에 힘쓰는 것이요, 셋째는 바른 사람을 친근히 하는 것입니다. 첫째 큰
뜻을 세운다는 것은, 임금의 뜻이 다스려지고 어지러워지는 것과 관계가 있
어서입니다. 뜻이 어짊과 의로움에 있으면 요순[162]이 되고, 뜻이 어짊을 빌리
는 데 있으면 오패[163]가 되고, 뜻이 욕심을 부리는 데 있으면 걸주[164]가 되며,
뜻이 정하여진 데가 없으면 권세를 농락하는 신하를 불러들이게 되고, 뜻이
한쪽 편만 주장하면 면전에서 아첨하는 선비를 모으게 되니, 뜻이 향하는 바
는 그 효과가 그림자와 메아리 같은 것입니다. 삼가 바라건대, 전하께서는 건
강[165]하고 큰일을 할 수 있는 뜻을 분발하시어 단연코 예전 성왕聖王을 자기의
규범으로 삼아 평상시의 예例를 따르고 전례만을 지키던 습관을 모두 없애 버
리어, 학문을 함에 있어서는 반드시 도道를 그 몸에 쌓으려 해야 하며, 현명한
이를 구함에 있어서는 반드시 세상에 숨어 사는 사람들을 빠짐없이 불러들이
도록 해야 하며, 정사를 시행함에 있어서는 반드시 여러 공적이 모두 빛나게
되도록 해야 하며, 백성을 교화함에 있어서는 반드시 악한 것을 변하여 화평
하게 되도록 해야 합니다. 이러한 뜻이 확고해지면 나라를 다스리는 것은 손
바닥 위에 물건을 굴리듯 쉽게 할 수가 있습니다. 둘째로 학문에 힘쓴다는 것
은, 하夏·은殷·주周 삼대三代가 이미 멀어져 성왕이 나타나지 않으며 요순의 심
학[166]은 끊어져서 전하는 바가 없어지고, 우리 도道가 붙어 있는 것은 다만 아
래에 높지 않은 성현聖賢에게 있을 뿐이었습니다. 한漢나라와 당唐나라 이후로,

---

162) **요순**堯舜 : 고대 중국의 요임금과 순임금을 아울러 이르는 말.

163) **오패**五霸 : 중국의 춘추 시대의 제후 가운데, 가장 강대하여 한때의 패업을 이룬 다섯 사람.

164) **걸주**桀紂 : 중국 하夏나라의 걸왕과 은殷나라의 주왕. 곧 천하의 폭군을 비유하는 말.

165) **건강**乾剛 : 제왕이 천하를 다스리는 방침이나 권능.

166) **심학**心學 : 마음으로부터 배우는 일.

몸소 다스려 태평함을 이룬 밝은 임금이 없었던 것은 아니지마는, 모두 안으로 반성하는 학문이 없어서 선왕先王의 정치를 회복하지는 못하였습니다. 이제 전하께서는 밝은 지혜의 자질을 지니고서 임금과 스승의 책임을 모두 맡고 계시니, 요순이 되려면 요순이 될 수 있으며 문왕文王·무왕武王이 되려면 문왕·무왕이 될 수도 있어, 막을 수 있는 자가 없을 것입니다. 삼가 바라건대, 전하는 마음을 바르게 하고 뜻을 정성되게 하는 것을 싫도록 들은 진부한 말이라 여기지 마시고, 모름지기 이치를 연구하고 공경을 주장하셔서 다스림을 이룩하는 근본으로 삼으소서. 성인의 학문에 마음을 두시어 게을리하지 말고 거칠게도 말며, 천리天理와 인욕人欲을 털끝만 한 사실까지도 분석하여, 그것이 천리인 줄을 알면 그것을 공경히 확충[167]하여 조금이라도 막히는 것이 있지 않게 하고, 그것이 인욕인 줄을 알면 그것을 공경히 끊어서 티끌만큼이라도 남지 않게 하시며, 반드시 높고 밝음을 널리 펴서 두루 융합하게 된 것을 힘을 얻는 시기로 삼으시면, 이제二帝는 삼제三帝가 되고 삼왕[168]은 사왕四王이 될 수 있을 것입니다. 저 한나라·당나라의 조금 도움이 되었던 공적으로야 어찌 치도治道를 말할 수 있겠습니까. 셋째로 바른 사람을 친근히 한다는 것은, 성상의 학문이 비록 하늘에서 내신 것이라 하더라도, 반드시 바른 사람을 좌우에 있게 한 연후에야 규범이 되고 보도[169]가 되어 성덕[170]이 이루어져서입니다. 옛적에 정자程子가 말하기를, "임금이 하루 사이에 어진 사대부를 접촉하는 때는 많고 환관[171]과 궁첩[172]들을 가까이하는 때가 적으면, 기질을 함양하고

---

167) **확충**擴充 : 늘리고 넓혀 충실하게 함.

168) **이제 삼왕**二帝三王 : 당요, 우순의 이제와 하나라의 우왕, 은나라의 탕왕, 주나라의 문왕 및 무왕의 세 왕.

169) **보도**輔導 : 도와서 바르게 이끎.

170) **성덕**聖德 : 임금의 덕. 성인의 덕.

171) **환관**宦官 : 내시內侍.

덕성[173]을 훈도[174]할 수 있다." 하였으니, 이 말은 참으로 불변의 이론인데 아깝게도 그 당시에는 쓰이지 못하였습니다. 지난번에 전하의 옥체가 자주 편치 않으시어 오래 경연[175]을 폐하시는 바람에 안팎이 근심하고 답답하여 화기[176]가 돌지 못했는데, 요즘 경연을 열어 훌륭한 의견을 살펴 받아들이시니, 신하들이 모두 기뻐하고 백성들이 좋아 날뛰어, 만물이 모두 빛나는 것을 오늘에야 볼 수 있었습니다. 다만 상중喪中에 계시기 때문에 시사[177]하는 날이 적어서 어진 사대부들이 나아가 뵙는 날이 드무니, 열흘 추위에 하룻볕 쪼이는 것같이 끊임이 많습니다. 어찌 걱정스러운 일이 아니겠습니까. 비록 날마다 경연에 임하시어 여러 신하들과 예로서 접하지는 못한다 하더라도 근시[178]하는 신하가 나와 뵙는 것 같은 것은 진실로 때를 가릴 수가 없는 것입니다. 임금과 신하 사이는 마치 아버지와 아들 같은 것인데, 어찌 아버지와 아들 사이에 예모[179]에 구애되어서 나와 뵙지 못하는 일이 있을 수 있겠습니까. 삼가 바라건대, 전하께서는 힘써 바른 사람을 친근히 하고 힘써 도학[180]을 강론하소서. 따로 학문이 순수하고 바른 사람을 선택하시어 근시하는 반열에 두고 아무 때나 편전[181]에서 소대[182]하시되 전하께서는 편복[183]으로 앉거나 눕거

---

172) **궁첩**宮妾 : 궁궐 안에서 임금, 왕비, 왕세자를 모시고, 궁중의 일을 보던 여자를 통틀어 이르는 말.

173) **덕성**德性 : 어질고 너그러운 성질.

174) **훈도**薰陶 : 덕으로 사람을 감화함.

175) **경연**經筵 : 왕 앞에서 경서를 강론하게 하던 일.

176) **화기**和氣 : 따스하고 화창한 기운.

177) **시사**視事 : 임금이 신하들과 나랏일을 돌봄.

178) **근시**近侍 : 웃어른을 가까이 모심.

179) **예모**禮貌 : 예절에 맞는 몸가짐.

180) **도학**道學 : 도덕에 관한 학문. 성리학 또는 주자학.

181) **편전**便殿 : 임금이 평상시에 거처하던 궁전.

나 마음대로 하여 근시하는 신하로 하여금 기운을 펴고 도를 강론하게 하며, 때때로 대신들을 인견[184]하여 정치의 득실得失을 물어보시되 온화한 얼굴로 예를 간략하게 하고 자신의 마음을 비우고서 하는 말을 살펴보아 마음에 드는 것은 도가 아닌가 따져 보고 마음에 거슬리는 것은 도에 맞는 말인가 따져 보아야 합니다. 이와 같이 하시면 위와 아래가 서로 미더워져서 다스리는 도가 아름답고 밝아질 뿐만 아니라 또한 옥체를 보양[185]하는 데도 크게 도움이 될 것이니, 실로 만세에 한없는 아름다움이 될 것입니다.

　이른바 현명한 이를 등용하여 조정을 맑게 한다는 것은, 먼저 몸을 닦지 않고 조정을 맑게 하려고 하면 충성된 사람과 간사한 사람, 신의가 있는 사람과 남을 참소하는 사람을 분별할 수가 없고, 비록 몸은 다 닦았지만 조정이 맑지 못하면 임금은 있어도 신하가 없어서 다스림을 베풀 수가 없으므로, 현명한 이를 등용하는 것을 다음으로 삼았는데, 그 조목이 세 가지가 있습니다. 첫째는 간사한 것과 정직한 것을 분별하는 것이요, 둘째는 사기[186]를 진작시키는 것이요, 셋째는 훌륭한 인재를 구하는 것입니다. 첫째로 간사한 것과 정직한 것을 분별한다는 것은, 군자와 소인은 물과 불이 같은 그릇에 있을 수 없는 것과 같으며, 얼음과 숯이 서로 같은 성질이 될 수 없는 것과 같아서 이것이 자라면 저것이 사라지고 저것이 성盛하면 이것이 쇠하니, 옛날의 임금들도 군자를 등용하고 소인을 물리치려고 하지 않는 이가 없었지마는, 군자가 임금을 만나 등용된 것은 대단히 드물고, 소인이 나라를 그르치는 일이 계속되어

---

182) **소대**召對 : 왕명으로 임금과 대면하여 정사에 대한 의견을 상주하던 일.

183) **편복**便服 : 평상시에 간편하게 입는 옷.

184) **인견**引見 : 윗사람이 아랫사람을 불러 만나 봄.

185) **보양**保養 : 몸을 편안하게 해서 건강을 돌봄.

186) **사기**士氣 : 의욕이나 자신감 따위로 가득 차서 굽힐 줄 모르는 기세. 선비의 꿋꿋한 기개.

온 것은 진실로 임금의 덕이 이루어지지 못하고 마음이 밝지 못하여, 비위를 맞추고 아첨하는 사람을 좋아하며 어기고 거스르는 사람을 꺼리었기 때문입니다. 만일 임금의 마음이 순수하고 올바르며 한결같은 뜻으로 다스림을 계속하여 다른 길로 미혹되지 않는다면, 비록 소인 100명이 있더라도 어찌 간계를 부려서 나라를 병들게 할 수 있겠습니까. 대개 도로써 나오고 물러가며 작위[187]에 구차하지 않은 사람은 반드시 군자이고, 한갓 이익과 녹[188]만을 구하여 자리만 차지하고 앉아 하는 일 없이 지내는 것을 부끄러워하지 않는 자는 반드시 소인이며, 착한 것을 말하고 간사한 것을 막아서 임금이 기뻐하고 노하는 것을 돌아보지 않은 채 임금의 그른 마음만을 바로잡으려고 하는 자는 반드시 군자이고, 임금의 뜻을 먼저 알아 임금이 하고자 하는 일을 하여 비위나 맞추면서 나랏일이 날로 글러지는 것을 돌보지 않은 채 총애와 녹만을 굳게 하려고 하는 자는 반드시 소인이며, 특별히 꿋꿋하게 서서 홀로 실천하면서 유속[189]에 더렵혀지지 않는 자는 반드시 군자이고, 이익을 좇고 권세에 아부하며 자기의 향할 바를 정하지 못하는 자는 반드시 소인이며, 일 처리가 명백하여 청천백일[190]과 같은 자는 반드시 군자이고, 마음 씀이 음험하여 깊은 함정이나 숨겨진 덫과 같은 자는 반드시 소인이며, 착한 무리를 끌어들이고 도의 맥락脈絡을 떨쳐 일으켜서 조정에 많은 선비들이 번성하게 하려 하는 자는 반드시 군자이고, 말을 조작하고 일을 만들어 청렴한 무리들을 법망에 끌어넣고 남을 해치는 것으로 출세의 길을 삼으려 하는 자는 반드시 소인입니다. 삼가 바라건대, 전하께서는 하늘과 땅 같은 지극히 공정한 도량을 넓히시

---

187) 작위爵位 : 벼슬과 지위. 관작官爵과 위계.

188) 녹祿 : 녹봉祿俸.

189) 유속流俗 : 옛날부터 전해 오는 풍속.

190) 청천백일靑天白日 : 원죄冤罪가 판명되어 무죄가 되는 일.

고 해와 달 같은 지극히 환한 안목을 밝히시어, 그들이 말하는 것을 듣고 그들이 행하는 것을 보아서, 반드시 시비是非와 사정[191]이 성명[192]의 통촉[193]하시는 아래에서 도망할 길이 없게 하시어, 그가 군자인 줄 알게 되면 반드시 이끌어 친근히 하며 그로 하여금 반드시 그 도를 행하게 하시고, 그가 소인인 줄 알게 되면 반드시 물리쳐 멀리하며 그로 하여금 반드시 그 그릇된 뿌리를 없애도록 해야 합니다. 그렇게 하면 정직하고 진실하며 강하고 바른 선비는 다투어 그 충성을 다하고, 간사하고 비뚤어지며 참소하고 아첨하는 무리는 멀리 그 자취를 감추어, 조정이 맑아지는 날을 손가락을 꼽으며 기다릴 수가 있습니다. 둘째 사기士氣를 진작시킨다는 것은, 지금 성명聖明이 위에 계신데, 선비의 습성이 순고淳古하지 못하여 녹을 구하는 데에만 힘을 써야 하는 줄 알고 벼슬자리에 나오고 물러가는 일에 마땅한가의 여부를 돌아보지도 않으며, 하나라도 법도를 지키고 바른 학문으로써 자신을 다스리려는 자가 있으면 여러 사람들이 괴이하게 여기고 욕하며 반드시 그가 받아들여지지 않게 된 뒤에야 그만둡니다. 만일 이러한 습성을 아주 고치지 않는다면 인재를 양성하여 국가를 위해 쓰이도록 할 수가 없을 것입니다. 삼가 바라건대, 전하께서는 몸소 행하면서 마음에 터득한 것을 미루어 나라에 교화를 이루시고, 별도로 학문이 이루어지고 행실이 높아서 사표[194]가 될 만한 자를 골라서 태학[195]의 맏아들[冑子]을 가르치게 하고, 다른 학교의 교관도 모두 경술[196]에 밝고 행실이 닦아진 선비를 선발하되 문장을 잘 짓고 못짓는 것으로써 성적의 높고 낮은 것

191) **사정**邪正 : 그릇됨과 올바름을 아울러 일컫는 말.

192) **성명**聖明 : 임금의 밝은 지혜.

193) **통촉**洞燭 : 다른 사람의 사정 따위를 밝게 살핌. 양찰亮察.

194) **사표**師表 : 학식·덕행이 높아 남의 모범이 될 만한 사람.

195) **태학**太學 : '성균관成均館'을 달리 일컫던 말.

196) **경술**經術 : 경서經書에 관한 학문.

을 정하지 말고, 오로지 학문을 강론하고 힘써 행하는 것으로써 급무[197]를 삼아서, 이단의 가르침과 세상을 미혹하는 술수術數를 모조리 금지시켜, 서울에서 시작하여 사방에 전파하면, 호걸[198]의 선비도 반드시 특출한 자가 있을 것이요, 일반 백성도 분발하여 일어나는 자가 있을 것입니다. 셋째 훌륭한 인재를 구한다는 것은, 지금 세상의 선비들이 과거 급제하기만 구하고 실지 행실에는 힘쓰지 않는 까닭이 염치의 도가 상실되어 득실만을 근심하는 데 있기 때문입니다. 대개 부귀富貴는 사람들이 바라는 것이니, 만일 구하는 자는 얻고 구하지 않는 자는 얻지 못하게 한다면, 비록 도를 품고 재주를 가진 선비가 있더라도 마침내 드러낼 길이 없게 되고, 의리에 어둡고 부끄러움을 잊은 무리는 모두 그 소원을 이루게 될 것입니다. 삼가 바라건대, 전하께서는 지성으로 현명한 이를 구하여 천직天職을 함께 수행할 것을 생각하며 현달한 사람을 승진시키고 미천한 사람을 등용시키는 것으로 자기의 걱정을 삼아서, 조급하게 벼슬에 나오려는 자는 억누르고 조용하게 물러나 있는 자는 들어 쓰며, 과거 이외에 따로 현량賢良한 사람을 구하되 사방에 전교를 내려 숨은 선비를 찾아내게 하고 그 재주와 행실에 따라서 벼슬을 주시고, 비록 문공[199]의 음덕[200]이 있는 선비라도 반드시 한 가지 훌륭한 점이 있다는 명성을 얻은 연후에야 벼슬에 참여할 수 있게 하며, 뇌물을 쓰고 청탁하는 것을 절대로 다시 행해지지 못하게 하소서. 이와 같이 하면 선비는 함부로 벼슬자리에 나오는 부끄러움을 알게 되고, 조정에는 재물이 제일이라는 기롱이 없게 될 것이며, 옥을 궤속에 감추어 두고 제값을 기다리듯 숨어 있던 선비도 또한 나와서 세상의 쓰

---

197) 급무急務 : 급히 처리해야 할 일.

198) 호걸豪傑 : 지혜와 용기가 뛰어나고 기개와 풍모가 있는 사람.

199) 문공門功 : 조상이 높은 벼슬을 함으로써 자식이 과거를 통하지 않고 벼슬을 하는 일.

200) 음덕蔭德 : 조상의 덕.

임이 되는 자가 있을 것입니다.

　이른바 백성을 편안하게 하여 나라의 근본을 튼튼히 한다는 것은, 임금은 나라에 의지하고 나라는 백성에 의지하는 것이니, 임금이 다스림의 근본을 세우는 것은 백성들에게 표준表準이 되자는 것이요, 조정을 맑게 하는 것은 이 백성에게 어진 정사를 베풀려는 것입니다. 그러므로 백성을 편안하게 하는 것을 다음으로 삼았는데 그 조목이 네 가지가 있습니다. 첫째는 폐단과 병폐를 묻는 것이요, 둘째는 일족²⁰¹⁾에게 너그럽게 하는 것이요, 셋째는 외방의 관원을 선발하는 것이요, 넷째는 옥사²⁰²⁾와 송사²⁰³⁾를 공평하게 하는 것입니다. 첫째 폐단과 병폐를 묻는다는 것은, 근년 이래로 정치가 문란해지고 관리官吏가 가혹해져서 세금은 많아지고 부역은 무거워진 데다가 흉년이 거듭 들고 전염병은 계속 일어나서, 장정들은 사방으로 흩어지고 약한 자는 도랑과 구덩이를 메울 지경으로 죽어 가 울부짖는 백성들이 마치 나뭇가지에 붙어 말라 죽은 풀과 같아 읍내와 동네는 텅 비었고 밭과 들은 황폐해져서 간혹 백 리 사이에서도 인가人家의 연기를 볼 수가 없는 지경에 이르렀으니, 형상이 비참하고 황량하여 사람으로 하여금 눈물을 흘리게 합니다. 전하께서는 깊은 구중궁궐²⁰⁴⁾에 계시면서 백성의 병폐를 대강 들으실 뿐이니, 어찌 백성들이 거꾸로 매달린 듯한 고통이 이런 지경에 이르렀음을 사실대로 알 수 있겠습니까. 지금 백성의 힘으로 따져 본다면 비록 일반적인 공물²⁰⁵⁾과 정상적인 부역만을 바치게 하더라도 지탱하고 보전할 수가 없으니, 결국에 가서는 곤란이

---

201) 일족一族 : 같은 조상의 친척.

202) 옥사獄事 : 역적이나 살인범 등의 중대한 범죄를 다스림.

203) 송사訟事 : 백성끼리 분쟁이 있을 때, 관부에 호소하여 판결을 구하던 일.

204) 구중궁궐九重宮闕 : 문이 겹겹이 달린 깊은 대궐.

205) 공물貢物 : 궁중이나 나라에 바치던 물건.

극도에 달하여 난리를 일으키는 지경에 반드시 이르고야 말 것입니다. 적미
적[206]이나 황건적[207]이 어찌 천성이 반역을 좋아하는 자들이었겠습니까. 이
자들도 모두 보통 백성들로서 도탄에 빠진 고통을 견뎌 내지 못한 자들입니
다. 말이 여기에 이르니, 참으로 통곡할 일입니다. 지금 구제하지 않으면 뒷날
뉘우친들 무슨 소용이 있겠습니까. 오늘날 유사[208]들은 다만 경비가 부족한
것만 걱정하고, 백성의 힘은 돌아보지 않으며, 비록 폐단을 진달하는 상소가
있더라도 으레 아뢰는 것을 막는 것으로써 상규[209]를 삼으며, 대신도 또 멀리
생각하고 깊이 근심하여 반드시 백성을 살리려고 하는 것은 듣지 않고, 병들
고 피폐해지는 것은 눈여겨 보면서도 어찌할 수 없는 일의 범주 속에 팽개쳐
두고 감히 아무런 계책도 내놓지 못하고는 다만 말하기를, "공물을 바치는 일
은 빠뜨릴 수가 없다."고 할 뿐입니다. 아, 만일 궁한 백성이 반역하는 백성으
로 바뀌게 된다면, 공물로 바치는 물건을 어느 땅에서 받아 내어 빠뜨리지 않
도록 하겠습니까. 사리와 형세가 반드시 그러하니, 의심할 바가 없습니다. 바
로 지금의 급한 일로는 위아래가 한마음으로 위대한 계책을 강구하여, 위는
덜고 아래는 보태어 나라의 근본을 편안하게 하는 데 힘쓰시고, 여러 가지 현
재의 폐단에 대해서는 다 아시기가 어려울 것입니다. 삼가 바라건대, 전하께

---

206) **적미적**赤眉賊 : [적미의 난으로 자료 대신함.] 적미의 난은 18년 지금의 산둥성에서 번숭樊崇
이나 역자도力子都 등을 지도자로 하여 일어난 반反왕망의 농민 반란이다(18~27년). 그들은
왕망의 실정하에서 몰락유망沒落流亡을 강요당한 농민들로서, 눈썹을 붉게 칠한 것으로 자
기편의 표지를 삼았다. 서쪽으로 진격하면서 수십만 명으로 늘어나 25년에는 한실漢室의
혈통을 이은 소년 유분자劉盆子를 황제로 내세워 장안을 함락시켰다. 그러나 이와 같은 농
민 세력은 호족들이 용인할 수 없는 것이었으므로 유수(劉秀, 光武帝·後漢始祖) 등의 세력과 대
결하게 되어 27년 마침내 항복하였다.

207) **황건적**黃巾賊 : 중국 후한 말기에, 태평도라는 종교를 세우고 장각을 수령으로 하여 허베이
에서 반란을 일으킨 무리.

208) **유사**有司 : 어떤 단체의 사무를 맡아보는 직무.

209) **상규**常規 : 일반적인 규정 또는 규칙.

서는 의견을 구하신다는 전교를 특별히 내리시고 거리낌 없이 문호를 활짝 여시어, 위로는 조정 신하로부터 아래로 서민에 이르기까지, 안으로는 서울로부터 밖으로는 먼 변방에 이르기까지 모두 각각 현재의 폐단을 진달하고 힘써 그들의 실정을 다 올리게 하소서. 그러한 상소문이 모여진 다음에는, 해당 조[210]로 하여금 예[211]에 따라서 회계[212]하도록 하지만 마시고, 조정의 의논을 널리 거두어 검토하여 채택하게 하소서. 만일 그 말이 절실하고 정직하여 현재의 병폐를 고치기에 꼭 맞는 것은 즉시 정사에 실시하여, 아무 소용없는 말로 돌아가지 않게 하고, 혹 의논이 밝게 통달하고 학식이 경제에 정통한 자가 있거든 그 말도 쓰고 그 사람도 벼슬 시키며, 비록 그가 한 말이 조리가 없어 보잘것없고 거리낌 없이 함부로 말한 자라도 역시 내버려 두고 죄를 묻지 마소서. 이렇게 하신다면 거의 나라 사람들이 보고 듣는 것으로 한 사람의 총명을 삼을 수 있어서 쌓인 폐단은 없앨 수 있고 백성의 수고도 덜게 할 수 있을 것입니다. 둘째 일족一族에게 너그럽게 한다는 것은, 이 백성들이 이리저리 떠돌아다니며 그들의 삶을 보전하지 못하는 것은 일족에 까닭이 있고, 수령들이 서서 백성들이 죽는 것을 보고도 손을 쓰지 못하는 것도 일족에 까닭이 있기 때문입니다. 일족이 침해를 당하게 되는 데에는 그 까닭이 세 가지가 있습니다. 수군이나 육군은 태반이 충원하지 못하고 빈 명부만 갖고 있는데, 또 정규군 이외의 군사를 두어 수자리할 때가 되면 군적[213]을 조사하여 수자리에 나가기를 독촉하며 본인이 없으면 그 대가로 베를 받으니, 이것이 그 첫 번째 까닭입니다. 각 관사官司의 선상[214]은 그 대가를 받아서 부역에 대신하도

---

210) 조曹 : 마을. 무리.
211) 예例 : 전례前例. 근거나 표준이 될 만한 사물. 본보기.
212) 회계回啓 : 임금의 물음에 대해 신하들이 심의하여 대답함.
213) 군적軍籍 : 군인의 지위·신분을 적은 명부. 병적.

록 하는데, 혹은 임시로 설치한 관사로 인하여 혹은 한때의 역사²¹⁵⁾로 인하여 그때마다 수효를 더하는 반면 백성들의 호수는 점점 줄고 선상은 점점 증가되어 나누어 징수하는 고통을 백성들이 당하지 않는 자가 없으니, 이것이 그 두 번째 까닭입니다. 오래 묵은 밭도 그 세금을 감면하지 않고 비록 유리되어 없어졌거나, 절호²¹⁶⁾가 되어서 풀과 나무가 숲을 이루었다 하더라고 반드시 일족이나 가까운 이웃에게 세금을 거두어들이기를 경작하여 수확하는 땅과 조금도 차등이 없게 하니, 이것이 그 세 번째 까닭입니다. 이 세 가지 폐단이 백성들을 도랑이나 구렁텅이에 몰아넣어 죽게 하는 큰 환난²¹⁷⁾인데, 조정에서는 감히 고쳐 베풀지 않고 수령들은 감히 진달하지 않고 있으니, 그 환난은 일족의 일족, 가까운 이웃의 가까운 이웃에 연속으로 미쳐, 그 형세가 반드시 온 나라 백성이 모두 도망하고 온 나라 밭이 모두 황폐하게 되고 난 뒤에야 그치게 될 상황입니다. 비록 조정이 맑게 되고 정사가 닦여 다스려진다고 하더라도, 이 환난이 제거되지 않으면 백성이 장차 다 흩어질 것이니, 나라가 장차 무엇에 의지하겠습니까. 신들의 의견으로는, 만일 정규군 이외의 군사를 없애고서 그 실제로 있는 가호²¹⁸⁾에서 뽑아 정규군으로 충원하면 첫 번째 환난을 없앨 수 있고, 각사의 선상은 다만 『대전大典』에 정해 놓은 액수만 남기고 그 나머지는 모두 감면하면 두 번째 환난을 없앨 수 있고, 묵은 밭은 백성을 모집하여 경작하게 하되 경작하는 대로 세금을 매기면 세 번째 환난을 없앨 수 있습니다. 대개 선상을 감해 주는 것은 국가의 경비에 관계되는 것이 아니

---

214) **선상**選上 : 지방의 노비를 뽑아 서울의 관아에 보내던 일.

215) **역사**役事 : 토목·건축 등의 공사.

216) **절호**絶戶 : 손이 끊어져서 대를 잇지 못함

217) **환난**患難 : 근심과 재난.

218) **가호**家戶 : 호적상의 집.

니, 진실로 사私를 먼저 하고 공公을 뒤로 하는 자가 아니면 감히 이의異議가 없을 것입니다. 그러나 정규군 이외의 군사를 없애는 사항에 대해서는 의논하는 자들이 반드시 방비가 튼튼하지 못하게 된다고 할 것이며, 묵은 밭의 세금을 감면해 주는 사항에 대해서는 의논하는 자들이 반드시 나라의 창고가 넉넉지 못하게 된다고 할 것입니다. 이러한 말은 옳은 것 같으나 실상은 그릇된 것입니다. 지금 수군이나 육군으로 변방에서 창을 잡고 있는 자는 얼마 안 되고, 그 나머지는 모두 베를 대가로 변방 장수에게 바치고 있습니다. 대개 현재 있는 자에게는 병역을 부과할 수 있지마는 유리되어 도망한 자에게는 그 일가족에게 나누어 물리는 데 불과할 뿐이니, 그 사태가 그렇게 되지 않을 수 없는 것입니다. 정규군 이외의 군사를 줄이는 것은 다만 받아들이는 베를 줄이는 것뿐이니, 방비가 허술하고 튼튼한 것은 처음부터 여기에는 관계되지도 않습니다. 더구나 군사라는 것은 정예[219] 되지 못한 것이 걱정이지, 수가 많지 않은 것은 걱정이 되지 않습니다. 나라가 만일 부강하고 번성한다면 백성이 모두 군사가 될 것이니, 어찌 군사 없는 것을 걱정하겠습니까. 또 묵은 밭에 세금을 매기지 않는다면 세입稅入이 전보다 감소되어 나라의 창고가 조금 넉넉지 못하게 될 것입니다. 그러나 지금 비옥한 들이 황무지가 되었는데 백성 가운데 경작하는 자가 있게 되면 겨우 두어 이랑의 땅을 일구자마자 곧바로 100결結의 세금을 독촉하기 때문에 따비를 멘 채 빤히 보기만 하고 감히 개간을 못하고 있습니다. 이로 인해 묵은 땅이 점점 넓어져서 눈에 보이는 곳이 모두 황량하게 되었습니다. 이제 만일 경작하는 대로 세금을 매긴다면 생업이 없는 백성들이 다투어 와서 개간하여 10년도 안 가 옛 농토를 복구할 수 있을 것이니, 백성들은 굶주림을 면할 수 있고, 국가의 경비는 잠시 동안 궁색하겠지만 길

---

219) **정예**精銳 : 썩 날래고 용맹스러움. 또는 그런 군사.

이 넉넉해질 것입니다. 하물며 나라는 비록 저축한 것이 적더라도 백성은 부富를 누릴 수 있으니, 백성이 풍족하다면 임금이 누구와 함께 풍족하게 되지 않겠습니까. 삼가 바라건대, 전하는 이 세 가지 폐단을 대신에게 물어보시고 해당 관사에 의논하시어, 법도를 개혁시켜 고질병을 구제하도록 하소서. 그렇게 하신다면 밝으신 성상께서는 차마 하지 못하는 마음을 미루어 펼 수 있게 되고, 백성들은 도탄에 빠져 있는 고통에서 벗어날 수 있게 될 것입니다. 셋째 외방의 관원을 선발한다는 것은, 백성의 편안하고 불편한 것은 수령에게 달려 있고 군사의 수효가 부족하고 채워지는 것은 변방 장수에게 관계되며, 사람을 올려 쓰고 내쫓는 것의 합당 여부는 감사監司에게 달려 있어서입니다. 수령이 마땅한 사람이 아니면 뇌물을 실어다가 권세가에게 아첨하고 자기는 살찌우되 백성은 야위게 하며, 변방 장수가 마땅한 사람이 아니면 군졸들을 약탈하고 무비[220]를 망치며, 감사가 마땅한 사람이 아니면 은혜와 원수를 갚기에만 힘쓰고 백성의 실정은 살피지 않으니, 이와 같이 한다면 비록 성군聖君과 어진 재상이 날마다 다스리는 도리를 강구하더라도 은택이 아래에 미치지 못하고 교화가 밖에까지 퍼지지 못하여, 온 나라 안이 결국 다스려질 리가 없을 것입니다. 삼가 바라건대, 전하는 특별히 강직剛直하고 공명公明하고 어질고 후덕하여 한 방면을 맡길 만한 사람을 선발하여 감사로 삼으시고 그에게 착한 사람은 올리고 나쁜 사람은 벌주며 백성을 보호하여 정치를 이루는 일을 책임 지우되 그 가운데 관리의 인사 고과人事考課를 불공평하게 하고 치적이 기록할 만한 것이 없는 자에 대해서는 견책과 벌을 톡톡히 주어서 등용시키지 마소서. 또 조정 신하로 하여금 각각 수령이 될 만한 사람을 천거하게 하되 반드시 청렴하고 유능하고 충성스럽고 어진 사람을 가려서 백리百里 사방을 다스리

---

220) **무비**武備: 군비軍備.

는 수령으로 내보내어 쇠잔한 것을 소생시키고 피폐疲弊한 것을 일으켜서 백성의 환심을 얻는 일을 책임 지우되, 그 가운데 일을 게을리하거나 백성을 학대한 자는 중한 죄로 다스리고 아울러 천거한 자까지 치죄하소서. 그리고 진[221]의 수[222]와 보[223]의 장[224]에 이르러서도 또한 공도公道를 따르고 재략[225]과 조행[226]이 있는 자를 발탁하고 재물과 이익의 많고 적은 것으로써 능력의 높고 낮음을 정하지 않는다면, 거의 가렴주구[227]하는 관리가 자취를 감추고 금성탕지[228]가 굳게 지켜져서 백성들이 비로소 생업을 즐기게 되고 옛것을 회복할 가망이 있을 것입니다. 넷째 옥사와 송사를 공평하게 한다는 것은, 지금 송사를 듣는 관원의 경우 대부분 마땅한 사람을 얻지 못하여, 뇌물에 유혹되고 권귀[229]를 두려워하여 사리의 굽고 곧은 것을 분별하지 않고 오직 세력의 강하고 약한 것만 보기 때문입니다. 그래서 요로[230]에 있는 자는 기세가 등등하고, 무력으로 결단하려는 무리들은 요로에 있는 사람에게 붙어서 공공연하게 겁탈을 행하여도 백성들은 감히 항거하지 못하고 있습니다. 심지어는 사람을 다치게 한 자도 따지지 않고, 사람을 죽인 자도 죽이지 않아서 원한과 분노의 기운이 하늘에까지 사무칩니다. 한 여자가 원통함을 품어도 오히려 가뭄이 3년이나 이르고 한 남자가 슬픔을 머금어도 오히려 5월에 서리가

---

221) 진鎭 : 한 지역을 지키던 군대. 또는 그 군대의 우두머리.

222) 수帥 : 장수.

223) 보堡 : 작은 성

224) 장將 : 장수將帥.

225) 재략才略 : 재주와 꾀.

226) 조행操行 : 태도와 행실. 품행.

227) 가렴주구苛斂誅求 : 세금을 혹독하게 거두고, 재물을 강제로 빼앗음.

228) 금성탕지金城湯池 : 방비가 견고한 성. 금성철벽.

229) 권귀權貴 : 권세가 있고 지위가 높음.

230) 요로要路 : 중요한 자리. 주요한 지위.

내리는 것인데, 하물며 이제 나라 안에 원통함을 품고 슬픔을 머금은 자가 얼마나 되는지 알지 못할 정도이니, 어찌 천지의 화기和氣를 손상시키어 홍수나 가뭄의 재앙을 부르지 않을 수가 있겠습니까. 삼가 바라건대, 전하는 엄하게 안팎의 신하를 신칙하시어 전에 물든 더러운 것을 깨끗이 씻고 공술[231]하는 말을 밝게 살피시고 결단을 공평하게 내리시어 의지할 데 없는 사람을 학대하지 말고 고명[232]한 사람을 두둔하지 말 것이며, 오형[233]을 닦아서 오교[234]를 돕게 하소서. 혹 묵은 것을 인습因襲하고 사정[235]을 좇아서 여론이 더럽히는 자가 있으면, 장물臟物을 탐한 데 대한 법으로 다스려 여러 불법한 문을 영구히 막으소서. 이렇게 하면 이 신하들도 혹시라도 바른 것을 범하고 욕심을 따르는 일이 없어서 형벌이 없는 정치를 거의 회복할 수 있을 것입니다.

　이 세 가지 사항이 말은 비록 얕고 가까운 듯하나 그 효험은 반드시 길고 멀 것이니, 만일 전하께서 특별히 살피시어 조목조목 깊이 생각하고 힘써 실천하는 일을 게을리하지 않으신다면 태평성대를 기약할 수 있을 것입니다. 『시경詩經』에 이르기를, "하늘이 흐리고 비 내리기 전에 저 뽕나무 뿌리껍질을 거두어다가 창문을 얽으면 이제 이 아래 백성이 혹시라도 감히 나를 업신여기리오." 하였으니, 맹자가 말하기를, "국가가 한가할 때 그 정사와 형벌을 닦으면, 비록 큰 나라라 하더라도 반드시 두려워할 것이다." 하였습니다. 다행히 지금 성명聖明께서 위에 계시어, 조정에는 언월의 하늘에 이르는 간사한 것[236]

---

231) **공술**供述 : 진술陳述.

232) **고명**高明 : 식견이 높고 사리에 밝음.

233) **오형**五刑 : 죄인을 다스리던 다섯 가지 형벌. 태형·장형·도형·유형·사형.

234) **오교**五敎 : 오륜五倫의 가르침.

235) **사정**私情 : 개인의 사사로운 정.

236) **언월**偃月의 …… 것 : 언월은 당나라 현종 때의 간신 이임보의 당명黨名인데, 이임보가 매양 대신을 죄에 얽어 넣으려면 반드시 이 당에 거처하면서 중상中傷할 방법을 생각해 냈다고

이 없으며, 나라 안에는 여좌間左의 수자리하는 군사의 변란[237]이 없고 변방에는 호鎬를 침노하여 방方에까지 미치는 도적이 없으니, 지금은 오히려 할 수가 있지만 조금만 늦추면 할 수 없을 것입니다. 조종祖宗께서 물려주신 유업이 이렇게 중하고 황천皇天이 경계하여 알려 주시는 어짊이 저와 같이 현저하며, 정사는 전하의 정사이고 백성은 전하의 백성인데, 전하께서는 누가 막아서 다스리지 못하십니까. 아, 바르게 깨우쳐 주는 말은 따를 수 있지만, 자신의 잘못을 고치는 것이 중요하고 완곡하게 인도해 주는 말은 기뻐할 수 있지만, 그 실마리를 찾는 것이 중요합니다. 만일 전하께서 따르기만 하고 잘못을 고치지 않으며 기뻐하기만 하고 실마리를 찾아내지 않아서 신들이 애타게 드리는 중요한 말을 다만 형식적인 말로만 여기신다면, 만백성이 크게 바라는 희망은 여기에서 끊기게 될 것입니다. 삼가 바라건대, 전하께서는 더욱 성명聖明하신 생각을 극진히 하소서.

한다.

237) **여좌間左의 …… 변란** : 진시황이 죽었다는 소식을 듣고 폭정에 시달렸던 온 백성이 환호성을 올렸는데, 특히 여좌에 수자리 나갔던 병사들은 난을 일으키면서까지 좋아했다.

만언봉사萬言封事[238]

– 갑술년(1574년, 선조 7년) –

왕은 이렇게 말하노라.

"하늘이라는 것은 이[239]와 기[240] 뿐이다. 이理는 아주 작은 틈도 없으나 기氣는 유통流通하는 길이 있어서, 사람이 하는 일에 얻고 잃는 것이 있으면 재앙과 상서[241]가 각기 그 종류를 따라서 상응相應하는 것이다. 그러므로 국가가 장차 흥하려면 반드시 상서로운 일이 있어서 그것을 깨우쳐 주고, 국가가 장차 망하려면 반드시 요사스러운 일이 있어서 그것을 고해 주는데, 아래로 정치를 잘못하면 위에서 꾸지람이 나타나게 되는 것이다. 대개 선善에는 복福을 주고 악惡에는 화禍를 주는 것이 천도天道의 원칙인데, 임금을 인애[242]하고

---

238) **만언봉사**萬言封事 : 봉사封事는 상서上書나 봉장奉狀이 누설될까 두려워하여 주머니에 넣어 봉해서 바치는 것이다. 이때에 재난이 있어 임금이 직언直言을 구함에 응하여 이 봉사를 올린 것이다. 첫머리에 임금의 말을 기록하고 다음에 본문을 싣는다.

239) **이**理 : 만물의 이치·원리·질서.

240) **기**氣 : 만물을 생성하는 근원이 되는 기운.

241) **상서**祥瑞 : 복되고 좋은 일이 일어날 조짐.

242) **인애**仁愛 : 어진 마음으로 사랑함.

국가를 편안하게 하는 데서 나오는 것이니, 하느님이 돌보아 주시는 뜻이 또한 지극하다 할 것이다. 하늘의 밝은 명命을 받아 임금이 된 자라면, 어찌 공경하고 두려워하는 마음으로 부지런히 몸을 닦아 하늘의 어질고 어여삐 여기는 마음에 보답하지 않을 수 있겠는가.

나는 덕이 적고 우둔하여 대도243)에 밝지 못하다. 임금이 되기 전에 왕족으로 숨어 살면서 한평생을 그렇게 마치려 하였으나 불행히도 외람되게 선왕의 유탁244)을 받고 신민245)의 추대에 못 이겨 임금의 자리에 올랐다. 원래 부귀富貴한 사람의 근심이 빈천貧賤한 사람의 편안함만 못하고, 말세246)의 다스리는 어려움이 바다를 건너뛰는 것처럼 쉽지 않음을 알고 있었으나, 비록 이 자리를 사양하려 하여도 어찌 될 수 있겠는가. 불민한 자질로 어렵고 큰 기업247)을 지키게 되니, 짊어진 짐도 이미 무거운데 시행하는 일도 모두 어그러졌다. 이에 나는 하늘과 백성에게 죄를 짓게 될지도 모르겠다 하여, 떨리고 두려운 마음으로 깊은 못가에 선 듯하고 엷은 얼음을 밟는 듯하며 근심하고 애써온 7년 동안 감히 안락한 생활은 생각지도 못했으나, 한 치의 효과도 나타내지 못하고 여러 괴변이 잇달아 일어나고 있다. 요사스러운 별은 1년이 지나도록 없어지지 않고 태백성248)은 대낮에도 반짝이며, 때아닌 우레가 일어나고 지진이 일어난 것도 한두 번이 아니었다. 이것은 덕을 힘쓰지 않은 탓이니 어찌 마음에 부끄러움이 없겠는가. 송구스러운 마음이 더욱 깊어 세상이 뒤집히고 엎어지는 재액이나 면하게 되기를 바랐는데, 하늘의 노여우심으로 더욱

243) 대도大道 : 사람이 마땅히 지켜야 할 바른 도리.

244) 유탁遺託 : 죽은 사람이 남긴 부탁.

245) 신민臣民 : 관리와 백성을 아울러 이르는 말.

246) 말세末世 : 정치·도덕·풍속 등이 아주 쇠퇴한 시대.

247) 기업基業 : 기초가 되는 사업. 대대로 전하여 오는 사업과 재산.

248) 태백성太白星 : 저녁때 서쪽 하늘에 보이는 금성金星.

꾸짖어 변괴가 나타남이 더욱 심해졌다. 지난달에는 서울에서 흰 무지개가 해를 꿰뚫었으니 요기[249]가 태양에까지 접근하게 되었다. 태양은 모든 양기의 근원이고 임금의 상징인데, 이제 사기[250]의 침범을 당하였으니, 마음에 놀랍고도 아픔이 용납될 길이 없을 것 같다. 어찌 사람이 하는 일에 잘못이 없는데 하늘의 견책이 있을 리가 있겠는가.

옛날에 태무[251]가 덕을 닦으니 요사스러운 뽕나무가 저절로 없어졌고, 경공景公이 착한 말[善言]을 하니 형혹성[252]이 물러갔다고 한다. 널리 사람들의 바른 의논을 받아들이면 이러한 재앙을 돌리어 상서로운 일로 만들 수 있을 듯하다. 생각건대 임금의 마음은 출치[253]하는 근원根源인데 마음이 바르지 않기 때문이다. 강학講學은 앎에 이르게 하는 본무本務인데 배움이 진취되지 않기 때문인가. 조정朝廷은 나라의 모범인데 실제는 없으면서 공연히 떠들며 일을 좋아하는 풍조가 있기 때문인가. 민생은 국가의 근본인데 민생이 곤궁하고 불안하게 지내는 참상이 있기 때문인가. 어진 자와 간사한 자가 섞여 벼슬자리에 나왔는데도 간혹 알지 못하는 바가 있기 때문인가. 정권을 제 마음대로 휘두르는 강포한 자가 있어서 간혹 윗사람을 업신여기는 바가 있기 때문인가. 언로가 열리지 않아서 눈과 귀가 아직도 가려진 데가 있기 때문인가. 초야[254]

---

249) **요기**妖氣 : 요사스러운 기운.

250) **사기**邪氣 : 요사스럽고 나쁜 기운.

251) **태무**太戊 : 상나라의 10대 군주이다. 태어날 때의 이름은 자밀(子密) 또는 자주子伷이다. 사마천의 사기에 의하면 형인 옹기에 이은 상나라의 9대 군주였다. 현인 이척伊陟을 재상으로 해 상나라를 부흥시켰다. 입궐하지 않았던 제후도 이 때에는 입궐하게 되었다고 한다. 75년간 통치하였고 중종中宗으로도 불리며 아들인 중정이 뒤를 이었다. 은허에서 발굴된 갑골문에 따르면 삼촌인 소갑에 이어 상나라의 7대 군주가 되었고 대무大戊라는 시호를 받았으며 동생인 옹기가 뒤를 이었다고 한다.

252) **형혹성**熒惑星 : 재화나 병란의 징조를 보여 주는 별.

253) **출치**出治 : 임금이 되어 나라를 다스림을 이르는 말.

에 숨은 이가 있어 뛰어나고 훌륭한 이들이 아직 등용되지 않았기 때문인가. 백관[255]이 놀고 있어서 모든 일이 그릇되고 있기 때문인가. 옥사[256]가 지체되어 백성의 원망이 많기 때문인가. 사치와 참람됨이 아직도 성한데 어떻게 그것을 고칠 것이며, 인심은 날로 악화되는데 어떻게 그것을 교화할 것이며, 도적이 도처에서 일어나는데 어떻게 그것을 막을 것이며, 군정[257]이 엄하지 못한데 어떻게 그것을 닦을 것인가. 대체로 이 몇 가지가 모두 재앙을 초래한 것이니, 어떻게 하면 백성이 부유하고 성하게 되며 정치와 교화가 모두 잘되어 조종[258]의 융성했던 다스림을 회복하고 요순[259]의 성대했던 때를 뒤따라, 그 공로가 역사책에 기록되어 후세의 모범이 되게 할 수 있을지 알지 못하겠다. 아, 하늘의 형상을 우러러보고 사람의 하는 일을 굽어살펴보니 훌륭한 임금이 되지 못하고 끝내 위태로움과 혼란을 면하지 못할 것이 분명하다. 이리하여 의견을 구하는 뜻을 여러 번 내렸으나 소장[260]을 올렸다는 말이 들리지 않으니, 어찌 나의 언사[261]에 거짓이 있고 좋은 의견을 구하고자 하는 성의가 많지 않아 주저하고 두려워하며 의심하는 바가 있어서 그렇게 되는 것이 아니겠는가. 그러므로 내 손수 쓴 교서[262]를 내려 의견 듣기를 바라는 것이 목마른 때에 물 바라듯이 하고 있으니, 그대들 대소大小 신하들은 위로는 조정 대관들

---

254) **초야**草野 : 시골의 궁벽한 땅.

255) **백관**百官 : 모든 벼슬아치.

256) **옥사**獄事 : 역적이나 살인범 등의 중대한 범죄를 다스림.

257) **군정**軍政 : 전쟁·사변 때에 점령지에서 군대가 행하는 임시 행정.

258) **조종**祖宗 : 시조가 되는 조상. 임금의 조상.

259) **요순**堯舜 : 고대 중국의 요임금과 순임금을 아울러 이르는 말.

260) **소장**疏章 : 상소하는 글.

261) **언사**言辭 : 말. 말씨

262) **교서**教書 : 임금이 내리는 명령의 내용이 적힌 문서.

로부터 아래로는 초야草野의 선비에 이르기까지 정성을 다하여 극언極言하고 숨기지 말라. 말이 비록 맞지 않더라도 또한 죄를 주지 않을 것이다. 아, 그대들 정부政府에서는 나의 지극한 회포를 체득하여 중외에 포고하고 모두 알아들을 수 있도록 하라.”

하였다.

신은 삼가 아룁니다. 정사는 시의263)를 아는 것이 귀하고 일은 실공264)을 힘쓰는 것이 중요하니, 정사를 하면서 시의를 모르고 일을 당하여 실공을 힘쓰지 않으면 비록 성군聖君과 현신265)이 서로 만난다 하더라도 치적治績이 이루어지지 않을 것입니다. 삼가 생각건대, 전하께서는 총명하고 영특하시며 선비를 좋아하고 백성을 사랑하시어, 안으로는 음악과 주색酒色을 즐기는 일이 없고 밖으로는 말달리고 사냥을 좋아하는 일이 없으니, 옛날 군주들이 자신의 마음과 덕을 해치는 것들에 대해서는 전하께서 좋아하시지 않는다 하겠습니다. 이와는 반대로 노성266)한 신하를 믿어 의지하고 인망267)이 있는 자를 뽑아 쓰며, 뛰어나고 어진 이를 특별히 불러 쓰시어 벼슬길이 차츰 밝아지며, 곧은 말을 너그럽게 용납하여 공론이 잘 시행되므로 조야268)가 부푼 가슴을 안고 지치269)를 기대하고 있으니, 기강이 엄숙해지고 민생이 생업을 즐겨야 당연할 것입니다. 그런데도 그 기강으로 말하면 사정270)을 따르고

---

263) **시의**時宜 : 그 당시의 사정에 맞음.

264) **실공**實功 : 실제의 공적.

265) **현신**賢臣 : 어진 신하.

266) **노성**老成 : 숙성하고 의젓한.

267) **인망**人望 : 세상 사람이 우러르고 따르는 덕망.

268) **조야**朝野 : 조정과 민간.

269) **지치**至治 : 세상이 잘 다스려진 정치.

공도를 무시하는 것이 예전과 같고 호령이 행해지지 않는 것이 예전과 같고 백관이 직무를 태만히 하는 것이 예전과 같으며, 그 민생으로 말하면 집에 항산[271]이 없는 것이 예전 그대로이고, 안주할 곳을 잃고 떠돌아다니는 것이 예전 그대로이고, 궤도를 벗어나 사악한 짓을 하는 것이 예전 그대로입니다. 신은 일찍이 이를 개탄하고 삼가 그 까닭을 깊이 찾아내어 한번 전하께 진달하려고 하면서도 그 기회를 얻지 못하였습니다. 그런데 엊그제 삼가 전하께서 천재天災로 인하여 대신에게 하유하신 전교를 보니, 전하께서도 크게 의아해하시고 깊이 탄식하시어 이 재변을 구제할 계책을 들어보기를 원하였습니다. 이는 참으로 지사[272]가 할 말을 다할 기회인데, 애석하게도 대신은 지나치게 황공하고 불안해 한 나머지 할 말을 다하지 못하였습니다.

　대체로 재이災異가 일어나는 것은 하늘의 뜻이 심원하여 참으로 측량하기 어려우나 역시 임금을 인애仁愛하는 것에 불과할 뿐입니다. 역사를 두루 살펴보건대, 옛날 명철하고 의로운 군주가 큰 사업을 이룰 수 있는데도 정사가 혹시 닦여지지 않으면 하늘은 반드시 견책을 내보여 깨우쳐 격동시켰으며, 하늘과 관계를 끊은 자포자기[273]한 군주에 있어서는 도리어 재이가 없었으니, 이 때문에 재이가 없는 재이야말로 천하에 가장 큰 재이인 것입니다. 이제 전하의 명철하고 성스러우신 자질로 큰일을 할 수 있는 지위에 계시고 또 그러한 때를 만났는데도 기강이 이와 같고 민생이 또 이와 같으니, 하늘이 부여한 것에 대하여 그 책임을 다하지 못하신 것입니다. 따라서 지금 설사 경성[274]이

---

270) **사정**私情 : 개인의 사사로운 정.

271) **항산**恒産 : 생활할 수 있는 일정한 재산 또는 생업.

272) **지사**志士 : 국가·사회를 위해 몸을 바치려는 큰 뜻을 품은 사람.

273) **자포자기**自暴自棄 : 절망에 빠져 자신을 포기하고 돌아보지 않음.

274) **경성**景星 : 태평성대에 나타난다는 상서로운 별. 서성瑞星.

날로 나타나고 경운慶雲이 날로 일어나더라도 전하께서는 더욱 어찌할 바를
모를 정도로 삼가고 두려워하셔야 할 것입니다. 그런데 여러 가지 재변이 거
듭 나타나 무사히 지나가는 날이 없으니, 이는 곧 하늘이 전하를 극도로 인
애[275]하는 것이라 하겠습니다. 전하께서 두려워하여 몸을 닦고 잘못을 반성
하는 일을 어찌 조금이라도 게을리할 수가 있겠습니까. 비록 그렇지만 시의
를 모르고 실공을 힘쓰지 않으면 삼가고 두려워하는 마음이 아무리 간절하더
라도 치적은 끝내 아득할 것이니, 민생을 어떻게 보전하고 하늘의 노여움을
어떻게 그치게 할 수 있겠습니까. 신은 이제 약간 알고 있는 것을 다 토로하여
먼저 고질화된 폐단을 아뢰고 다음으로 그것을 구제할 계책을 거론하겠습니
다. 삼가 바라건대, 전하께서는 심기心氣를 가라앉히셔서 잡다한 글을 싫어하
시거나 뜻에 거슬린다고 노여워하지 마시고 살펴 주소서.

　　대체로 이른바 시의時宜라고 하는 것은 수시로 변통하여 법을 마련해서 백
성을 구제하는 것을 말합니다. 정자程子가 『주역』[276]을 논하기를, "때를 알고
형세를 아는 것이야말로 『주역』을 배우는 큰 법이다." 하고, 또 말하기를, "수
시로 변혁하는 것이 곧 상도[277]이다." 하였습니다. 대체로 법은 시대 상황에
따라 만드는 것으로서 시대가 변하면 법도 달라지는 것입니다. 무릇 순舜이
요堯의 뒤를 이었으니 다른 것이 없어야 할 것인데도 9주州를 고쳐 12주로 만들
었으며, 우禹가 순의 뒤를 이었으니 다른 것이 없어야 할 것인데도 12주를 고쳐
9주로 만들었습니다. 이것이 어찌 성인이 변혁하기를 좋아하여 그렇게 한 것
이겠습니까. 시대를 따라 그렇게 한 것에 지나지 않을 뿐입니다. 그러므로 정

---

275) 인애仁愛 : 어진 마음으로 사랑함.

276) 『주역周易』 : 중국 주周나라 때의 경서經書. 천문·지리·인사·물상物象을 음양陰陽 변화의 원리
　　에 따라 해명한 유교의 경전.

277) 상도常道 : 항상 변하지 않는 떳떳한 도리.

자가 말하기를, "요, 순, 우가 서로 뒤를 이었으나 그 문장과 기상은 역시 조금씩 다르다."고 한 것입니다. 하夏나라와 상商나라 이후 그 사이에 일어난 작은 변화를 낱낱이 열거할 수 없겠습니다만 그중에 큰 것만 들어 말해 본다면 다음과 같습니다. 하나라 사람은 충忠을 숭상하였으나 나중에 충에 폐단이 생겼기 때문에 질質로써 구제하였고, 질에 폐단이 생겼기 때문에 문文으로써 구제하였으며, 문에 폐단이 생겼는데 구제하지 못하게 되자 그 뒤에 천하의 법도가 무너지고 어지러워져 강한 진秦나라로 들어갔습니다. 진나라는 포악한 정사로 시서278)를 불태우고서 망하였고, 한漢나라가 일어나서는 그 폐단을 거울삼아 너그러운 덕을 숭상하고 경술279)을 존숭하였으나, 급기야 폐단이 생겨서는 허문280)을 숭상하고 실질적인 절의281)가 없어져 권세가 외척에게 돌아가고 아첨하는 것이 풍조를 이루었습니다. 세조世祖가 일어나 절의를 포숭褒崇하니 이에 선비들이 명절282)을 힘썼으나, 그것이 폐단이 생겼을 때는 예禮로써 절제할 줄을 몰라 죽음을 매우 하찮게 보는 등 굳은 절개가 되어 중도에 맞지 않았습니다. 그러자 사람들이 다 그것을 싫어하였으나 당시에 어느 현주賢主가 나와서 구제한 일이 없기 때문에, 굳은 절개가 위魏·진晉의 광탕曠蕩함으로 변하여 허무를 숭상하고 예법이 없어졌습니다. 예법이 없어진 뒤에는 이적283)과 다름이 없이 되었으므로 오호284)가 중화中華를 어지럽혀 중원中原

---

278) **시서**詩書 : 시와 글씨. 시경과 서경.

279) **경술**經術 : 경서經書에 관한 학문.

280) **허문**虛文 : 겉만 꾸미고 실속이 없는 글이나 법제法制.

281) **절의**節義 : 절개와 의리.

282) **명절**名節 : 명분과 절의節義.

283) **이적**夷狄 : 오랑캐.

284) **오호**五胡 : 중국의 한漢·진晉 무렵 서북방에서 중국 본토에 이주한 다섯 민족. 흉노匈奴·갈羯·선비鮮卑·저氐·강羌.

이 쑥밭이 되었습니다. 어지러움이 극도에 이르면 다스려지는 법이기 때문에 정관[285]의 치적이 나오기는 했으나, 폐단을 구제함에 있어서 해야 할 도리를 다하지 못하였으므로 오히려 이적의 풍조가 남아 있게 되었습니다. 그리하여 삼강[286]이 바르지 못하여 임금은 임금의 도리를 못하고 신하는 신하의 도리를 못하니, 번진[287]은 빈공[288]하지 않고 권신[289]은 강포[290]하는 등 나라는 여전히 쇠미하여 오대[291]의 혼란기가 있게 되었습니다. 송宋나라가 일어나서는 번진의 걱정을 경계하여 병권兵權을 풀어 버리고 위세를 거두어 잡았으나, 진종眞宗 이후로 태평 시대에 젖은 나머지 기강이 점차 해이해지고 무략武略은 힘쓰지 않았으며, 인종仁宗 때 재정은 비록 극도로 풍족하였으나 쇠퇴한 기상이 이미 드러났으므로 당시 대현[292]들은 모두가 변통할 계책을 세워야겠다고 생각하였습니다. 곧바로 신종[293]에 이르러 변통할 기회를 만나 큰일을 할 뜻을 갖게 되었으나, 신임하였던 자는 왕안석[294]뿐이었습니다. 그러나 그는 인의[295]를 뒤로 하고 공

왕안석

---

285) **정관**貞觀 : 중국 당나라 태종.

286) **삼강**三綱 : 유교 도덕에서 기본이 되는 세 가지 강령. 곧, 임금과 신하, 부모와 자식, 남편과 아내 사이에 마땅히 지켜야 할 도리로 군위신강君爲臣綱·부위자강父爲子綱·부위부강夫爲婦綱을 이름.

287) **번진**藩鎭 : 당나라의 군진으로 중당에서부터 북송 때까지 있었던 군영이자 반독립 군벌세력.

288) **빈공**賓貢 : 중국 당나라 때, 외국인에게 보이던 과거.

289) **권신**權臣 : 권세 있는 신하.

290) **강포**强暴 : 우악스럽고 사나운.

291) **오대**五代 : 중국의 당과 송과의 과도기에 중원中原에서 흥망한 후량後梁·후당後唐·후진後晉·후한後漢·후주後周의 다섯 왕조. 또는 그 시대.

292) **대현**大賢 : 매우 어질고 지혜로운 사람.

293) **신종**神宗 : 중국 송나라의 제6대 황제(1067/68~85/86 재위).

294) **왕안석**王安石 : 송나라의 재상이자 문필가로 당송팔대가의 한 사람. 1069년부터 1076년 무

리[296]를 앞세우며 천인天人의 뜻을 어기고 난망亂亡을 재촉하였으므로, 도리어 변통하지 않은 것이 더 나은 것만 못하였습니다. 결국 큰 재앙을 초래하여 중화가 이적으로 변하였으니, 다른 것이야 말할 게 뭐가 있겠습니까. 상하 수천 년 동안 역대 치란의 자취는 대략 이와 같습니다. 시대에 따라 잘 구제한 경우는 삼대三代에만 보일 뿐, 삼대 이후로는 구제한 경우도 본래 적은 데다 그 역시 할 도리를 다하지 못하였습니다. 대체로 시대에 따라 변경할 수 있는 것은 법제法制이며, 고금을 막론하고 변경할 수 없는 것은 왕도[297]요, 인정[298]이요, 삼강[299]이요, 오상[300]입니다. 그런데 후세에서는 도술[301]이 밝지 못하여 변경할 수 없는 것을 고치는 때도 있고 변경할 수 있는 것을 굳게 지키는 때도 있었으니, 이것이 다스려진 날은 항상 적고 어지러운 날은 항상 많았던 이유인 것입니다.

그리고 우리 동방으로 말하면 기자 팔조목[302]은 문헌에 그 증거가 없고,

렵까지 균수법, 시역법, 면행법, 청묘법, 면역법, 보갑법, 보마법 등의 신법 개혁을 단행했다. 한자의 연원과 제자 원리 등을 연구한 『자설字說』, 문집인 『왕임천문집王臨川文集』, 『임천집습유臨川集拾遺』 등을 남겼다.

295) **인의**仁義 : 어짊과 의로움.

296) **공리**功利 : 공명功名과 이욕利慾.

297) **왕도**王道 : 임금이 마땅히 지켜야 할 도리.

298) **인정**仁政 : 어진 정치.

299) **삼강**三綱 : 유교 도덕에서 기본이 되는 세 가지 강령. 곧, 임금과 신하, 부모와 자식, 남편과 아내 사이에 마땅히 지켜야 할 도리로 군위신강君爲臣綱·부위자강父爲子綱·부위부강夫爲婦綱을 이름.

300) **오상**五常 : 사람으로서 지켜야 할 다섯 가지 도리, 곧 인·의·예·지智·신.

301) **도술**道術 : 도를 닦아 여러 가지 조화를 부리는 술법.

302) **기자**箕子 **팔조목**八條目 : 중국의 『사기』와 『한서』에는 기자가 8조에 해당하는 법률을 제정했다는 기록이 나타나 기자팔조교라고도 한다. 당시의 법률은 대개 형법으로 응보주의에 의거해 만들었기 때문에 단순하고 엄격한 데 그 특징이 있었으며, 사회질서를 유지하는 데 필요한 최소한의 법률로 만족했다. 모든 것을 선과 악으로 구별했는데, 이는 신神의 뜻

삼국은 혼란하여 정교政敎가 있었다는 말이 없으며, 전조前朝 고려 500년은 온통 비바람 속에 암울하였습니다. 아조[303])에 이르러 태조太祖께서 국운을 여시고 세종世宗이 그 제도를 계승하여 지키면서 비로소『경제육전』[304])을 썼고, 그 성종[成廟] 때에 이르러『대전大典』을 간행하였는데, 그 뒤 수시로 법을 세워 이를 『속록續錄』이라고 이름하였습니다. 대체로 성군聖君으로서 성군의 뒤를 이었으므로 서로 다른 것이 없었어야 할 것인데도 어느 때는『대전』을 쓰고 나중에는『속록』으로 추가했으니, 이는 시의를 따른 것에 불과할 뿐입니다. 그 당시에는 건의하여 제도를 만들어도 사람들이 이상하게 여기지 않았고, 법이 막힘이 없이 시행되어 백성이 살아날 수 있었습니다. 그런데 연산燕山 때에 이르러 황란[305])하여 용도가 너무도 사치스러웠으므로, 조종祖宗의 공법貢法을 고쳐 날로 아래에서 덜어 위에다 보태는 것으로 일삼았습니다. 따라서 중종반정[306]) 때 진정 그전대로 환원했어야 할 것인데, 초년의 당국자는 그저 무식한 공신들뿐이었습니다. 그 뒤 기묘 제현己卯諸賢이 조금 큰일을 해 보려고 하였으

에 따라 정해지는 것으로 여겨 종교적 제사를 지낼 때 죄를 처벌했다.

303) **아조**我朝 : 우리 왕조.

304) **『경제육전』**經濟六典 : 1397년 태조 6년에 조준이 주관하여 조선경국전을 바탕으로 검상조례사에서 고려 우왕 14년(1388년) 이후 당시까지의 10년간에 걸쳐 공포되어 법령으로서 현행되고 있거나 앞으로 준행해야 할 법령을 수집 분류하여 만든 법전이다. 우리 역사상 명백한 최초의 성문통일법전이다. 이는 이·호·예·병·형·공의 육전으로 구성된 조선시대 최초의 성문법전이었다는 점에 역사적 의의가 있다.

305) **황란**荒亂 : 흉년·난리 등으로 사회가 어지럽다. 기근으로 인한 난리.

306) **중종반정**中宗反正 : 1506년 9월 28일(음력 9월 2일) 조선에서 일어난 정변으로, 당시 국왕 연산군이 폐위되고 연산군의 이복 동생인 진성대군 이역이 반정군에 의해 왕으로 옹립된 사건이다. 1506년 9월 1일, 박원종·성희안·유순정을 비롯하여 전 수원부사 장정, 군기시첨정 박영문, 사복시첨정 홍경주 등은 훈련원에서 무사를 규합한 뒤, 왕비 신씨의 오라버니 신수근과 그의 아우들인 신수겸과 신수영 그리고 임사홍 등 연산군의 측근을 제거한 뒤, 백관을 거느리고 경복궁에 들어가 자순왕대비의 윤허를 받아 연산군을 폐위하여 강화도 교동에 안치하였다.

나 참소로 참화를 입어 혈육이 가루가 되었고, 그 뒤에는 기묘사화보다도 참혹한 을사의 화가 계속되었습니다. 이로부터 사림士林은 숨을 죽이고 눈치나 보면서 구차하게 목숨을 부지하는 것을 다행으로 여기어 감히 국사를 말하지 못하였습니다. 이에 권간權奸의 무리가 마음놓고 제멋대로 행동하여 자기에게 유리한 것은 구법舊法이라 하여 준수하고 자기에게 해로운 것은 신법新法이라 하여 혁파하였으니, 그 결과는 백성을 수탈하여 자기를 살찌게 하는 것에 불과할 뿐이었습니다. 그러니 나라의 형세가 날로 기울고 나라의 근본이 날로 손상되어 가는 일에 대해서 그 누가 털끝만큼이라도 생각했겠습니까.

이제 다행히도 성명聖明의 시대를 만나 학문에 마음을 두고 민생을 생각하시어 시대에 맞춰 법을 마련하여 한 세상을 바로잡아 구제할 만하게 되었습니다. 그런데도 상께서는 한단의 걸음307)를 우려하여 경장更張할 생각이 적으시고, 신하 된 자들은 남에 대하여 논할 적에는 왕안석 같은 환란이 생길까 염려하고, 제 몸을 아끼는 입장에서는 기묘년과 같은 패배가 있을까 염려한 나머지 감히 경장하자고 주장을 내놓지 못하고 있는 실정입니다. 시험 삼아 오늘날의 정치에 대하여 말씀드릴까 합니다. 공법貢法은 연산군 때에 백성을 학대하던 법을 그대로 지키고 있고, 관리의 임용은 권간權奸이 청탁을 앞세우던 습성을 그대로 따르고 있습니다. 문예文藝를 앞세우고 덕행을 뒤로하여 행실이 높은 이는 끝내 작은 벼슬에 머물게 되고, 문벌을 중시하고 어진 인재를 경시하여 문벌이 빈약한 자들은 그 능력을 펴 보지도 못하고 있습니다. 승지가 어전에 들어가 아뢰지 못하기 때문에 근신近臣은 소원해지고 환관宦官과 친근하게 되며, 시종侍從이 정의308)에 참여하지 못하기 때문에 유신309)은 경시되고

307) 한단邯鄲의 걸음 : 『장자莊子』「추수秋水」에 "그대는 수릉壽陵의 소년들이 한단에서 걸음을 배운 일을 듣지 못했는가. 한단의 걸음을 배우지 못함은 물론 옛날의 걸음조차 잊어서 엉금엉금 기어서 돌아왔다네."라고 하였는데, 이는 남의 것을 모방하려다 실패한 경우를 비유하는 말로 쓰인다.

속론俗論이 중시되고 있습니다. 한 관직에 오래 있지 않고 청현직清顯職을 두루 거치는 것을 영예로 여기고, 직무를 나누어 맡지 않고 조사曹司에 전담시키는 것을 능사로 삼고 있습니다. 이와 같은 폐습과 그릇된 규칙들은 낱낱이 아뢰기 어려울 정도인데, 이는 기묘사화 때 비롯된 것이 아니면 필시 을사사화 때 이루어진 것들입니다. 그러나 지금의 논자論者들은 이를 조종祖宗의 법도로 여기어 감히 경장하자는 논의를 꺼내지 못하고 있으니, 이것이 이른바 시의時宜를 모른다는 것입니다.

대체로 성왕聖王이 만든 법이라 하더라도 그것을 적절히 변통하는 현명한 자손이 없으면, 마침내는 반드시 폐단이 생기는 법입니다. 그러므로 주공周公은 대성인으로서 노魯나라를 다스렸지만 뒷날 쇠퇴해질 형세를 떨치게 해 놓을 수는 없었고, 태공太公은 대현인으로서 제齊나라를 다스렸지만 뒷날 왕위를 찬탈하게 될 조짐을 막을 수는 없었던 것입니다. 만약 제나라와 노나라에 현명한 자손이 나와서 조종이 남긴 뜻을 잘 따르며 법에만 구애받지 않았던들, 어찌 어지러워진 화가 있었겠습니까. 우리나라 조종들께서도 입법하신 당초에는 그렇게 빈틈이 없었으나, 200년이 지나오는 동안 시대도 바뀌고 일도 변화하여 폐단이 없지 않다면, 또한 변통할 수 있는 것입니다. 그런데 더구나 뒷날 잘못 제정된 법의 경우이겠습니까. 마땅히 서둘러 개혁하여 불에 타는 자를 구하고 물에 빠진 자를 구해 주듯 백성을 구제해야만 되지 않겠습니까. 『주역』에 이르기를, "궁窮함이 극도에 이르면 변화하고 변화하면 통해진다." 하였으니, 삼가 바라건대, 전하께서는 이를 유념하시어 변통할 것을 생각하소서.

이른바 실공實功이란 것은 일을 하는 데에 성의가 있고 헛된 말을 하지 않는

---

308) 정의廷議 : 조정의 의론. 묘의廟議.
309) 유신儒臣 : 유학에 조예가 깊은 신하.

다는 뜻입니다. 자사³¹⁰⁾가 말하기를, "성실하지 못하면 사물이 성립될 수 없다." 하고, 맹자³¹¹⁾께서 말씀하시기를, "지극히 성실하고서 감동시키지 못할 것은 없다." 하였습니다. 참으로 실공이 있다면 어찌 실효가 없겠습니까. 오늘날 치평의 성과를 얻지 못하고 있는 것은 실공이 없기 때문인데, 걱정되는 일이 일곱 가지가 있습니다.

위와 아래가 서로 믿는 실상이 없는 것이 첫째이고, 신하들이 일을 책임지려는 실상이 없는 것이 둘째이고, 경연經筵에서 성취되는 실상이 없는 것이 셋째이고, 현명한 사람을 초치³¹²⁾하여 거두어 쓰는 실상이 없는 것이 넷째이고, 재변을 당하여도 하늘의 뜻에 대응하는 실상이 없는 것이 다섯째이고, 여러 가지 정책에 백성을 구제하는 실상이 없는 것이 여섯째이고, 인심이 선善을 지향하는 실상이 없는 것이 일곱째입니다.

'위와 아래가 서로 믿는 실상이 없다.'는 것은 무엇을 말하는 것이겠습니까. 임금과 신하의 교제는 마치 하늘과 땅이 서로 만나는 것과 같습니다. 『주역』「구괘姤卦」의 단사彖辭에 이르기를, "하늘과 땅이 서로 만나니 만물이 모두 빛난다."고 하였는데, 정자程子의 전傳에 해설하기를, "하늘과 땅이 서로 만나지 못하면 만물이 생기지 못하고, 임금과 신하가 만나지 못하면 정치가 일어나지 못하고, 성인과 현인이 서로 만나지 못하면 도덕이 형통하지 못하고, 사

---

310) **자사**子思: 중국 전국 시대 노나라의 유학자.

311) **맹자**孟子: 본명은 맹가孟軻로 전국시대 노나라 산동 성 부근에서 출생했다. 공자의 유교적 전통 속에서 자라며 그의 이상을 지지·발전시킨 유교의 후계자로 일컬어진다. 주요 사상은 성선설과 왕도 사상, 민본주의를 들 수 있다. 그가 제자인 만장과 주고받은 어록을 후학들이 모은 『맹자』 7권이 남아 있다. 맹자는 공자의 유교 이념을 계승·발전시킨 정통 후계자로, 공자 다음의 아성亞聖으로 불린다. 그는 인간의 본성에 대해 성선설을 주장했고 새로운 왕도 사상을 제시했으며, 백성들이 나라의 근본임을 주장하여 군주 역시 백성의 뜻에 따라 정치를 해야 한다는 당시로서는 혁명적인 사상을 펼친 인물이기도 하다.

312) **초치**招致: 불러서 오게 함. 초빙.

물事物이 서로 만나지 못하면 공용功用이 이루어지지 않는다.”고 하였습니다. 그러므로 밝은 임금과 훌륭한 신하가 서로 만나 마음이 서로 통해서 부자父子 와 같이 친밀하고 부신[313]과 같이 마음이 맞게 되어, 골육지친[314]이라 할지 라도 그 사이를 이간시키지 못하고, 쇠를 녹이는 참소라도 그 사이에 용납됨 이 없게 된 뒤에야 말이 시행되고 계책이 쓰여 여러 가지 업적이 이룩되는 것 입니다. 삼대三代의 성왕聖王들도 모두 이 도를 따랐으니, 임금과 신하가 서로 깊이 믿지 아니하고는 제대로 치적을 이룩한 경우는 없습니다.

삼가 생각건대, 전하께서는 명철하심은 부족함이 없으나 지니신 덕은 넓 지 못하고, 선善을 좋아하심은 대단하시나 깊은 의심을 떨쳐버리지는 못하고 계십니다. 그러므로 뭇 신하들 중에 건백[315]하려고 노력하는 자를 주제넘다 고 의심하고, 기절[316]을 숭상하는 자를 과격하다고 의심하고, 여러 사람의 찬 양을 받으면 당파가 있다고 의심하고, 잘못된 자를 공격하면 모함한다고 의 심하고 계십니다. 게다가 명을 내리실 때는 말씀 속에 감정이 들어 있고 좋아 하고 싫어하시는 것이 일정치 않으십니다. 심지어 며칠 전 전교에는, “대언大 言을 다투어 아뢰고 전에 없던 일은 행하기 좋아하니 당연히 풍속이 순박해지 고 정치가 올바로 될 것이다.”라고 말씀하셨는데, 이 전교가 한번 나오자 뭇사 람의 의혹이 더욱 늘어났습니다. 옛사람이 말하기를, “선을 말하기가 어려운 것이 아니라 선을 행하는 것이 어렵다.” 하고, 소옹[317]이 말하기를, “잘 다스

---

313) **부신**符信 : 나뭇조각이나 두꺼운 종이에 글자를 쓰고 증인證印을 찍은 뒤에 두 조각으로 쪼 개어 한 조각은 상대자에게 주고 다른 한 조각은 보관했다가 뒷날에 서로 맞추어 증거로 삼던 물건.

314) **골육지친**骨肉之親 : 부자·형제 등 가까운 혈족.

315) **건백**建白 : 관청이나 윗사람에게 의견을 말함.

316) **기절**氣節 : 기개와 절조.

317) **소옹**邵雍 : 중국 송나라의 사상가이다. 소강절邵康節 또는 소요부邵堯夫라고도 한다. 성리학의

려진 세상에서는 덕을 숭상하고 어지러운 세상에서는 말을 숭상한다."고 하였습니다. 고금 천하에 어찌 대언을 다투어 아뢴다고 해서 풍속이 순박해지고 정치가 올바로 되게 한 일이 있었습니까. 그리고 전하께서는 대언을 옳다고 여기십니까, 그르다고 여기십니까. 만약 그것이 옳은 것이라면 그 대언이란 것은 다만 임금을 인도하여 올바른 도道를 행하게 하고 기필코 지치至治에 이르게 하려는 것에 불과할 것입니다. 따라서 전하께서는 마땅히 그 의견을 서둘러 채택하셔야 하고, 다투어 아뢴다는 말씀으로 기롱하거나 풍자해서는 안 될 것입니다. 좋은 말을 올렸더라도 그것을 채용하지 않으면 그 말이 아무리 좋아도 소용이 없습니다. 그러므로 자사子思가 신하가 되었어도 노 목공318)의 영토는 심하게 줄어들었고, 맹자가 경卿이 되었어도 제 선왕319)의 왕업王業은 흥기되지 않았던 것입니다. 더구나 오늘날 진언하는 자는 자사나 맹자와 같은 사람들도 아니거니와 그 말을 위에서 채납한 사실도 들은 것이 없는 데야 무슨 할 말이 있겠습니까. 그러니 시사時事가 제대로 다스려지지 않는 것이 뭐가 이상하겠습니까. 만약 대언大言이 그른 것이라면 그들이야말로 말을 지

이상주의 학파 형성에 큰 영향을 주었다. 수數에 대한 그의 생각은 18세기 유럽의 철학자 라이프니츠의 2진법에도 영향을 주었다. 본래 도가였던 그는 여러 번 관직을 제수받았으나 모두 마다하고 허난 교외의 초라한 은둔처에서 친구들과의 교유와 명상으로 세월을 보냈다.

318) 노 목공魯穆公 : 중국 노나라의 제30대 임금이다. 휘는 현顯이다. 기원전 416년에 아버지 원공이 죽어 군위를 계승했으며, 목공 33년(기원전 383년)에 죽어 아들 공공이 계승했다. 박사 공의휴를 재상으로 삼아 정치를 맡겼고, 자사를 스승으로 모셨으며 또 설류泄柳와 신상申詳, 申祥을 곁에 두고 중용했다. 어머니가 죽자 어찌할지를 증자증삼의 아들 증신에게 물었다. 공자들을 진나라와 초나라에 보내 섬기게 하니, 이는 이웃 제나라의 위협에 대해 진나라와 초나라의 도움을 받아 대항하려는 것이었다. 이서犁鉏는 진나라와 초나라가 제나라에 비해 너무 멀어 도움이 되지 않을 것이라고 목공에게 간했다.

319) 제 선왕齊宣王 : 중국 전국시대의 왕조 중 하나였던 제나라의 제5대 국왕(재위: 기원전 319년 ~ 기원전 301년)이다. 성은 규嬀, 씨는 전田, 휘는 벽강辟疆이다.

어내고 사단을 일으키는 무리일 것입니다. 따라서 전하께서는 마땅히 부화
하고 경박한 것을 억누르고 돈독하고 착실한 것을 힘쓰시어 조정을 편안히
하고 인심을 진정시키셔야지, 대언을 아름다운 일로 여겨서는 안 될 것입니
다. 아, 곧은 말을 가지고 상께서 다투어 아뢴다고 탓한다면 사기士氣가 손상되
고 부정한 길이 열리게 될 것이며, 부화하고 경박한 것을 대언이라고 찬미한
다면 허위가 자라나고 실질적인 덕이 없어지게 될 것입니다. 전하께서는 반
드시 이 중 어느 하나에 해당되실 것인데, 혹시 전하께서 실상 깊은 뜻은 없이
우연히 실언하신 것인지도 모르겠습니다. 전하께서는 뭇 신하들에 대해 깊
이 신임하시는 것이 부족합니다. 그러므로 뭇 신하들도 성상의 뜻이 어디에
있는지 알지 못하여, 성상의 전교가 내릴 때마다 한마디 말씀만 이상하면 모
두가 눈이 휘둥그레지고 두려워하여 항상 깊이를 헤아릴 수 없는 연못을 대하
는 듯합니다. 어저께 대신들이 부르심을 받았을 적에도 모두 황공해 할 뿐, 천
심天心을 돌리고 세도320)를 구할 수 있는 계책을 아뢴 이는 하나도 없었습니
다. 만약 대신들이 전혀 식견이 없다면 더 이상 말할 것도 없겠으나, 만약 식견
이 있다면 어찌 전하께서 여러 사람들의 의견에 귀를 기울이지 않으신다는
것을 미리 걱정해서 그러는 것이 아니겠습니까. 심지어는 한 낭관321)을 차출
하여 쇠잔한 고을 하나를 맡긴 경우에 있어서도 성상께서 백성을 걱정해서
그러신 것이지, 반드시 딴 뜻이 있어서 그런 것은 아닐 것이니, 또한 이상한
일도 아닙니다. 그런데도 조정의 선비로서 훌륭한 명성이 있는 사람들은 모
두가 스스로 불안해하는 마음을 품고 있으니, 이는 어찌 전하의 정성이 평소
에 신임을 받지 못하셨기 때문에 그렇게 된 것이 아니겠습니다. 옛날의 성왕聖
王들은 마음을 쓰는 것이나 일을 처리하는 것이 푸른 하늘의 밝은 해처럼 공명

---

320) **세도**世道 : 세상을 올바르게 다스리는 도리.
321) **낭관**郎官 : 각 관아의 당하관堂下官의 총칭.

정대하여 만물이 모두 보았으며, 어리석은 백성들에 이르기까지 임금의 뜻을 밝게 알지 못하는 자가 없었습니다. 그러므로 그들을 죽인다 해도 원망하지 않았고 그들을 이롭게 해 준다 해도 은공으로 여기지 않았습니다. 지금은 가까이 모시는 신하들까지도 성상의 마음을 알지 못하고 있으니, 더구나 다른 사람들이야 어떠하겠습니까. 지난날 중묘中廟와 조광조[322]의 관계는 성군聖君과 현신賢臣이 서로 만난 것이라고 말할 만하였습니다. 그

조광조

런데도 음흉하고 사악한 것들이 그사이에 끼어들어 마치 밝은 거울이 먼지와 때로 가려진 것같이 되었으니, 낮에는 어전에서 응대를 하다가도 밤에는 천 길 골짜기로 떨어져 버린 꼴이 되고 말았습니다. 지금의 사림은 사화를 겪은 지 오래되지 않아 두려워하는 마음이 아직 남아 있습니다. 소신이 일찍이 얕은 견문으로 말하기를, "중묘께서는 진정 성군이시나 지나치게 남의 말을 그대로 받아들였기 때문에 군자의 말도 들어가기 쉬웠지만 소인의 참소도 들어가기 쉬웠다. 지금 성상께서는 그렇지 아니하시어 남의 말을 반드시 자세히 살피고 소홀히 듣지 아니하시므로 군자가 아무리

322) **조광조**趙光祖 : 조선의 문신, 사상가이자 교육자, 성리학자, 정치가이다. 조선국 사헌부 대사헌 등을 지냈다. 조충남趙忠男은 그의 후손이다. 김종직의 학통을 이어받은 김굉필의 문하에서 수학하다 유숭조의 문하에서도 수학했다. 사림파의 정계 진출을 확립하였다. 중종의 훈구파 견제 정책에 의해 후원을 받아 홍문관과 사간원에서 언관 활동을 하였고, 성리학 이론서 보급과 소격서 철폐 등을 단행하였다. 성리학적 도학 정치 이념을 구현하려 했으나 훈구 세력의 반발로 실패한다. 1519년 반정공신들의 사주를 받은 궁인들에 의해 나뭇잎에 주초위왕走肖爲王이란 글자가 나타나게 함으로써 역모로 몰려 전라남도 화순으로 유배되었다가 사사된다. 후에 기묘명현己卯名賢 중 한 사람이다. 개혁 정책을 펼치다가 희생된 개혁가라는 시각과 급진적이고 극단적이라는 평가가 양립하고 있다. 관직은 가선대부 사헌부대사헌겸 동지경연성균관사에 이르렀고, 사후 인종 때 복관되고 명종 때에 몇 번의 논란이 일다가 선조 초에 기대승 등의 상소로 증 대광보국숭록대부 의정부영의정에 추증된다. 시호는 문정文正이며, 문묘에 종사된 해동 18현 중의 한 사람이다.

안타까워해도 계합[323])되기 어려우나, 소인도 역시 감히 도리에 어긋나는 것
으로 속이지 못한다. 성상의 시대에는 사림의 화는 분명히 없을 것이나, 다만
백성이 궁해지고 나라가 피폐해지는데도 변통할 방책이 없어서 마침내는 흙
이 무너지는 것 같은 형세가 되고 말 것이 두렵다.” 하였는데, 지금 사류 중에
서 신의 말을 믿는 사람이 몇 명이나 되겠습니까. 임금과 신하가 서로 어울림
에 있어 정성과 신의가 부합되지 못하면서도 제대로 치평治平을 보전했다는
말을 예로부터 오늘에 이르기까지 들어 보지 못하였습니다. 이것이 걱정되
는 일의 첫째입니다.

  ‘신하들이 일을 책임지려는 실상이 없다.’는 것은 무엇을 말하는 것이겠습
니까. 나라에서는 벼슬자리를 마련하고 직책을 나누어 놓아 각기 모두 맡은
일이 있게 하였습니다. 삼공[324])은 모든 기무[325])를 총괄하고 육경[326])은 여러
가지 업무를 나누어 다스리며, 시종侍從은 논사論思하는 책임이 있고 대간[327])
은 일을 살피고 듣는 임무가 주어져 있으며, 아래로 여러 관사의 작은 벼슬에
이르기까지 모두 제각기 그 책임이 있습니다. 감사監司는 지방에 교화를 펴고,
절도사節度使는 변방을 맡아 감독하고, 수령은 감사의 걱정을 나누어 맡고, 진
장鎭將은 국경 수비를 감독하여 또한 각기 그 직책이 없는 자가 없습니다. 그런
데 오늘날 삼공은 진정 인망이 두터운 자들이기는 하나, 또한 감히 새로운 정
책을 건의하여 시행하지 못한 채 부질없이 공손하고 삼가며 두려워하고 꺼리
고만 있을 뿐, 나라를 잘 다스려 백성을 잘살게 함으로써 세도世道를 만회할

---

323) **계합**契合 : 부합符合. 서로 맞대어 붙임.

324) **삼공**三公 : 삼정승.

325) **기무**機務 : 중요하고 비밀한 정무.

326) **육경**六卿 : 육조 판서.

327) **대간**臺諫 : 사헌부·사간원의 벼슬의 총칭.

가망은 전혀 없습니다. 그러니 다른 사람들이야 또 무엇을 책망하겠습니까. 대관大官은 위에서 유유히 지내며 오직 앞뒤 눈치 보기에 힘쓸 따름이고, 소관小官은 밑에서 빈둥빈둥 지내며 오직 기회를 엿보아 이익을 추구하는 것이나 일삼고 있습니다. 기강에 대해서는 대간에게 전담시키고 있는데, 한둘의 간사한 조무래기들을 잡아냄으로써 책임이나 면하는 것에 불과하고, 관리의 전형은 오로지 청탁으로 이루어져 한둘의 명사328)를 벼슬자리에 안배함으로써 공정하다는 구실로 삼는 것에 불과합니다. 그리하여 여러 관사의 벼슬아치들까지도 자신이 관장해야 할 일이 무엇인지 전혀 알지도 못한 채, 오직 날만 보내고 달을 채움으로써 승진을 구할 줄만 알고 있습니다. 대소 관원 중에 어찌 공적인 일을 받들고 사적인 일을 잊는 자가 한두 명쯤이야 없겠습니까. 다만 그들의 형세가 외롭고 약하여 도움이 되지 못하고 있는 것뿐입니다. 감사는 돌아다니며 스스로 즐기면서 대접을 잘하고 못하는 것과 문서를 잘 만들고 못 만드는 것을 가지고 수령의 성적을 매기고 있으니, 그 처벌과 승진시키는 것을 분명히 할 수 있는 이가 몇 사람이나 있겠습니까. 절도사는 엄한 형벌로써 자신의 위세나 드러내고 약탈을 하여 자신의 이익이나 추구하면서 백성을 어루만져 편안케 하고 군사를 조련하는 그 두 가지 일에 다 실책을 범하고 있으니, 곤외329)의 책임을 욕되지 않게 할 수 있는 자가 몇 사람이나 있겠습니까. 수령은 오직 백성에게서 거두어들여서 스스로만 이롭게 하고 윗사람에게 아부하여 명예를 구할 줄만 알 뿐, 백성을 아끼고 위하는 데 제대로 마음을 쓰는 사람은 손으로 꼽을 정도로 매우 드뭅니다. 진장330)은 우선 군졸의 수효를 물어 면포綿布가 얼마나 될지 계산할 뿐, 나라의 방비를 걱정하는 자는 행여

---

328) **명사**名士 : 이름난 선비.

329) **곤외**閫外 : 왕성의 경계 밖.

330) **진장**鎭將 : 각 진영의 으뜸 벼슬.

한 사람도 없습니다. 오직 서리배[331]가 기회를 틈타 중요한 일의 처리를 장악하고 있으니, 백성들의 고혈은 서리배의 손에 거의 말라 버린 형편입니다. 심지어는 군사를 뽑는 일이야말로 가장 중요한 일인데도 뇌물이 요로에 횡행하고 위조 문서가 진짜 기록을 혼란시키고 있는데, 촌민村民들이 소를 내주려고 해도 색리[332]들은 반드시 면포를 요구하여 소를 가지고 베를 바꾸게 되니 소값이 크게 떨어졌습니다. 이는 서울과 지방이 다 그러하여 백성들의 원성이 들끓고 있으니 하물며 다른 일들이야 어떠하겠습니까. 조식[333]이 일찍이 말

조식

하기를, "우리나라는 서리 때문에 망할 것이다." 하였습니다. 이 말이 비록 지나치기는 하나 또한 일리가 있으니, 이는 뭇 신하들이 일에 책임을 지지 않는 잘못으로 말미암은 것입니다. 관원이 제각기 맡은 바 직책을 다한다면 어찌 서리 때문에 나라가 망할 일이 있겠습니까. 이제 만

---

331) **서리배**胥吏輩 : 관아에 속하여 말단 행정 실무를 맡아보던 벼슬아치

332) **색리**色吏 : 감영監營이나 군아郡衙의 아전.

333) **조식**曹植 : 조선 전기의 성리학자이고 영남학파의 거두이다. 본관은 창녕, 자는 건중楗仲, 호는 남명南冥. 어려서부터 학문 연구에 열중하여 천문, 역학, 지리, 그림, 의약, 군사 등에 두루 재주가 뛰어났다. 명종과 선조에게 중앙과 지방의 여러 관직을 제안받았으나 대부분을 거절하였으며 아울러 한번도 벼슬에 나가지 않고 제자를 기르는 데 힘썼다. 조식曹植의 자字는 건중楗仲이며, 경상도 삼가현 사람이다. 한미한 양반 집안에서 태어났으나, 아버지와 숙부가 문과에 급제함으로써 비로소 관료의 자제가 되어 사림파적 성향의 가학을 이었다. 어린 시절부터 30세까지 서울 집을 비롯한 부친의 임지에서 생활하며 세상을 보는 안목을 넓혔고, 후에 명사가 된 인물들과 교제하였다. 조선 중기의 큰 학자로 성장하여 이황과 더불어 당시의 경상좌·우도 혹은 오늘날의 경상남·북도 사림을 각각 영도하는 인물이 되었다. 유일遺逸로서 여러 차례 관직이 내려졌으나 한번도 취임하지 않고, 현실과 실천을 중시하며 비판정신이 투철한 학풍을 수립하였다. 그의 제자들로는 임진왜란 때 의병을 일으킨 곽재우, 정인홍, 김우옹, 정구 등 수백명의 문도를 길러냈으며, 대체로 북인 정파를 형성하였다. 사후 사간원대사간에 추증되었다가 북인 집권 후 1613년광해군 7년 의정부영의정에 증직됐다.

약 책임을 진 관원이 적절한 사람이 아니어서 그를 바꾸고자 한다면 한때의 인물들이 이 정도에 불과하므로 현명한 인재를 갑자기 마련하기도 어려울 것이며, 형벌과 법이 엄하지 않다 하여 그것을 엄중하게 하려고 한다면, 법이 엄중해질수록 간사한 자들이 더욱 불어나게 되니 법을 엄중하게 하는 것 또한 폐단을 구제하는 방책이 아닙니다. 그렇다고 어쩔 수 없다고 해서 그대로 방치해 두면 온갖 폐단이 날로 늘어나고 여러 가지 일들이 날로 그릇되어 민생은 나날이 곤궁해지고 혼란과 쇠망이 반드시 뒤따르게 될 것입니다. 이것이 걱정되는 일의 둘째입니다.

'경연에서 성취하는 실상이 없다.'는 것은 무엇을 말하는 것이겠습니까. 옛날에는 삼공三公의 관직을 두었으니, 사師는 임금에게 교훈으로 인도하여 주었고 부[334]는 덕의[335]를 가르쳐 주었으며 보保는 신체를 잘 보전하게 해 주었습니다. 이러한 법도가 폐지된 뒤로는 사·부·보의 책임이 오로지 경연에 있게 되었습니다. 그러므로 정자[336]가 말하기를, "임금의 덕의 성취는 그 책임이 경연에 있다."고 한 것입니다. 경연을 설치한 것은 다만 글을 강독하여 장구[337]의 뜻이나 놓치지 않도록 하려는 것이 아니라, 의혹을 풀어 도를 밝히고 교훈을 받아들여 덕을 진취시키고 정사를 논하여 올바른 다스림을 마련하기 위한 것입니다. 그러므로 조종조에서는 경연관을 예로써 대우하고 은덕으로써 친근히 하여, 집안사람이나 부자간처럼 정의[338]가 서로 잘 통하게 했던 것입니다. 그런데 지금의 시신[339]들은 학문이 많이 부족하고 정성도 매우 적어

334) 부傅 : 세자부世子傅·세손부의 일컬음.

335) 덕의德義 : 사람으로서 마땅히 지켜야 할 도덕상의 의무.

336) 정자程子 : 중국 송나라의 유학자 정호, 정이 형제에 대한 존칭.

337) 장구章句 : 글의 장과 구. 문장의 단락.

338) 정의情意 : 인정과 의리.

339) 시신侍臣 : 임금을 가까이 모시는 신하. 근신近臣.

서 입시³⁴⁰⁾하기를 꺼려하는 자가 있는가 하면 심지어는 경연직을 기피하는
자까지도 있습니다. 비록 그러하나 어찌 정성과 깊은 생각을 품고서 성상을
가까이 모시기를 바라는 사람이 없겠습니까. 요즘에는 경연이 자주 열리지
않아 접견하는 일도 실로 드물지만, 예모³⁴¹⁾가 엄숙하여 말을 자연스럽게 하
지도 못합니다. 그런가 하면 말을 주고받는 일이 매우 드물어 강문도 자세하
지 못하며 정사의 요체와 시폐에 대하여도 물어보신 적이 없습니다. 간혹 한
두 명의 강관³⁴²⁾이 성학³⁴³⁾에 힘쓸 것을 권하는 일이 있을 때에는 역시 범연히
들어 넘기기만 할 뿐, 몸소 시험하고 실천해 보시려는 실상이 전혀 없습니다.
경연이 파한 뒤에는 대내³⁴⁴⁾가 깊으므로 시신들은 그리는 마음만 간절할 뿐,
전하의 좌우에는 오직 내시와 궁녀들만이 있으니, 전하께서 평소에 무슨 책
을 보시고 무슨 일을 하시고 무슨 말을 듣고 계시는지 알 수가 없습니다. 가까
운 신하들도 그것을 알 수 없는 형편인데 더구나 밖의 신하들이야 어떠하겠습
니까. 맹자는 아성³⁴⁵⁾이시고 제齊나라 임금이 존경하는 것 역시 지극하였는
데도, "하루 동안 볕을 쪼이고 열흘 동안 차게 하면 되겠는가." 하는 탄식을
하였습니다. 하물며 지금 시신들은 옛사람에 비하여 매우 부족한 데다 이처
럼 소외당하고 있으니, 어떠하겠습니까. 이것이 걱정할 일의 셋째입니다.

'현명한 사람을 초치하여 거두어 쓰는 실상이 없다.'는 것은 무엇을 말하
는 것이겠습니까. 옛날의 제왕은 지극한 정성으로 현인을 구하면서 오히려
힘이 미치지 못할 것을 걱정하였습니다. 그리하여 혹은 꿈속에서 감응되기

---

340) **입시**入侍 : 대궐에 들어가 왕을 알현하던 일.
341) **예모**禮貌 : 예절에 맞는 몸가짐.
342) **강관**講官 : 강연講筵 때 임금에게 강의하던 관원.
343) **성학**聖學 : 성인이 가르친 학문. 특히, 유학儒學.
344) **대내**大內 : 임금이 거처하는 곳.
345) **아성**亞聖 : 유학에서, 공자 다음가는 현인. 맹자孟子를 말함.

도 하고[346] 혹은 낚시질하고 있는 자를 만나기도 하였는데[347] 그들을 현인으로 대우하여 포상하고 장려하는 뜻을 나타냈을 뿐만 아니라, 하늘이 맡겨 주신 직위를 그들과 함께 누리고 그들로 하여금 하늘의 녹을 먹게 하여 만백성에게 은택이 베풀어지도록 하였던 것입니다. 그러므로 그에 대하여 여론을 묻고 말을 주고받음으로써 그를 살피고, 일을 처리하는 것을 가지고 그를 시험하고 나서 과연 그가 현명하다는 것을 알게 되면 곧 그를 가까이하고 그의 계책을 채용하여 그의 도를 행하게 하였으니, 이것을 두고 임금이 현인을 존중하는 것이라고 말하는 것입니다. 지금 전하께서는 선비를 사랑하고 현인을 구하시는 것이 옛날의 군주에 비하여 부끄러울 것이 없으며 숨어 있는 곧은 이와 덕 있는 이를 거의 모두 찾아내셨으니, 그 성대하고 아름다운 일은 근고[348]에 드문 일입니다. 그러나 천거를 의논할 적에 범범하게 아무개는 쓸 만하다고 말할 따름이고, 상세한 행적에 대해서는 진달하는 일이 없습니다. 유사[349]가 이미 적합하게 천거하지 못한 위에 성상께서도 또한 친히 그 사람을 보시고 그의 현부[350]를 살펴보시는 일이 없이 그저 전례에 따라 벼슬을 줄 뿐이었습니다. 몸을 닦고 행실을 돈독히 하는 것은 무엇을 구하기 위해 하는 것이 아니니, 산림[351]에는 신하들 중에 어찌 작록[352]을 무시하는 사람이 없겠

---

346) **꿈속에서 감응되기도 하고** : 은 고종殷高宗이 어진 신하를 구하던 끝에 꿈에서 그 사람을 보고 그의 초상을 그린 뒤 온 세상에서 그와 같은 자를 찾아내게 하여 결국 부암傅巖의 들에서 노동일을 하고 있던 부열傅說을 찾아내어 재상으로 삼은 일을 말한다. 『尙書 說命』

347) **낚시질하고 …… 하였는데** : 주 문왕周文王이 위수渭水 바닷가에서 낚시질로 소일하던 여상呂尙을 만나 함께 이야기 나눈 뒤에 크게 기뻐하여 그를 태공망太公望이라 부르고 스승으로 모신 일을 말한다. 『史記 卷32 齊太公世家』

348) **근고**近古 : 그리 오래되지 않은 옛날.

349) **유사**有司 : 어떤 단체의 사무를 맡아보는 직무.

350) **현부**賢否 : 어질고 사리에 밝은 것과 그렇지 못한 것.

351) **산림**山林 : 학식과 덕이 높으나 벼슬을 하지 않고 시골에서 지내는 선비. 산장山長.

습니까. 선비의 출처[353]는 본디 한 가지만 있는 것이 아니어서 작은 벼슬이라
도 낮다고 여기지 않는 사람이 있는가 하면, 재능을 품고 있으면서도 그것을
펴지 않는 사람도 있습니다. 전하께서 현인을 불러들임에 있어서는 벼슬이
나 녹만 내려 줄 뿐, 만나 보거나 살피고 시험하여 뽑아 씀으로써 도를 실천하
게 하는 실상이 전혀 없으십니다. 그러므로 오늘날 천거되어 벼슬자리에 나
아가는 사람들을 보면, 부모를 위하여 굴복하였다는 사람도 있고, 가난 때문
에 벼슬한다는 사람도 있고, 다만 성은에 보답하기 위하여 나왔다는 사람도
있으나, 한 사람이라도 도를 실천하기 위하여 나왔다는 사람이 있다는 말은
들어 본 적이 없습니다. 현인을 구하는 것은 가장 아름다운 일인데도 결국 형
식이 되고 마니, 나라를 다스리는 도가 무엇을 통하여 이루어지겠습니까. 이
것이 걱정되는 일의 넷째입니다.

　'재변을 당하여도 하늘의 뜻에 대응하는 실상이 없다.'는 것은 무엇을 말
하는 것이겠습니까. 하늘과 임금의 관계는 마치 부모와 자식의 관계와 같습
니다. 부모가 자식에 대하여 노여움이 일어나 말과 얼굴에 나타낸다면, 자식
으로서는 아무런 잘못이 없더라도 반드시 한층 더 공경하고 두려운 마음으로
그 뜻을 받들고 따라 반드시 부모가 기뻐하게 된 뒤에야 안심할 수 있는 것인
데, 더구나 잘못이 있는 경우이겠습니까. 이 경우에는 더욱 허물을 자책하며
애절히 사죄하고, 마음을 고치고 행동을 바꾸어 공경과 효성을 다하여 반드
시 부모가 기뻐하는 안색을 지니도록 하여야만 될 것이며, 두려운 마음만 품
고서 문을 닫고 가만히 있기만 해서는 안 될 것입니다. 제왕으로서 천변[354]을
당하였을 때에도 역시 이와 같습니다. 자신을 돌이켜 보며 스스로 반성하고

---

352) **작록**爵祿 : 벼슬과 녹봉祿俸.

353) **출처**出處 : 사물이나 말 따위가 나오거나 생긴 근거.

354) **천변**天變 : 하늘에서 생기는 큰 변고와 괴변. 일식·월식·폭풍·홍수 따위.

정사를 잘못한 것은 없는가 두루 살펴서 자신에게 아무런 허물이 없고 정사에 결함이 없더라도 마땅히 더욱 닦고 힘쓰며 공경해 마지않아야 할 것이고, 잘못이 없다 하여 스스로 용서해서는 절대로 안 되는데, 하물며 자신에게 허물이 있고 정사에 결함이 있는 경우야 더 말할 것이 있겠습니까. 반드시 많은 사람의 의견을 구하여 지식과 견문을 넓히고, 현인을 등용하여 부족한 점을 메우고, 백성들을 돌보아 부지런히 무마해 주고, 폐단을 개혁하여 정사가 잘 다스려지게 함으로써 반드시 전일의 잘못을 보정補正하고 하늘의 노여움을 되돌릴 수 있도록 힘써야만 할 것이니, 허둥지둥 아무런 방책도 없이 마치 잘못을 저지른 자식이 문을 닫고 가만히 들어앉아 부모의 노여움이 저절로 가라앉기를 기다리는 것과 같이 해서는 안 될 것입니다. 근년 이래로 재난이 빈번하게 일어나 사람들이 모두 예사로 여기고 두려운 줄을 모르게 되었는데, 흰 무지개가 해를 가로지르는 변고가 극히 참담하였기 때문에 전하께서 놀라시어 공경하고 두려워함을 더하게 되셨으니, 이 어찌 혼란을 돌려 치평을 마련할 조짐이 바로 오늘날 드러나고 있는 것이 아니겠습니까. 그런데 이러한 기회를 만나고서도 별로 닦고 다스리는 조치가 없는 것은 무엇 때문입니까. 정전355)을 피하고 감선356)하는 것은 재난을 두려워하는 형식이고 말단이며, 덕을 쌓고 정사를 닦는 것이야말로 재난을 두려워하는 실상이며 근본입니다. 형식과 말단도 물론 폐할 수 없는 것이지만 실상과 근본이 지금 어떻게 조치되고 있습니까. 이것이 걱정되는 일의 다섯째입니다.

'여러 가지 정책에 백성을 구제하는 실상이 없다.'는 것은 무엇을 말하는 것이겠습니까. 법령이 오래되면 폐단이 생기고 그 피해는 백성에게 돌아가

355) **정전**正殿 : 왕이 나와서 조회를 행하던 궁전.
356) **감선**減膳 : 나라에 변고가 있을 때, 임금이 친히 근신하는 뜻으로 수라상의 음식 가짓수를 줄이던 일.

는 것이니, 정책을 마련하여 폐단을 바로잡는 것이 백성을 이롭게 하는 길입
니다. 성상의 전교에, "임금은 나라에 의지하고 나라는 백성에게 의지하는 것
이니, 여러 가지 벼슬자리를 마련하고 여러 가지 직책을 나누어 놓은 것은 오
로지 민생을 위한 것이다. 백성이 피폐해지면 나라가 장차 어디에 의지하겠
는가."라고 하셨습니다. 신은 삼가 여러 번 거듭 읽어 보고 자신도 모르게 감
격의 눈물을 흘렸습니다. 위대하십니다, 임금의 말씀이시여. 한결같으십니
다, 임금의 마음이시여. 이것이야말로 참으로 백성을 편안케 하고 하늘의 노
여움을 되돌려 놓을 일대 전기입니다. 삼대三代 이후로 임금과 신하들의 직책
이 오로지 민생을 위하는 것임을 알았던 임금이 몇 분이나 있겠습니까. 착한
마음만 있고 법도가 없으면 그 마음을 펴 나가지 못하고, 법도만 있고 착한 마
음이 없으면 그 법도를 행하지 못하는 법입니다. 그러므로 전하께서 백성을
사랑하는 마음은 본디 이와 같은데도 백성을 사랑하는 정치는 아직도 제대로
펴지 못하고 있습니다. 신하들이 정책을 건의하는 것은 오직 그 말단적인 것
만을 바로잡으려 하고 근본적인 것은 헤아리지 않기 때문에, 듣기에는 아름
다운 것 같으나 행해 보면 아무 내용도 없는 것입니다.

오늘 한 가지 계획을 진언하여 명목 없는 조세租稅를 없앨 것을 요청해 보아
도 여러 고을의 세금 징수는 여전하고, 다음날 한 가지 일을 건의하여 전호[357]
의 부역[358]을 고르게 할 것을 요청해 보아도 세력이 강한 자들이 부역에서 빠
지는 것은 전일과 같습니다. 선상[359]을 줄인 것은 공천公賤을 소생시키기 위한
것인데도 치우치게 고통을 받은 자들은 여전히 떠돌아다니고, 방납[360]을 금

---

357) **전호**田戶 : 예전에, 남의 땅을 빌려 농사를 짓고 땅값을 치르던 농민.

358) **부역**賦役 : 국가나 공공 단체가 국민에게 의무적으로 책임을 지우는 노역.

359) **선상**選上 : 지방의 노비를 뽑아 서울의 관아에 보내던 일.

360) **방납**防納 : 하급 관리나 상인들이 백성을 대신하여 나라에 공물貢物을 바치고 그 대가를 백

한 것은 백성의 재물을 낭비하는 일이 없도록 하기 위한 것인데도 뇌물을 받으며 백성을 갈취하는 자들은 더 심하게 뛰고 있습니다. 탐욕을 부리는 관원을 탄핵하여 파직시키면 그 후임자가 반드시 전임자보다 나은 것도 아닌데 공연히 마중하고 전송하는 폐나 끼치게 되고, 변장361)을 가려 보낼 것을 청하면 인망362)이 두터운 자가 반드시 신진新進보다 나은 것도 아닌데 도리어 방자하여 어렵게 여기는 생각도 없습니다. 그 밖에 훌륭한 명이 내려지고 아름다운 법이 반포된 것도 한두 번이 아니지만 주현州縣에 그저 몇 줄의 문서만 전달할 뿐, 시골 백성들은 그것이 무슨 일인지조차 모릅니다. 그렇기 때문에 군자가 조정에 진출하고 신하가 바로 의논을 내더라도 민생과는 전혀 관계가 없게 되어 다만 어떤 사람은 벼슬이 높고 출세하였으니 부러운 일이라고나 할 뿐, 어떤 사람이 등용된 덕분에 그 혜택이 백성에게까지 미치게 되었다는 말은 일찍이 들어본 일이 없습니다. 훌륭한 말이 이와 같이 아무런 성과도 없다면, 비록 한漢나라의 주운363)과 급암364) 같은 곧은 신하가 조정에 가득하고 바른 말이 빗발치더라도, 백성들이 궁하여지고 재물이 바닥나 사방으로 흩어져 떠돌아다니게 되는 데에 무슨 도움이 되겠습니까. 그러나 의논이 한 번 잘못되

성에게서 높게 받아 내던 일. 폐단이 많아 대동법을 실시하게 됨.

361) **변장**邊將 : 변경을 지키는 장수라는 뜻으로 첨사, 만호, 권관을 통틀어 이르던 말.

362) **인망**人望 : 세상 사람이 우러르고 따르는 덕망.

363) **주운**朱雲 : 〈주운절함朱雲折檻〉의 이 이야기는 『한서漢書』「주운전朱雲傳」에 나오는데, 주운이 성제에게 충간을 하다가 난간을 부러뜨린 데서 '절함'이 유래했다. 이 이야기에서 자리만 지키며 봉록만 축낸다는 뜻의 '시위소찬'도 유래했다. '용방'은 하夏나라 걸왕桀王의 신하인 관룡방關龍龐, '비간'은 은殷나라 주왕紂王의 신하이다. 두 사람 모두 직간을 하다 죽임을 당한 충신들이다.

364) **급암**汲黯 : 전한 중기의 관료로, 자는 장유長儒이며, 복양현濮陽縣 사람이다. 무제의 간신諫臣으로, 황로지도와 무위의 정치를 주장했으나 황제에게 받아들여지지 않자, 회양태수를 마지막으로 관직에서 물러났다.

기만 하면 그 피해가 지체 없이 백성들에게 미치고 있으니, 아, 괴이하게도 이는 고금을 통하여 들어 보지 못한 일입니다. 비유하건대 이는 마치 만 칸이나 되는 큰 집을 오래도록 수리하지 않은 것과 같습니다. 크게는 들보에서부터 작게는 서까래에 이르기까지 썩지 않은 것이 없는데, 서로 떠받치며 지탱하여 근근이 하루하루를 보내고는 있지만 동쪽을 수리하려 하면 서쪽이 기울고 남쪽을 수리하려 하면 북쪽이 기울어 무너져 버릴 형편이라서, 여러 목수들이 둘러서서 구경만 하고 어떻게 손을 써야 할지 모르는 형편과 같습니다. 그러나 그렇다고 하여 그대로 방치하고 수리하지 않는다면 날로 더욱 썩고 기울어져 장차 무너져 버리고 말 것이니, 오늘날의 형세가 이것과 무엇이 다르겠습니까. 이것이 걱정되는 일의 여섯째입니다.

'인심이 선을 지향하는 실상이 없다.'는 것은 무엇을 말하는 것이겠습니까. 교화가 밝지 못하여 백성들이 흩어진 지 오래된 결과 선한 성품을 타고났다 하더라도 너무나 심히 흐려지고 가리어졌다는 것입니다. 성상께서 처음 등극하셨을 때는 인심이 희망에 차서 그런대로 선을 지향하려는 생각들이 많았습니다. 만약 그때에 성덕[365]이 날로 진취되고 치화[366]가 날로 향상되었더라면 오늘날의 인심이 어찌 이 지경에 머물러 있겠습니까. 오직 초년初年에 대신들의 보필이 적절하지 못했기 때문에, 전하를 천근[367]한 법규로 그르치게 하고 민생을 비천한 지경으로 몰아넣었습니다. 대신들이 간혹 밝은 마음으로 공론을 제기하기도 하였으나, 청론淸論은 오히려 미약하고 저속한 견해가 고질화되어서 선한 말을 듣거나 선한 사람을 보면 남의 체면 때문에 흠모하는 자도 있고, 겉으로는 좋아하는 체하면서 속으로 꺼리는 자도 있고, 혹은 드러

---

365) **성덕**聖德 : 임금의 덕.

366) **치화**治化 : 어진 정치로 백성을 다스려 이끎.

367) **천근**淺近 : 깊지 않고 얕음.

내 놓고 손가락질하면서 비웃는 자도 있었는데, 진심으로 그 선한 말과 선한 사람을 좋아하는 자는 아주 드물었습니다.

그러므로 진실은 적고 허위가 성행하게 되었으니, 감옥에 갇혔다가 여러 사람들에 의하여 구제를 받은 자라도 꼭 죄가 없다고 할 수 없고, 수령으로서 많은 사람의 칭송을 받은 자라도 꼭 공적이 있다고 할 수 없게 되었습니다. 관천館薦은 본디 학행이 뛰어난 이를 구하기 위함이었는데 술자리를 베풀어 많은 선비들을 유혹하는 자도 간혹 있고, 이선里選은 본디 단정하고 훌륭한 사람을 구하기 위함이었는데 바른 행실을 버리고 염치에 어두운 자들도 가끔 끼어들고 있습니다. 만약 관리의 임용을 담당하는 사람까지도 사람을 제대로 따라 가리지 않는다면 청탁清濁이 뒤섞이고 현우368)가 엇섞여서 그 폐단을 구제할 길이 없게 될 것입니다. 아래 백성들의 경우는 굶주림과 헐벗음이 절박하여 본심을 모두 잃어 부자 형제간이라도 오히려 길 가는 사람이나 다름없이 보고 있으니, 그 밖의 사람이야 더 말해 무엇하겠습니까. 강상369)을 제대로 유지하지 못하고 형정370)을 제대로 제어하지 못하고 있는데, 지금의 길을 따르며 지금의 습성을 변화시키지 않는다면 성현이 윗자리에 있다고 하더라도 교화를 펼 여지가 없을 것입니다. 향약371)을 널리 실시하는 것이 아름다운 일이긴 하나, 어리석은 신의 생각으로는 지금의 습성을 가지고 향약을 곧 실시한다면 또한 좋은 풍속을 이룩하는 성과가 없을까 염려됩니다. 이것이 걱정되는 일의 일곱째입니다.

대체로 이 일곱 가지 걱정은 지금 세상의 깊은 고질로써 기강이 무너지고

---

368) **현우**賢愚 : 어짊과 어리석음.

369) **강상**綱常 : 삼강과 오상. 곧, 사람이 지켜야 할 도리.

370) **형정**刑政 : 형사에 관한 행정.

371) **향약**鄕約 : 권선징악을 취지로 한 향촌의 자치 규약.

민생이 곤경에 빠진 것은 오로지 이것들로 말미암은 것입니다. 이 일곱 가지 걱정을 없애 버리지 않고서는 비록 성상께서 위에서 수고로우시고 청론이 아래에서 성행한다 하더라도, 역시 나라를 보전하고 백성을 편안하게 하는 성과는 없을 것입니다. 옛날부터 임금이 덕을 잃어 스스로 패망을 초래한 것은 이치상 그러하였으니, 한이 될 것이 없습니다. 그러나 오늘날은 성명께서 무슨 덕을 잃은 것이 있으시기에 나라의 형세가 이와 같이 위태롭게 되었단 말입니까. 신은 비록 병이 많고 재주는 적어 성상을 보필할 수 없음을 스스로 알고 있으나, 구구한 혈성[372]은 보통 사람에게 뒤지지 않습니다. 입궐하여 전하를 배알하면 영명한 모습이 통철하시고 슬기로운 의논이 명쾌하신데, 밖에 나와서 사방을 돌아보면 백성들은 신음하고 괴로워하며 위축이 되어 갈 곳을 모르는 형편이니, 매우 이상하여 긴 한숨을 쉬고 애타는 마음으로 눈물을 흘리지 않은 적이 없습니다. 아, 병이 위중한 지경에 이르렀다 하더라도 신의[373]라면 그래도 고칠 수 있고 나라가 망할 지경에 이르렀다 하더라도 명철한 임금이라면 그래도 부흥시킬 수가 있습니다. 지금의 조정은 그래도 안정을 유지하고 있고 권간들도 자취를 감추었으며, 사경[374]은 아직까지 완전하여 외란外亂이 일어나지 않고 있으니, 지금이라면 그래도 어떤 조치를 취할 수 있을 것이나 조금이라도 늦춘다면 기회를 놓쳐 어찌할 수 없게 될 것입니다. 맹자가 말하기를, "국가가 한가하면 이때를 이용하여 나라의 정형[375]을 닦으라."고 하였습니다. 삼가 바라건대, 전하께서는 이를 유념하시어 나라를 떨쳐 일으킬 방법을 생각하소서.

---

372) **혈성**血誠 : 진심에서 나오는 정성. 혈심血心.

373) **신의**神醫 : 의술이 뛰어나 병을 신통하게 잘 고치는 의원.

374) **사경**四境 : 동·서·남·북 사방의 경계 또는 지경.

375) **정형**政刑 : 정치와 형벌.

이제 몸을 닦고 백성을 편안하게 할 요체를 진언하여 천명天命이 영원하기를 비는 방법으로 삼고자 합니다. 몸을 닦는 데에는 그 요강이 네 가지가 있습니다. 첫째는 성상의 뜻을 분발하여 삼대三代의 흥성했던 시대로 되돌려 놓기를 기약하는 것이고, 둘째는 성학[376]을 힘써 성의誠意와 정심[377]의 공효를 다하는 것이고, 셋째는 편벽된 사심을 버리고 지극히 공평한 도량을 넓히는 것이고, 넷째는 어진 선비를 친근히 하여 깨우쳐 주고 보필해 주는 이익이 되도록 하는 것입니다. 백성을 편안히 하는 데에는 그 요강이 다섯 가지가 있습니다. 첫째는 성심을 열어 신하들의 충정을 얻는 것이고, 둘째는 공안[378]을 개혁하여 지나치게 거두어들이는 폐해를 없애는 것이고, 셋째는 절약과 검소함을 숭상하여 사치 풍조를 개혁하는 것이고, 넷째는 선상[379]의 제도를 바꾸어 공천[380]의 고통을 덜어 주는 것이고, 다섯째는 군정[381]을 개혁하여 안팎의 방비를 굳건히 하는 것입니다.

제 경공

이른바 '성상의 뜻을 분발하여 삼대의 흥성했던 시대로 되돌려 놓기를 기약한다.'는 것은 이런 뜻입니다. 옛날에 성간成覵이 제 경공[382]에게 말하기를, "그도 장부요 나도 장부인데 내가 어

---

376) **성학**聖學 : 유학.

377) **정심**正心 : 마음을 올바르게 가짐. 또는 그 마음.

378) **공안**貢案 : 공물貢物의 품목·수량을 적던 장부.

379) **선상**選上 : 지방의 노비를 뽑아 서울의 관아에 보내던 일.

380) **공천**公賤 : 관부에 속한 남자 종과 여자 종.

381) **군정**軍政 : 전쟁·사변 때에 점령지에서 군대가 행하는 임시 행정.

382) **제 경공**齊景公 : 춘추시대 제나라의 제26대 후작이다. 성은 강姜, 휘는 저구杵臼. 부친은 제나라 제24대 군주 영공이며, 모친 목맹희는 노나라의 재상 숙손교여의 딸이다. 전대 군주 장공의 이복동생이다. 형 장공이 중신 최저에게 시해당한 뒤, 최저에 의해 옹립되어 제나라 군주가 되었다. 최저 사후에는 안영을 재상으로 삼고, 안영의 추천으로 군사 면에서는 사

찌 그를 두려워해야 합니까." 했는데, 여기서 '그'란 성현을 말합니다. 대체로 경공의 자질을 가지고도 분발하고 힘씀으로써 스스로 강하게 한다면 충분히 성현과 같은 사람이 될 수 있기 때문에 성간이 그렇게 말했던 것입니다. 맹자는 양 혜왕[383]이나 제 선왕[384]에게 왕도王道가 아니면 말하지 않았고 인정[385]이 아니면 권하지 않았습니다. 대체로 양 혜왕이나 제 선왕의 자질을 가지고도 참으로 왕도를 실행하고 인정을 실시하기만 한다면 역시 삼왕[386]과 어깨를 나란히 할 수 있기 때문에 맹자가 그와 같이 말하

제 선왕

마양저를 발탁하였다. 경공 치세의 제나라는 명재상 안영의 수완으로 춘추오패의 첫 패자 환공 시대 다음가는 제2의 번영을 누리며 안정된 국내 정세를 자랑하여, 공자도 제나라에 임관하고자 하였을 정도였다. 경공 자신은 사치를 즐기고 노는 것을 좋아하는 암군이었으나, 재상 안영의 간언에는 귀를 기울이고, 대개 그의 의견을 잘 받아들이는 군주로 사서에 묘사되는 경우가 많다.

383) 양 혜왕梁惠王 : 전국 시대 위나라의 제3대 군주(재위: 기원전 370년 ~ 기원전 334년)이다. 혜성왕으로 불리기도 한다. 맹자에서는 양 혜왕으로 기록되었고, 장자에는 문혜군으로 기록되어 있다.

384) 제 선왕齊宣王 : 중국 전국시대의 왕조 중 하나였던 제나라 전제의 제5대 국왕(재위: 기원전 319년 ~ 기원전 301년)이다. 성은 규嬀, 씨는 전田, 휘는 벽강辟疆이다. 얼마 지나지 않아 제 위왕이 죽고 그의 아들 제 선왕이 즉위했다. 유세가 소진이 오자 객경으로 모셨다. 제 선왕 때 제나라는 강해졌다. 그것만 믿고 제 선왕은 점차 술과 여자에 빠지기 시작했다. 전국시대 때 제나라에 제선왕이라고 부르는 군주가 있었다. 그는 음악을 좋아했는데, 특히 우생황 음악 합주를 좋아했다. 우를 부는 악대가 클수록 그는 음악 듣는 것이 더욱 흥이 났다. 제 선왕이 맹자孟子를 호화스런 궁전에 초대를 하였다. 사회 계급 질서의 안정과 봉건적 지배 체제의 확립을 이상으로 삼은 맹자가, 양 혜왕, 제선왕, 등 문공 등에게 제창한 정치이론을 실현하고자 한 노력과 열의는 당연한 일이었다. 그의 곁에 후궁에서 왕후가 된 종리춘이라는 여자가 있었는데, 사람들이 놀랄 정도의 용모를 지니고 있었으나, 그녀의 뜻은 컸다. 종리춘의 외모는 못생겼지만 내면은 아름다웠다. 예쁜 여자들이 추한 이름을 남긴 반면, 그녀는 향기로운 이름을 남겼다.

385) 인정仁政 : 어진 정치.

386) 삼왕三王 : 중국 고대의 세 임금. 곧, 우왕·탕왕·문왕.

였던 것입니다. 이분들이 어찌 큰소리치기나 좋아하고 실질적인 효과는 헤아리지 않는 사람들이겠습니까. 삼가 보건대, 전하께서는 자질이 매우 아름다우시어 인자하심은 백성을 보호하기에 충분하고, 총명은 간사함을 분별하기에 충분하고, 용맹은 어떠한 결단을 내리시기에 충분합니다. 그런데 다만 성왕聖王이 되어 보겠다는 뜻이 서 있지 아니하고 치평을 추구하는 정성이 독실하지 아니하며, 선왕先王 같은 임금은 기약할 수 없다고 여긴 나머지, 뒤로 물러나 스스로를 과소평가하심으로써 전혀 떨치고 분발하려는 생각이 없으십니다. 전하께서 무슨 소견으로 그러하신지 모르겠습니다. 이른바 뜻은 크나 재능이 모자라 일에 실패한다는 것은 몸을 닦는 일에는 힘쓰지 아니하고 실행하기 어려운 정책을 함부로 추진하며, 강약을 따져 보지 않고 대적하기 어려운 적에게 함부로 도전하는 따위를 말합니다. 만약 몸을 닦는 일에 참된 공부가 있고 백성을 편안히 하는 일에 참된 마음이 있다면, 어진 사람을 구하여 함께 다스릴 수가 있고 폐단을 개혁하여 시국을 구할 수가 있을 것이니, 이것이 어찌 뜻이 커서 일을 실패하는 것이겠습니까. 정자程子가 일찍이 말하기를, "나라를 다스려서 국운을 영원히 하는 데에 이르고, 몸을 수양해서 장생하는 데에 이르고, 학문은 성인에 이르게 된다. 이 세 가지 일은 분명히 인간의 힘으로 조화를 이길 수가 있는 것인데, 다만 사람들이 하지 않을 뿐이다." 하였습니다. 이 말은 참으로 옳습니다. 예로부터 실질적인 공력을 쌓고서도 그 실효가 나타나지 않았다는 말은 들어 보지 못했습니다. 지금 세상 사람들은 힘써 선을 행하지 않고 그저 마음과 뜻이 외물387)에 따라다닐 뿐인데, 이는 정교388)와 풍속이 그렇게 만든 것입니다. 교화가 밝지 않게 되면 사람의 욕망이 끝이 없어 부귀에 뜻을 두고 기욕389)에 뜻을 두고 환난을 피하는 데에 뜻을

---

387) 외물外物 : 바깥 세계의 사물. 마음에 접촉되는 객관적 세계의 모든 대상.

388) 정교政敎 : 사교邪敎가 아닌 바른 종교.

두는 법입니다. 그런데 학문을 하면 도道가 시대와 서로 어긋나기 때문에 부귀에 뜻을 둔 자는 멀리 피하고, 학문을 하면 사욕을 멀리하고 욕망을 억제해야 하기 때문에 기욕에 뜻을 둔 자는 움츠려 물러서고, 학문을 하면 비방이 반드시 일어나게 되기 때문에 환난을 피하는 데에 뜻을 둔 자는 면하기를 구합니다. 이 어찌 정교와 풍속이 그렇게 되도록 만드는 것이 아니겠습니까. 그러나 전하께서는 그렇지 않으십니다. 부귀가 이미 극도에 이르렀으나 도에 뜻을 두는 것이 어찌 오래도록 부귀를 지키는 방법이 되지 않겠으며, 기욕은 반드시 담담하실 것이니 욕망이 어찌 사직을 편안히 하고 나라의 명맥을 오래가게 하는 데에 있지 아니하겠으며, 환난을 걱정할 일이기는 하나 환난을 막는 길이 어찌 한 몸을 닦고 모든 백성을 편안히 해 주는 데 있지 않겠습니까. 전하께서는 무엇을 꺼리어 뜻을 세우지 않으십니까. 옛말에 이르기를, "뜻이 있는 사람은 일을 끝내 성취한다."고 하였습니다. 삼가 바라건대, 전하께서는 낡은 견해를 씻어 버리고 새로운 생각을 가지고서 큰 뜻을 분발하시어 지치390)를 일으킬 것을 기약하소서. 이러한 뜻이 확립된 뒤에 대신들을 힘써 격려하여 그들로 하여금 백관百官을 감독하고 다스려서 마음을 고쳐먹고 생각을 바꾸어 자기 직책에 힘쓰게 한다면, 그 누가 감히 낡은 습성을 그대로 따라 일에 성실하지 않는 죄를 짓겠습니까. 이와 같이만 한다면 시사時事를 구제할 수가 있고 세상의 도를 회복시킬 수가 있으며 하늘의 재변도 그치게 할 수가 있을 것입니다.

이른바 '성학을 힘써 성의誠意와 정심正心의 공효를 다하도록 한다.'는 것은 이런 뜻입니다. 큰 뜻이 수립되었다 하더라도 반드시 학문으로 그것을 충실하게 한 다음에야 말과 행동이 일치하고 겉과 속이 어울리게 되어 이미 세운 뜻을 어기지 않게 되는 것입니다. 학문의 방법은 성인의 가르침 속에 들어 있

---

389) 기욕嗜欲: 좋아하고 즐기려는 욕심.
390) 지치至治: 세상이 잘 다스려진 정치.

는데, 그 요체는 세 가지로서 곧 궁리³⁹¹⁾와 거경³⁹²⁾과 역행³⁹³⁾일 뿐입니다. 궁리 또한 한 가지 방향만 있는 것이 아닙니다. 안으로는 내 몸속의 이치를 궁구하는 것으로서 보고 듣고 말하고 행동하는 데에 각기 그 법칙이 있고, 밖으로는 만물에 있는 이치를 궁구하는 것인데 초목금수에도 각기 합당한 법칙이 있습니다. 가정에 있어서는 부모에게 효도를 다하고 아내에게 모범이 되고 은혜를 두터이 하고 인륜을 올바로 하는 이치를 잘 살펴야 하며, 사람들을 대할 때에는 현명함과 어리석음, 사악함과 올바름, 순수함과 혼탁함, 정교함과 졸렬함의 구별을 잘 분별하여야 하며, 일을 처리함에는 옳고 그름, 잘되고 잘못됨, 편안함과 위태로움, 잘 다스려짐과 어지러움의 기미를 잘 살펴야 합니다. 이는 반드시 책을 읽어서 밝히고 옛일을 상고하여 증명하여야 하는데, 이것이 궁리의 요체입니다. 거경은 움직일 때나 조용히 있을 때나 모두 통용됩니다. 조용히 있을 때에는 잡념을 가지지 말고 맑고 고요한 가운데 정신이 또렷해야 하며, 움직일 때에는 일을 처리함에 있어 두세 가지로 하지 말고 오직 한 가지에만 전념하여 조금도 잘못이 없어야 하며, 몸가짐은 반드시 정제하고 엄숙해야 하며, 마음가짐은 반드시 신중하고 두려워하여야만 합니다. 이것이 거경의 요체입니다. 역행이란 자신을 극복하여 기질의 병폐를 다스리는 데에 있습니다. 부드러운 자는 교정하여 강해지도록 하고, 나약한 자는 교정하여 꿋꿋해지도록 하고, 사나운 자는 조화함으로써 조절하고, 성급한 자는 너그러움으로써 조절하고, 욕심이 많으면 깨끗하게 하여 반드시 청정한 경지에 이르도록 하고, 사사로운 데 치우침이 많으면 바로잡아 반드시 공정

---

391) **궁리**窮理 : 사물의 이치를 깊이 연구함. 마음속으로 이리저리 따져 깊이 생각함. 또는 그 생각.

392) **거경**居敬 : 항상 마음을 바르게 가지고 몸가짐을 조심하여 덕성을 닦음.

393) **역행**力行 : 힘써 행함. 노력함.

해지도록 하면서 쉬지 않고 스스로 힘써 아침저녁으로 게을리하지 않아야 합니다. 이것이 역행의 요체입니다. 궁리는 바로 격물[394], 치지[395]이고, 거경과 역행은 바로 성의誠意, 정심正心, 수신修身입니다. 이 세 가지를 아울러 닦고 동시에 발전시켜 나가면 이치에 밝아져서 접촉하는 곳마다 막힘이 없게 되고, 속이 곧아져서 의로움이 밖으로 나타나게 되며, 자신을 극복하여 원초적인 성품을 회복하게 됩니다. 그리하여 성의와 정심의 공력이 그의 몸에 쌓이게 되어 윤택하고 화락한 모습이 온몸에 나타나고, 집안에 모범을 세워 형제들이 본받을 만하게 되고, 그것이 온 집 온 나라에 파급되어 교화가 행해지고 풍속이 아름답게 될 것입니다. 주자朱子가 말하기를, "문왕文王의 정심·성의의 공력이 몸에 쌓이고 밖에 드러나 널리 두루 미쳤기 때문에 남쪽 나라의 사람들이 문왕의 교화에 감복하였던 것이다."라고 하였습니다. 이것이 어찌 주자가 상상하고 억측해서 한 말이겠습니까. 성의와 정심의 공효가 나라에 두루 파급된다는 것을 정확히 알고 있었기 때문에 그렇게 말하였던 것입니다. 삼가 바라건대, 전하께서는 높고 멀어 행하기 어려운 것이라고 여기지 마시고, 작은 일이라 하여 소홀히 여기지 마소서. 늘 한가하게 거처하실 때도 학문을 중단하지 마시어 사서오경[396]과 선현先賢들의 격언格言 및 『심경』[397], 『근사록』[398]

---

394) **격물**格物 : 사물의 이치를 연구하여 궁극에 도달함.

395) **치지**致知 : 사물의 도리를 깨닫는 경지에 이름.

396) **사서오경**四書五經 : 사서에는 『논어』, 『대학』, 『중용』, 『맹자』, 오경에는 『역경』, 『서경』, 『시경』, 『예기』, 『춘추』가 있다. 이 중 『대학』과 『중용』은 『예기』에서 독립되어 별책이 된 것이다.

397) 『**심경**心經』 : 송나라 학자 진덕수가 경전과 도학자들의 저술에서 심성 수양에 관한 격언을 모아 1234년에 편찬한 수양서. 수록된 내용은 먼저 경전에서 뽑은 것으로 『서경』1장·『시경』2장·『역경』5장·『논어』2장·『중용』2장·『대학』2장·『예기』악기편3장·『맹자』12장의   29장이 실려 있고, 다음에 송나라 도학자들의 글로는 주돈이의 「양심설」과 『통서』·「성가학장」, 정이의 「사잠」, 범준의 「심잠」, 주희의 「경재잠」·「구방심재잠」·「존덕성재잠」으로 7편이 실려 있다.

같은 책을 번갈아 가며 읽으시고 그 뜻을 깊이 연구하소서. 그리하여 성현의 뜻이 아니면 감히 마음에 두지 마시고 성현의 글이 아니면 감히 보지 마소서. 『예기』³⁹⁹⁾「옥조玉藻」편의 구용⁴⁰⁰⁾을 자세히 체득하시고, 어떤 생각이 나실 때에는 그것이 천리天理인가 인욕人欲인가를 잘 살피소서. 만약에 그것이 인욕이라면 드러나기 전에 끊어 없앨 것이며 그것이 천리라면 잘 미루어 나가 확충시키소서. 방심放心은 반드시 수습하시고, 사심도 반드시 극복하시고, 의관은 반드시 바르게 하시고, 바라보심은 반드시 높게 하시고, 기뻐하고 노여워함은 반드시 신중히 하시고, 말씀과 명령을 반드시 부드럽게 하심으로써 성의와 정심의 공효를 다하소서.

이른바 '편벽된 사심을 버리고 지극히 공평한 도량을 넓힌다.'는 것은 이런 뜻입니다. 병통을 교치⁴⁰¹⁾하는 방법에 대해 대략 앞에서 아뢰었습니다만,

---

398) 『근사록近思錄』: 고려 후기 문신 이인민이 중국의 『근사록』을 1370년에 간행한 주석서. 유학서. 보물 제262호. 4책. 목판본. 경상북도 봉화의 충재박물관에 소장되어 있다. 『근사록』은 원래 송나라 유학자인 주희와 여조겸이 주돈이의 『태극도설』과 장재의 『서명』·『정몽』등에서 긴요한 장구만을 골라 편찬한 일종의 성리학 해설서로서, 송학宋學에 있어 진덕수의 『심경』과 쌍벽을 이루고 있다. 우리나라에서는 고려 말 원나라의 성리학이 수입되자 『근사록』도 그때 함께 들어와 가장 먼저 간행된 것으로 여겨진다. 글자체나 판식으로 보아 원판을 복각한 것으로 보인다. 1370년 이인민이 진주목사로 부임할 때 사예司藝였던 유학자 박상충이 송별의 뜻으로 『근사록』을 선사했는데, 그가 평소부터 구하고자한 책이라, 진주에 부임하자마자 바로 복간한 것이다.

399) 『예기禮記』: 『예기』는 5경의 하나로, 고대 중국의 예에 관한 기록과 해설을 정리한 유교경전이다. 시경·서경·역경·춘추와 더불어 5경을 이룬다. 공자 사후, 예를 숭상하던 스승의 뜻을 존숭한 그 제자들에 의해 예에 대한 기록이 쌓여 갔고 그것을 대덕과 대성이 수집·편찬하여 대대례기와 소대례기를 편찬했는데 이것이 예기의 시초이다. 후에 정현이 『주례』·『의례』와 함께 소대례기에 주석을 붙여 삼례라 칭하게 된 후 소대례기가 『예기』로 자리잡았다. 우리나라에는 삼국시대에 전해진 것으로 보이며 조선시대에 들어서는 예악의 흥성과 함께 많은 주석서가 간행되었다.

400) 구용九容: 군자가 지녀야 할 아홉 가지 모습, 즉 발걸음은 무겁게, 손 모양은 공손하게, 눈모양은 단정하게, 입 모양은 고요하게, 목소리는 조용하게, 머리 모양은 곧게, 기색은 엄숙하게, 서 있는 모습은 덕스럽게, 얼굴빛은 장엄하게 하는 것을 말한다.

편벽된 사심이라는 한 가지야말로 고금을 두고 겪어 온 병폐이기 때문에 분명히 말씀드리겠습니다. 만약 편벽된 사심을 털끝만큼이라도 떼어 버리지 못하면 요순堯舜의 도에는 들어가기 어렵습니다. 지금 전하께서는 자질이 청명하시어 병통이 본디 적긴 하지만 편벽된 사심을 아직도 다 극복하지 못하고 계시니, 아마도 천지처럼 광대하지는 못하신 듯합니다. 지난번 내관[402]이 수본[403]을 올린 일에 대해서는 신이 밖에서 휴가 중이었기 때문에 그 상세한 내용을 알 수는 없으나, 새로 탄생하신 왕자를 중전[404] 아래에 두시겠다는 뜻이었는데, 정원[405]이 그것을 고쳐 쓰게 한 것으로 들은 듯합니다. 만약 그렇다면 명칭을 혼동해서는 안 될 것이며, 글자 몇 자를 고쳐 쓰는 것은 역시 지극히 쉬운 일인데 환관[406]이 어째서 따르지 않았단 말입니까. 그 뒤에 전교를 보니 상께서 고치지 말고 정원으로 곧장 내려 보내라고 명하신 것으로 되어 있었습니다. 신은 어리석어 사체를 모르겠습니다마는 정원이 이미 후설[407]이라고 이름 지어진 이상 크고 작은 모든 일이 그곳을 거치지 않아서는 안 될 것입니다. 내전[408]과 외정[409]에 어찌 두 가지 체제가 있겠습니까. 만약 그것이 상의 명으로 특별히 나온 것이라면 아무리 미세한 일일지라도 그것은 곧 전교이니, 어찌 수본이라고 부르겠습니까. 그리고 그것이 일단 내관의 수본이었다

---

401) **교치**矯治 : 바로잡고 다스림.

402) **내관**內官 : 내시.

403) **수본**手本 : 공사公事에 대해 상관에게 보고하던 서류.

404) **중전**中殿 : 중궁전中宮殿.

405) **정원**政院 : 임금의 명령을 전달하고 여러 가지 사항들을 임금에게 보고하는 일을 맡아보던 관아.

406) **환관**宦官 : 내시. 국왕을 측근에서 시종하던 관원. 불알이 없는 사내.

407) **후설**喉舌 : 왕명 출납과 조정의 언론을 맡았던 승지. 후설지신喉舌之臣.

408) **내전**內殿 : 왕비의 존칭.

409) **외정**外廷 : 임금이 국정을 듣는 곳.

면 더욱 정원을 거치지 않고 들어갈 수는 없는 일입니다. 공평한 마음으로 그 일을 살펴보신다면 그러한 이치는 저절로 밝혀질 것입니다. 정원에서야 성상의 뜻에서 특별히 나온 것인 줄 어떻게 알아서 내관을 탓하지 않을 수가 있었겠습니까. 전하께서 공평한 마음을 지니지 못하시고 목소리와 얼굴빛을 매우 엄하게 하셨는데, 이는 후설의 신하를 멀리하고 환관을 친근히 함으로써 조신[410]을 경멸하는 경향을 조장하게 하신 일입니다. 성상께서 하교하시기를, "시국의 일이 그릇되는 것이 많은 것은 임금이 엄하지 않기 때문이다."라고 하셨습니다. 아, 형을 받은 하찮은 환관들이 감히 후설의 신하들에게 대항하고, 관계가 소원한 내노[411]가 감히 분수에 어긋나는 은총을 바라며, 귀척[412]은 말을 타고 가다가 교서[413]를 마주쳐도 피하지 않으니, 전하의 정사는 엄하지 않다고 말할 만합니다. 전하께서는 혹시 이 때문에 자책하신 것입니까. 한 문제漢文帝 때에 태자太子가 사마문司馬門을 지나면서 수레에서 내리지 않자 공거령公車令이 이를 탄핵하는 상소를 올렸고, 등통鄧通이 총신[414]으로서 무례無禮하자 승상[415]은 불러 목을 베려고 하였습니다. 만약 상정常情으로 논한다면 태자를 공경하지 않은 것은 바로 임금을 가벼이 여기는 것이 아니겠으며, 총신의 목을 베려고 한 것은 곧 위세와 권력을 남용하는 것이 아니겠습니까. 그런데도 문제는 임금으로서의 위엄을 잃지 않았고 세상을 잘 다스린 효과가 오늘날과 견줄 수 있는 정도가 아니었습니다. 지금 전하께서는 근신近臣보다 더 가까운 신하가 없는데도 환관으로 사사로운 신하를 삼고 계시며, 만

---

410) **조신**朝臣 : 조정에서 벼슬살이를 하는 신하. 조관朝官. 조사朝士.

411) **내노**內奴 : 궁중에 속하여 궁중의 공역이나 내구의 잡역 따위를 맡아보던 노비.

412) **귀척**貴戚 : 임금의 인척.

413) **교서**教書 : 임금이 내리는 명령의 내용이 적힌 문서.

414) **총신**寵臣 : 임금의 총애를 받는 신하.

415) **승상**丞相 : 중국의 벼슬 이름. 우리나라의 정승.

백성보다 더 많은 백성은 없는데도 내노들로 사사로운 백성을 삼고 계십니다. 이러한 병폐를 없애지 않는다면 시사時事를 바로잡을 길이 없습니다. 신은 전하께서 엄해질수록 시사가 더욱 그르쳐질까 염려스럽습니다. 한 무제漢武帝는 관冠을 쓰지 않고 있다가 급암汲黯을 보고서는 장막 속으로 피하였고, 당 태종唐太宗은 매[鶻]를 팔뚝 위에 올려

위징

놓고 있다가 위징[416]을 보자 품 안에 감추었습니다. 이 두 임금은, 정치의 도는 순수하지 않았지만 정령[417]이 엄하고 밝아 잘하는 자에게는 상을 주고 죄지은 자에게는 반드시 벌을 주었기 때문에, 귀척[418]이나 내시들도 감히 법을 범하지 못하였으니, 역시 오늘날에 있어서는 미칠 수가 없는 임금들입니다. 그런데 임금으로서 신하를 두려워했으면서도 엄하지 않은 듯이 보인 것은 무슨 이유이겠습니까. 그것은 신하를 두려워한 것이 아니라 의를 두려워한 것이었기 때문입니다. 공연히 엄하기만 하고 의를 두려워하지 않은 자는 실패하지 않은 사람이 없습니다. 전하께서도 스스로를 돌아볼 때 의를 두려워한다고 생각하십니까. 그리고 요즘 헌부가 다투고 있는 일에 대하여 신은 비록 그 전말을 알지 못하겠습니다만, 헌부가 사실의 확인을 자세히 하지 않은 것이 아닌가 추측됩니다. 그 이유는 전하께서 아무리 사심이 있으시더라도 절대로 불문곡직[419]하고 한 노비를 놓고 필부와 다투지는 않으실 것이기 때문입니다. 여러 신하들의 생각이 여기에 미치지 못하고 있으니, 지혜가 밝지 못

---

416) **위징**魏徵 : 당나라(580년~643년)의 정치가이다. 당 태종을 섬겨 간의대부·좌광록대부에 임명되고 정국공에 봉해졌다. 직간直諫으로 이름이 높았고 당 태종과의 문답은 대부분 『정관정요』에 실려 있으며, 「간태종십사소」는 그 중 가장 유명한 글이다.

417) **정령**政令 : 정치상의 명령 또는 법령.

418) **귀척**貴戚 : 임금의 인척.

419) **불문곡직**不問曲直 : 옳고 그름을 따지지 않음.

하다고 하겠습니다. 비록 그렇기는 하지만 전하께서 이미 마땅히 내사[420]에 속해야 함을 아셨더라도 오히려 병급並給하는 것을 허락하셨더라면 더욱 성상의 도량이 넓으심을 흠모하기에 충분하였을 텐데, 여러 날 동안 고집을 굽히지 않고 계시니, 어찌 신민臣民들로서는 전하의 사사로운 아낌이 아직 사라지지 않았다고 의심하지 않겠습니까. 임금이란 엄하지 못할까 걱정하지 말고 공정하지 못할까 걱정하여야 합니다. 공정하면 밝아지게 되는데, 밝아지고 보면 엄한 것은 자연 그 속에서 있게 되는 것입니다. 삼가 바라건대, 전하께서는 법을 시행하심에 있어 귀척과 근신으로부터 시작하시고, 인仁을 미루어 나가 백성들에게까지 미치도록 하소서. 그리고 궁중宮中과 부중[421]이 일체가 되어 환관이 임금을 가까이 모심을 믿고 조정의 신하들을 가벼이 여기게 하지 말 것이며, 만백성을 한결같이 보시어 내노內奴가 임금을 사사로이 모심을 믿고 엿보아서는 안 될 일을 엿보게 하지 마소서. 왕실의 재물을 유사에게 맡기시어 사물私物처럼 여기지 마시고, 한편에만 치우치는 생각을 마음속에서 끊으시어 공평한 도량으로 모든 것을 감싸고 널리 덮어 주도록 하소서. 그와 같이 하신다면 나라의 창고가 모두 재물인데 어찌 쓸 것이 없을까 걱정될 것이며, 온 나라 사람이 모두 신하인데 어찌 노비가 없을까 걱정이 되겠습니까.

이른바 '어진 선비를 친근히 하여 깨우쳐 주고 보필해 주는 이익이 되게 한다.'는 것은 이런 뜻입니다. 임금의 학문으로는 올바른 선비를 친근히 하는 것보다 더 좋은 것은 없습니다. 보는 것이 모두가 바른 일이고 듣는 것이 모두가 바른말이라면 임금이 아무리 바르게 되지 않으려고 해도 되겠습니까. 그러나 만약 올바른 사람을 친근히 하지 아니하고 오직 환관이나 궁녀만 가까이 한다면 보는 것이 올바른 일이 아니고 듣는 것도 올바른 말이 아닐 것이니, 임

---

420) **내사**內司 : 내수사內需司.

421) **부중**府中 : 행정 구역 단위였던 부府의 가운데.

금이 아무리 바르게 되려고 하더라도 되겠습니까. 선현의 말씀에 "천지天地가 한 세상 사람을 내놓았을 때는 그들로써 한 세상의 일을 충분히 감당하게 한 것이니, 다른 시대에서 인재를 빌릴 필요는 없는 것이다."라고 하였습니다. 오늘날 현인賢人다운 현인을 보기는 어려운 일입니다. 그러나 한 세상의 인물을 철저히 선발하되 출신出身 여부를 따지지 않고 조야422)의 인물을 구분하지 않는다면, 어찌 임금을 보필할 만한 한두 명의 인물이야 없겠습니까. 삼가 바라건대, 전하께서는 널리 물으시고 정밀하게 고르시어 꼭 합당한 사람을 얻도록 하소서. 그리하여 출신한 자는 옥당423)에 모아 다른 직책에 옮겨가지 못하게 하고, 출신하지 못한 자는 한직424)을 주어 경연의 직명을 띠도록 하며, 당상관堂上官으로 오른 자도 그 직책에 따라 반드시 경연관을 겸하게 하소서. 그런 뒤 이 선발에 참여된 자는 교대로 날짜를 바꾸어 입시하여 그들로 하여금 가슴속에 품고 있는 것을 펴게 하시고, 상께서도 겸허한 마음과 온화한 얼굴로 그들의 충성스러운 도움을 받아들이소서. 학문을 강론할 때는 반드시 의리를 추구해야 하고 정치를 논할 때는 반드시 실효를 추구해야 합니다. 비록 진강425)하는 날이 아니라 하더라도 꾸준히 편전426)에서 소대427)하되 오직 사관428)만 함께 들어오게 하고 의심나는 점을 질문하시어 성상의 마음을 드러내 보이소서. 승지 같은 사람은 의례적으로 맡은 바 공사公事를 가지고 하루에 한 번씩 각기 직접 성지429)를 받들도록 할 것이며, 대신이나 대간의 말에

---

422) **조야**朝野 : 조정과 민간.

423) **옥당**玉堂 : 홍문관.

424) **한직**閑職 : 일이 없는 한가한 직위나 직무. 또는 중요하지 아니한 직위나 직무.

425) **진강**進講 : 임금 앞에 나아가 글을 강론함. 시강侍講.

426) **편전**便殿 : 임금이 평상시에 거처하던 궁전.

427) **소대**召對 : 왕명으로 임금과 대면하여 정사에 대한 의견을 상주하던 일.

428) **사관**史官 : 역사를 기록하던 관리.

있어서는 날짜와 때를 구애하지 말고 반드시 들어와 직접 아뢰게 함으로써 조종조의 규범을 부활시켜야 합니다. 이와 같이 하신다면 상하 관계가 날로 밀접해져서 서로의 뜻이 간격이 없게 될 것이며, 성리性理에 관한 이론이 날로 진취하여 성학聖學이 완성됨으로써 서로 즐겁게 어울림이 물과 고기의 관계처럼 되고 사악하고 더러운 것이 성상의 덕을 범하지 못할 것입니다.

이상 네 가지는 몸을 닦는 요목으로서 그 대강이 이상과 같은데, 더 상세한 사항은 전하께서 유의하여 알고 행하시는 데에 달렸을 따름입니다.

이른바 '성심을 열어 신하들의 충정을 얻는다.'는 것은 이런 뜻입니다. 성스러운 제왕이나 명철하신 임금은 사람을 대하고 일을 처리함에 있어 한결같이 지성으로써 합니다. 상대가 군자라는 것을 알면 곧 그를 임용함에 딴마음을 갖지 않으며, 상대가 소인이라는 것을 알면 곧 그를 내침에 의심을 갖지 않습니다. 의심이 나면 임용하지 않고 임용을 하면 의심하지 아니하며, 허심탄회한 자세로 신하를 거느려 넓고 평탄하기만 합니다. 신하 된 사람으로 임금을 부모처럼 존경하고 계절이 돌아가는 것처럼 믿게 되어 진출시켜 등용하면 책임을 다하지 못할까 두려워 더욱 그의 충성을 다하고, 물리치면 스스로 죄과가 있음을 알고 오직 자신만을 책할 것입니다. 그러므로 그들의 마음을 얻으면 끓는 물이나 불 속에라도 들어가고 시퍼런 칼날도 밟을 수 있고, 어린 유복자430)를 왕위에 앉히고 선왕先王의 옷을 모시고서 조회를 하게 한다 하더라도 나라가 어지러워지지 않게 되어, 오직 임금이 계시다는 것만을 알 뿐, 그 자신이 있다는 것은 모르게 됩니다. 이것은 다름이 아니라 임금의 지성에 감동되었기 때문입니다. 후세의 임금들은 성의는 부족한 채 오직 지혜와 권력으로만 신하를 부린 나머지 벼슬에 임용할 때에는 꼭 현명한 사람이 아니라도

---

429) **성지**聖旨 : 임금의 뜻.

430) **유복자**遺腹子 : 태어나기 전에 아버지를 여읜 자식.

자기에게 영합하는 자를 취하고, 축출할 때에도 꼭 현명하지 못한 자이기 때문이 아니라 자기의 뜻과 다른 자를 미워합니다. 비록 자기에게 영합한다 하더라도 그의 속마음은 믿을 수가 없기 때문에, 그를 임용하고도 의심이 없을 수가 없는데, 그를 의심하면서도 임용하지 않을 수가 없게 되는 것입니다. 대신이 나랏일을 맡아 직책을 다하면 뭇사람의 마음이 반드시 그에게로 기울어질 것인데, 어찌 그가 권력을 홀로 잡고 정사를 마음대로 하는 것이 아닌가 의심하지 않을 수가 있겠으며, 간관[431]이 어전에서 꿋꿋하게 간쟁하면 조야가 반드시 주목할 것이니, 어찌 그가 직언直言을 팔아 명예를 사려고 하는 것이 아닌가 하고 의심하지 않을 수가 있겠습니까. 군자든 소인이든 간에 같은 무리끼리 어울리는 법이니 그 누가 붕당[432]을 이루는지 어찌 알 것이며, 선책[433]과 사론[434]이 뒤섞여 나올 것인데 어느 것이 나라를 그르치는 것인가를 어찌 알겠습니까. 그리하여 사정[435]을 분별하기 어렵고 시비를 판단하기 어렵게 되어, 전례대로 행하자니 더욱 무너지고 타락할까 고민하고, 개혁을 하자니 소요가 일어날까 꺼리게 됩니다. 이렇듯 임금의 마음이 뒤흔들려 갈피를 잡지 못하고 있을 때는, 반드시 큰 간신奸臣이 나타나 틈을 엿보면서 임금의 마음을 따라 행동하다가 점차 계교를 부려 물이 스며들 듯 침투해 들어오고, 뜻을 영합하여 기쁘게 해 주며 공갈을 늘어놓아 불안정하게 함으로써 임금의 마음은 점차 그를 믿어 그의 술책 속으로 빠져들게 되는 것입니다. 그렇게 되면 선량한 사람들이 반드시 죽음을 당하고 나라는 반드시 망하게 되니, 이 또

---

431) 간관諫官 : 사간원·사헌부의 관원의 통칭. 간신諫臣. 언관言官.

432) 붕당朋黨 : 뜻을 같이 한 사람끼리 모인 무리.

433) 선책善策 : 뛰어난 계획이나 대책.

434) 사론邪論 : 도리에 어긋나는 이론이나 주장.

435) 사정邪正 : 그릇됨과 올바름을 아울러 일컫는 말.

한 다름이 아니라 바로 임금의 정성이 없기 때문에 빚어지는 것입니다. 지금 전하께서 선을 좋아하고 선비를 사랑하는 것은 물론 정성에서 나온 것입니다마는, 다만 신하들이 재덕[436]이 부족하여 믿고 의지할 만한 인물이 적기 때문에 일을 맡기실 뜻이 없는 듯한데, 심지어는 말씀을 하실 적에도 믿지 못하는 마음과 경멸하는 표현이 드러남을 면치 못하고 있습니다. 이는 신하들이 사실 자초한 것입니다마는 성명[437]께서도 스스로 반성하지 않으면 안 될 것입니다. 삼가 바라건대, 전하께서는 힘써 지성으로 아랫사람들을 대하시어 마음에 옳다고 생각되면 말씀으로도 옳다고 하시고, 마음에 그르다고 생각되면 말씀으로도 그르다고 하소서. 진용進用할 때는 반드시 그 현명함에 대하여 상 주고 물리칠 때는 반드시 그 죄과를 따짐으로써 성상의 마음의 문을 활짝 열어 놓으시어, 신하들로 하여금 누구나 우러러보고 조그만 장애도 없게 하소서. 이렇게 하신다면 신하들도 의심하고 두려워하는 생각이 없어져서 힘써 충정을 다 바치게 될 것이니, 군자는 충성을 다하려는 소원을 지니고 소인은 간계를 부리려는 생각을 끊어 버리게 될 것입니다.

이른바 '공안貢案을 개혁하여 지나치게 거두어들이는 폐해를 없앤다.'는 것은 이런 뜻입니다. 조종조에서는 쓰임새를 매우 절약하여 백성들에게 거두는 것도 매우 적었는데, 연산군 중년中年에 이르러 씀씀이가 사치스러워 일상적인 공물로써는 그 수요를 충당하기에 부족하게 되었으므로, 여기에 공물을 더 책정하여 그 욕망을 충족시켰던 것입니다. 신은 지난날에 노인들로부터 그러한 사실을 듣고도 감히 믿지 못했습니다. 그런데 저번에 정원에서 호조의 공안을 가져다 보건대, 여러 가지 공물이 모두 홍치弘治 신유년(1501년)에 더 책정한 것을 지금까지 그대로 쓰고 있었는데, 그때는 바로 연산군 때였습

436) **재덕**才德 : 재주와 덕.
437) **성명**聖明 : 임금의 밝은 지혜.

니다. 신은 자신도 모르는 사이에 공안을 덮고 크게 탄식하기를, "이럴 수가 있는가. 홍치 신유년이라면 지금부터 74년 전이니, 그간에 성군聖君이 왕위에 있지 않았던 것도 아니고 어진 선비가 조정에 전혀 없었던 것도 아닌데, 이런 법을 어찌하여 개혁하지 않았단 말인가." 하였습니다. 그 까닭을 추구해 보건 대, 그 70년 동안은 모두 권간[438]들이 국사를 장악한 때로서 두세 명의 군자가 간혹 조정에 있었다고는 하나 뜻을 펴 보기도 전에 뜻밖의 화禍가 꼭 뒤따랐으 니, 이에 대하여 논의할 겨를이 어찌 있었겠습니까. 따라서 그 일을 오늘날에 기대하는 수밖에 없는 일이었습니다. 그리고 물산[439]은 수시로 변하고 백성 들의 재물과 전결[440]도 수시로 증감하는 것인데, 공물을 나누어 책정한 것은 바로 국초國初의 일이었고 연산군 때에는 다만 거기에 더 늘려 책정한 것일 뿐 이니, 역시 시대마다 적절히 헤아려 변통해 온 것이 아닙니다. 지금에 와서는 각 고을에서 바치는 공물이 그곳 산물이 아닌 것이 대부분이어서 나무에 올라 가 물고기를 잡고 배를 타고 물에서 짐승을 잡으려 하는 일이나 같게 되었으 니, 다른 고을에서 사들이거나 또는 서울에 와서 사다가 바치지 않을 수가 없 게 되었으므로, 백성들의 비용은 백 배로 늘어나고 공용公用에는 여유가 없게 되었습니다. 게다가 민호民戶는 점점 줄어들고 전야[441]는 갈수록 황폐해져서 왕년에 백 명이 바치던 분량을 작년에는 열 명에게 책임 지워 바치게 하고, 작 년에 열 명이 바치던 분량을 금년에는 한 사람에게 책임 지워 바치게 하고 있 으니, 이 형세로 나간다면 반드시 그 한 사람마저 없어진 뒤에야 끝장이 날 형 편입니다. 오늘날 공안을 개정하자는 말이 나오기만 하면 의논하는 자들은

---

438) **권간**權奸 : 권세를 가진 간신.

439) **물산**物産 : 그 지방에서 생산되는 물품.

440) **전결**田結 : 논밭에 매기던 조세.

441) **전야**田野 : 논밭과 들.

반드시 조종의 법은 가벼이 고쳐서는 안 되는 것이라고 핑계를 대곤 합니다. 그러나 조종의 법이라 할지라도 백성들의 곤궁함이 이런 지경에 이르렀다면 고치지 않을 수 없는데, 더구나 연산군 때의 법이 아닙니까. 삼가 바라건대, 전하께서는 반드시 일을 파악할 만한 슬기가 있고, 장래의 일을 미루어 알 만한 심계[442]가 있으며, 일을 잘 처리할 만한 재능이 있는 자를 가려 공안에 관한 일을 전담하게 하되 대신으로 하여금 그들을 통솔하게 함으로써, 연산군 때에 더 책정한 분량을 모두 없애 조종의 옛 법을 회복하게 하소서. 그리고 각 고을의 물산[443] 유무와 전결의 다소와 민호民戶의 잔성殘盛을 조사하고 상호 조절해서 한결같이 고르게 하고 반드시 본색本色을 각사[444]에 바치도록 하면, 방납[445]은 금하지 않아도 자연히 없어지고 민생은 극심한 고통으로부터 풀려나게 될 것입니다. 오늘날 시급한 일로서 이보다 더 큰일은 없습니다.

이른바 '절약과 검소함을 숭상하여 사치 풍조를 개혁한다.'는 것은 이런 뜻입니다. 백성들이 곤궁해지고 재물이 고갈된 것이 오늘날에 와서 극도에 달했습니다. 따라서 공물을 감해 주지 않을 수가 없는데 만약 씀씀이를 조종의 법대로 하지 않으면, 수입에 맞추어 지출할 수 없게 되어 마치 모난 그릇에 둥근 뚜껑을 덮는 것처럼 앞뒤가 들어맞지 않을 것입니다. 게다가 사치하고 문란한 풍속이 오늘날보다 더할 수가 없습니다. 음식은 배를 채우기 위한 것이 아니라 상다리가 부러지게 차려 놓고 뽐내기 위한 것이 되었고, 옷은 몸을 가리기 위한 것이 아니라 화려함과 아름다움을 경쟁하기 위한 것이 되어, 한

442) **심계**心計 : 마음속으로 하는 계산이나 계획.
443) **물산**物産 : 그 지방에서 생산되는 물품.
444) **각사**各司 : 서울에 있던 관아의 총칭. 경각사京各司.
445) **방납**防納 : 하급 관리나 상인들이 백성을 대신하여 나라에 공물貢物을 바치고 그 대가를 백성에게서 높게 받아 내던 일.

상을 차리는 비용이 굶주린 자의 몇 개월 양식이 될 만하고, 한 벌의 비용이 헐벗은 자 열 명의 옷을 장만할 수 있는 정도가 되었습니다. 열 사람이 농사를 짓는다 해도 한 사람을 먹여 살리기가 어려운데 농사짓는 사람은 적고 먹는 사람은 많으며, 열 사람이 베를 짠다 해도 한 사람의 옷을 마련하기가 어려운데 길쌈하는 사람은 적고 옷을 입는 사람은 많으니, 어찌 백성이 굶주리고 헐벗지 않을 수가 있겠습니까. 옛사람이 말하기를, "사치의 피해는 천재天災보다도 심하다." 하였는데, 어찌 믿지 않을 수가 있겠습니까. 만약 상께서 먼저 절약과 검소함을 힘써서 이 병폐를 고치지 않는다면 아무리 형법이 엄하고 호령이 자주 내린다 하더라도 수고스럽기만 할 뿐, 아무런 이익도 없을 것입니다. 신은 고로446)의 말을 들은 적이 있는데, 그가 말하기를, "성종成宗께서 병환으로 누워 계실 때 대신이 문안드리려고 들어가 보니, 침실에서 덮고 계신 다갈색茶褐色 명주 이불이 다 해어져 가고 있는데도 바꾸지 않았다."고 하였습니다. 그 말을 전해 들은 자는 지금까지도 흠모하여 마지않고 있습니다. 삼가 바라건대, 전하께서는 조종조의 공봉 규례447)를 상고하도록 명하시어, 궁중의 용도를 일체 조종의 옛날 검약하던 제도를 따르도록 하소서. 그리하여 내외에 모범을 보여 민간의 사치스러운 풍조를 고쳐서 사람들로 하여금 성대한 음식상을 차리거나 화려한 옷을 입는 것을 부끄럽게 여기게 하심으로써, 하늘이 내려 준 재물을 아끼고 백성들의 힘을 펴게 하도록 하소서.

이른바 '선상選上의 제도를 바꾸어 공천公賤의 고통을 덜어 준다.'는 것은 이런 뜻입니다. 선상의 본뜻은 면포448)를 마련하기 위한 것이 아니었습니다. 서

---

446) **고로**古老 : 경험이 많고 옛일을 잘 아는 늙은이.

447) **공봉 규례**供奉規例 : 예문춘추관의 정육품이나 예문관, 춘추관의 정칠품 벼슬이 지켜야 할 규칙과 정해진 관례.

448) **면포**綿布 : 무명.

울 관청의 노복[449]만 가지고는 역役을 세우기가 부족하기 때문에, 밖에 있는 공천들로 하여금 번갈아 가며 경역[450]을 서게 하고 이를 '선상'이라 부른 것입니다. 그런데 가난한 공천들이 양식을 싸 가지고 와서 서울에 머물러 있는 동안 당하는 고통이 많아 감당하기 어려우므로 비로소 면포로 부역에 대신할 수 있도록 하였던 것인데, 지금에 와서는 오직 면포를 거두어들일 뿐 한 사람도 와서 부역을 치르는 자는 없게 되었습니다. 민생은 날로 곤궁해지고 호구戶口는 날로 줄어들고 있는데 공천도 백성이거늘 어찌 그들만이 온전할 수 있겠습니까. 이리저리 떠돌아다니며 생활도 제대로 하지 못하는데, 한 번 선상의 역[451]을 치르고 나면 집안이 망하지 않는 자가 거의 없습니다. 2년은 공물을 바치고 1년은 선상에 걸려 대체로 3년이 되면 반드시 한 번은 집안을 망치게 되니, 공천들의 고통은 극도에 이르렀다 하겠습니다. 게다가 해조該曹의 색리[452]들이 나누어 배정하는 것이 고르지 못합니다. 비록 노비의 수효가 많은 고을이라도 뇌물이 있으면 적게 배정하고 겨우 몇 가구만 있는 고을이라도 뇌물이 없으면 많이 배정하는데, 지탱할 능력이 없고 보면 그 침해가 일족[453]에게 미치게 되어 일반 백성들까지도 그 괴로움을 당하게 됩니다. 일단 곤경에 빠뜨린 뒤에는 비록 공정하게 균등히 배정한다 하더라도 이미 구제할 수가 없을 것이니, 변통하지 않으면 후환이 끝이 없을 것입니다. 신의 어리석은 생각으로는 신역[454]을 고쳐 대신 면포를 받는 것은 이미 『대전大典』의 법이 아니니, 지금이라도 선상 제도를 폐지하고 신공[455]을 받도록 하는 것이 좋겠습니다.

---

449) 노복奴僕 : 사내종.

450) 경역京役 : 지방 관리에 의해 중앙에 파견되어 지방 관청과의 연락 사무를 맡아보는 향리.

451) 역役 : 특별히 맡은 소임.

452) 색리色吏 : 감영監營이나 군아郡衙의 아전.

453) 일족一族 : 같은 조상의 친척.

454) 신역身役 : 몸으로 치르는 노역.

삼가 바라건대, 전하께서는 해관該官에 명하시어 노비 장부를 자세히 조사하여 현존하는 숫자에 의거, 매년 바치는 노복의 공납 면포 두 필과 여비[456]의 공납 면포 한 필 반을 그 총계가 얼마인지를 계산하여, 그중 5분의 2는 사섬시[457]에 비축하여 나라의 비용으로 쓰게 하고, 5분의 3은 각사에 나누어 주어 선상의 역에 충당하게 하되, 면포가 부족할 경우에는 적절히 요량하여 역을 세우는 숫자를 줄이게 하소서. 이렇게 하신다면 공천에게는 일정한 공물이 정해져 있어 미리 준비를 할 수가 있으니, 갑자기 마련해야 하는 어려움이 없을 것이고, 공물을 거두어들이는 데에도 일정한 장부가 있어 빼고 고치고 하는 일이 없게 되어 간사한 관리官吏의 술책이 없어질 것이며, 호령이 번거롭지 않고 백성들은 실질적인 혜택을 받게 될 것입니다.

이른바 '군정軍政을 개혁하여 안팎의 방비를 굳건히 한다.'는 것은 이런 뜻입니다. 하늘의 재변은 헤아리기 어려우니 사실 무슨 일 때문에 일어난 것인지 지적할 수가 없기는 합니다. 그러나 옛날 역사를 가지고 증험해 보건대, 흰 무지개가 해를 꿰는 것은 대부분 전란의 상징이었습니다. 현재 군정軍政은 무너지고 사방 국경은 무방비 상태인데, 만약 급박한 일이라도 생긴다면 비록 장량[458]과 진평[459]같은 이가 지혜

장량

---

455) **신공**身貢 : 노비가 몸으로 치르는 노역 대신에 납부하는 공물.

456) **여비**女婢 : 남의 집에서 종살이를 하는 여자.

457) **사섬시**司贍寺 : 저화의 제조 및 지방 노비의 공포貢布 등에 관한 사무를 맡아보던 관아. 사섬고.

458) **장량**張良 : 한나라의 재상. 명참모를 의미하는 '장자방'의 주인공이다. 항우에게 세력이 밀리던 유방을 도와 그가 함양을 돌파하게 하고, 홍문의 연에서 유방의 목숨을 구하는 등 많은 공을 세웠다. 장량은 소하, 한신과 더불어 한나라를 건국한 3걸 중 한 사람이다. 그의 일생은 세 가지로 요약된다. 첫째는 유방을 도와 진나라를 멸망시킨 일, 둘째는 유방을 보좌해 진나라를 멸망시키고 한나라를 건국한 일, 마지막으로 한나라의 기틀을 마련한 일

를 짜내고 오기⁴⁶⁰⁾와 한신⁴⁶¹⁾ 같은 이가 군대를 통솔한다 하더라도 거느릴 병

이다. 기원전 206년 진나라가 완전히 멸망하고, 기원전 202년 유방이 한 고조로 즉위했다. 장량이 유방을 도와 한漢나라를 건국하는 데 일생을 바친 것은 오직 조국 한韓나라를 멸망시킨 진시황제에 대한 복수였다.

459) **진평**陳平 : 한나라의 정치가. 서초패왕 항우의 책사였으나 후에 유

방을 도와 한나라를 건국하는 데 큰 공을 세웠다. 여씨의 난 때 주발과 함께 여씨 일족을 몰아내고 한 문제를 옹립했다. 자신의 인생을 회고하면서 스스로 다른 사람을 해치는 '계책'을 많이 사용했기 때문에 후손들이 잘되기 어려울 것이라고 예측한 이가 있다. 바로 한나라의 개국공신 진평이다. 그는 뛰어난 계책으로 유방을 도와 한나라를 건국하는 데 기여했고, 한 고조 사후의 불안했던 한나라를 안정시켰다.

진평

460) **오기**吳起 : 오기(吳起, ?, 산동성 하택시 차오현 ~ 기원전 381년)는

중국 전국시대의 명장, 병법가, 정치가이다. 경칭인 '오자吳子'로도 알려져 있다. 그와 관련된 저작으로 『오자병법』이 전해지며, 동양의 고전 중에서는 『손자병법』과 더불어 가장 대표적인 병법서로 여겨진다. 본래 위나라 출신으로, 증자의 문하에 들어가서 유학을 공부하였으나 그와 의절한 후에는 병법을 공부하여 장군이 되었다. 이후 노나라·위나라·초나라 등 여러 나라를 전전하며 관직에 올라 전공을 거두어 명성을 떨쳤고, 최후에는 초나라 재상의 자리에까지 올랐다. 장군으로서 사졸들과 같은 옷을 입고,

오기

같은 음식을 먹으며 언제나 고생을 함께 함으로써 그들의 충성심을 얻었으며 이 일화에서 "연저지인吮疽之仁"이라는 고사성어가 유래하였다.

461) **한신**韓信 : 한나라의 개국공신으로 소하, 장량과 함께 한초삼걸이

라 불린다. 유방의 진영에서 대장군으로 활동했고, 후에 제나라의 가왕假王이 되었다. 위, 제, 조, 초나라를 멸망시키는 데 큰 공을 세웠으나, 훗날 '토사구팽'의 주인공으로 더욱 잘 알려지게 되었다. 기원전 202년 유방은 역사상 두 번째로 대륙을 통일하는 대업을 이룩하고 한 고조로 즉위했다. 유방이 한나라를 건국하는 데 최고의 라이벌은 바로 서초패왕 항우였으리라. 대과업을 이루기 4년 전 10만 대군의 항우에게 맞선 유방의 군대는 고작 4만에 불과했다. 수적으로 불리했던 유방이 전세를 역전시킬 수 있

한신

었던 것은 '한초삼걸漢初三杰'이라고 불리는 소하, 장량, 한신이 있었기에 가능했다. 유방 스스로도 황제 즉위식에서 소하의 행정력, 장량의 계책, 한신의 전략을 치하하며 이들의 공

졸이 없는 상황에서 어떻게 홀로 싸울 수가 있겠습니까. 생각이 여기에 미치니 가슴이 떨리고 간담이 서늘해집니다. 시국의 폐단에 관해서는 이미 앞에서 아뢰었으나 군정에 대해서는 상세히 진달하지 못하였으므로, 지금 먼저 그 폐단을 아뢴 다음 대책을 세워 볼까 합니다.

우리나라 법제에는 결함이 있는 부분이 많습니다. 단지 병사[462], 수사[463], 첨사[464], 만호[465], 권관[466] 등의 벼슬만 설치해 놓고 먹고살 녹봉은 주지 않아 사졸들에 의하여 해결하고 있으니, 변장[467]들이 사졸을 침해하는 폐단이 여기에서 시작되었습니다. 국법이 날이 갈수록 해이해져 탐욕과 포악한 짓이 더욱 성해졌는데, 게다가 인재의 등용이 공정하지 않아 뇌물을 주고 장수가 된 자가 연달아 생겨 공공연히 "아무 진[468]의 장수는 그 값이 얼마이고 아무 보[469]의 벼슬은 그 값이 얼마이다."라고 말하게 되었습니다. 그런 무리들은 오직 군졸을 착취하여 발신[470]할 줄만 알고 있으니, 다른 일이야 또 어떻게 걱정하겠습니까. 사졸들이 머물러 방비하는 것을 괴롭게 여긴 나머지 면포

을 인정했다. 특히 후대의 사람들은 한신의 역할을 높이 평가하는데, 한신의 전투 전략이 유방의 천하 통일에 결정적으로 공헌했기 때문이다.

462) **병사**兵使 : 병마절도사.
463) **수사**水使 : 수군절도사.
464) **첨사**僉使 : 첨절제사.
465) **만호**萬戶 : 각 도의 여러 진鎭에 배치한 종사품의 무관직.
466) **권관**權管 : 변경의 각 진에 둔 종구품의 무관.
467) **변장**邊將 : 변경을 지키는 장수라는 뜻으로 첨사, 만호, 권관을 통틀어 이르던 말.
468) **진**鎭 : 둔전병屯田兵이 주둔하던 군사적 지방행정구역(특별행정구역).
469) **보**堡 : 조선시대 국경 지역의 요충지에 설치한 작은 요새. 대개 소수의 군사를 배치하고 하급 지휘관을 임명하여 지휘하도록 했으며, 일부는 군사만 배치했다. 본래 보는 흙이나 돌로 쌓은 작은 성城을 뜻한다. 때로는 돌로 쌓은 것을 성이라 하고, 흙으로 쌓은 것을 보라 하여 구별하기도 했지만 조선시대의 보는 대부분 석성이었으며, 토성이나 목책은 소수였다.
470) **발신**發身 : 천하고 가난한 처지를 벗어나 형편이 좋아짐.

를 바치고 수자리를 면제받으려 하면 반드시 기뻐하며 그것을 허락하고, 진鎭에 머물러 방비하는 자들에게는 반드시 감당하기 어려운 일들을 독촉하고 하기 어려운 부담을 책임 지워 마치 기름에 콩 볶듯 하고 있습니다. 사람은 목석木石이 아니니 그 누가 자신을 아끼지 않겠습니까. 수자리를 면제받은 자들이 그의 집에 편히 누워 있는 것을 보면 모두가 부러워하며 그들도 그런 것을 본받으려 하게 됩니다. 만약 수자리 사는 군역을 많은 사람들이 면제받아 진鎭, 보堡가 비게 되면 반드시 근처에 사는 백성들을 꾀어서 적간[471]할 때에 거짓 이름으로 대신 점호點呼를 받게 합니다. 그런데 지역을 돌면서 검열하는 관리는 그저 그 숫자만을 세어 볼 뿐이니, 그 누가 진짜와 가짜를 따지겠습니까. 수자리를 면제받는 것이 편하기야 하지만 면포를 마련하기도 어렵기 때문에, 몇 번 머물러 방비하는 일에 걸리기만 하면 집안 살림이 결딴나 지탱할 수가 없어서, 도망치는 자들이 잇따라 생겨나고 있습니다. 그 다음 해에 장부의 수효대로 수자리를 독촉하면 본 고을에서는 반드시 그 일족[472]으로 군역에 응하도록 하고, 그 일족이 또 도망가면 그 일족의 일족에게까지 미치게 됩니다. 이처럼 환란이 만연되어 끝이 없는 지경이니, 장차 백성들은 한 사람도 남는 자가 없게 될 정도입니다. 그런데 저 이른바 뇌물을 주고 장수가 된 자들은 그래도 의기양양하여 짐을 바리로 싣고 집에 돌아와 그의 처첩[473]에게 뽐내고 있으니 가난했던 자도 그로 인하여 부자가 되고, 권세가에게 뇌물을 써서 또 진급을 꾀함으로써 천했던 자도 그로 인하여 귀한 신분이 되고 있습니다. 오늘날 이 일을 의논하는 자들은 이런 폐단을 개혁할 생각은 하지 않고 부질없이 군졸의 수효를 채우지 못하는 것만을 걱정하고 있습니다. 어리석은 신은,

---

471) 적간摘奸 : 부정이 있는지 없는지 캐어 살핌.

472) 일족一族 : 같은 조상의 친척.

473) 처첩妻妾 : 아내와 첩.

설사 군졸의 수효를 다 채운다 하더라도 이런 폐단을 개혁하지 않는다면 변장이 얻는 면포만 더 보태 주는 데 불과하고 나라를 방비하는 데에 무슨 관계가 있을까 하는 생각입니다. 이것이 첫째 폐단입니다.

수륙水陸의 군사들에 대하여 반드시 자기가 사는 지방에서 머물러 방비하게 하지 아니하고, 혹은 며칠이 걸리는 거리로 보내기도 하고 혹은 천리 밖으로 보내기도 하는데, 그 고장 풍토에 익숙지 않아 병에 걸리는 자가 많습니다. 이미 장수의 학대에 떨고 있는 데다가 또 그 지방 군사들의 횡포에 곤욕을 치르는 등, 객지에서 헐벗고 굶주리고 있는데, 남쪽 군인으로서 북쪽 국경에 수자리 사는 자들의 경우가 더욱 심합니다. 여위고 병들어 몸도 가누지 못하여 얼굴은 다 사색이 되어 있습니다. 이들이 만약 적의 기병[474]을 만난다면 비록 도망치려 한다 해도 도망칠 기력이 없어 앉아서 어육[475]을 당하게 될 것인데, 하물며 활을 쏘며 적을 막아 내기를 바랄 수 있겠습니까. 신이 듣건대, 황해도 기병으로서 평안도에 가서 수자리를 살게 되는 사람의 경우, 그들 한 명을 보내는 비용이 반드시 면포 3, 4십 필에 밑돌지 않는다고 합니다. 3, 4십 필은 곧 시골 백성 몇 집의 재산으로서 한 명이 가면 반드시 몇 집이 파산하게 되니, 어찌 궁해져서 도둑질하지 않을 수가 있겠습니까. 이것이 둘째 폐단입니다.

6년마다 군적[476]을 정리하는 법이 폐지되어 행해지지 않다가 계축년(1553년, 명종 8년)에 와서야 오래도록 폐지한 끝에 찾아 모으도록 하였습니다. 그런데 명을 받든 신하가 신속히 처리하는 것을 능사로 삼았으므로, 주현[477]에서도 그런 기풍을 받들어 그저 미치지 못할까 두려워하여 서둘러 찾아 모으면서

474) **기병**騎兵 : 말을 타고 싸우는 병사.
475) **어육**魚肉 : 짓밟고 으깨어 아주 결딴낸 상태의 비유.
476) **군적**軍籍 : 군인의 지위·신분을 적은 명부. 병적.
477) **주현**州縣 : 지방 행정 구역의 명칭인 주와 현. 서울 이외의 지역.

혹시라도 빠뜨릴까만 염려했을 뿐, 구차히 수효를 채움으로써 환란을 끼치게 될 것은 생각하지 않았습니다. 그리하여 거지들까지도 모두 넣어 수효를 채우고 닭이나 개 이름까지도 장부에 수록하여 한두 해가 채 지나지 않아 태반이 빈 장부가 되어 버렸습니다. 이제 20여 년 만에 다시 군적을 정리하는 사업을 실시하게 되었는데, 군졸의 수효가 부족한 것은 계축년보다도 심하고 한정閒丁의 수효 또한 계축년보다 훨씬 적으니, 아무리 교묘하게 찾아 모은다 하더라도 어찌 밀가루 없는 국수를 만들어 낼 수야 있겠습니까. 지금 조사해 낸 자는 아이들이 아니면 거지이고 거지가 아니면 사족[478]일 테니 실제 한정은 몇이나 있겠습니까. 지금 비록 군적을 만든다 하더라도 금방 또 빈 장부가 되고 말 것입니다. 해조는 이런 사실을 듣고 보지 못하지는 않았을 텐데도 이제 또 애써 반드시 정원을 채우겠다고 말하고 있으니, 매우 사리를 헤아리지 못한 것입니다. 이것이 셋째 폐단입니다.

　내외의 양역[479]은 그 명목이 너무 많아 이루 다 헤아릴 수 없을 정도인데 그중에서도 이른바 조예[480], 나장[481] 등 원역[482]이 가장 고달프다 하겠습니다. 이 역시 면포로 역役의 값을 치르고 있을 뿐인데, 그가 소속된 관아에서는 이미 다른 사람을 대신 시켜놓고는 불시에 저리[483]를 독촉하여 역의 대가를 갚도록 하고 있습니다. 그러면 저리는 이자를 따져서 바친 뒤에 거기에 든 기타 비용까지 통산하여 당사자에게 그 세 배를 받아 냅니다. 그러므로 한 사람

478) **사족**士族 : 문벌이 높은 집안. 또는 그 자손.

479) **양역**良役 : 16세부터 60세까지의 양인이 부담하던 국역.

480) **조예**皂隸 : 일곱 가지 천역 중 하나.

481) **나장**羅將 : 의금부에 속하여 죄인을 매질하는 일과 귀양 가는 죄인을 압송하는 일을 맡아보던 하급 관리. 조선 때, 군아郡衙에 속한 사령.

482) **원역**員役 : 벼슬아치 밑에서 일하는 서리의 하나.

483) **저리**邸吏 : 경저리 및 영저리를 통틀어 이르던 말.

이 언제나 세 사람의 역을 감당하게 되는데, 이를 감당하지 못하면 으레 일족 에게서 그것을 받아들이고 있습니다. 이것이 넷째 폐단입니다.

이상 네 가지 폐단을 지금 바로잡지 못한다면 몇 년 뒤에는 비록 유능한 사람이 있다 하더라도 어떻게 할 수가 없을 것입니다. 삼가 바라건대, 전하께 서는 옛 제도를 개혁하여 새로운 규정을 만드소서. 모든 병영兵營, 수영水營 및 진鎭, 보堡가 있는 곳에는 반드시 그 고을 장부에 계상된 것 이외의 곡식을 적절 히 헤아려 변장邊將의 양식으로 충분히 주도록 하되, 그 고을의 곡식으로 부족 할 경우에는 이웃 고을의 곡식도 거두어서 반드시 변장으로 하여금 자신의 생 활을 지탱하여 부족함이 없도록 해야 합니다. 그런 뒤에 법제를 엄하고 분명히 하여 한 자의 베나 한 말의 쌀이라도 군졸들로부터 거두어들이지 못하게 하고, 오직 기계를 잘 정비하고 말타기와 활쏘기 등을 교습시키도록 해야 할 것입니 다. 그리하여 병사 수사 및 순찰사는 군사들을 호명하여 부재자의 유무를 검 열하는 일에 그치지 말고 반드시 그들의 무기를 검열하고 말타기 활쏘기 등 무예를 시험해 봄으로써 훈련이 잘되어 있는지의 여부를 가지고 성적을 매기 게 해야 합니다. 그리하여 만약 전처럼 재물을 거두어들이고 군졸을 놓아 보내 다가 발각되면 장률484)로 다스리게 하소서.

첨사, 만호萬戶, 권관權管 등의 관원을 지방의 남북이나 거리의 원근을 막론 하고 모두 군직에 소속시켜 그 처자들로 하여금 녹봉을 받아 살아갈 수 있게 하여야 합니다. 처음 제수할 때는 반드시 합당한 사람을 뽑도록 하고, 일단 제 수한 뒤에는 다섯 번 시험하여 다섯 번 상上을 받으면 곧 권관에서 만호로 올리 고, 만호에서 첨사로 올리고, 첨사에서 동반485) 6품의 직으로 올려 제수해야 할 것입니다. 그리고 다섯 번 시험에 만일 중中을 얻은 사람은 다른 진의 같은

484) 장률贓律 : 장물범을 헤아려 처벌하는 형률.
485) 동반東班 : 문관의 반열班列.

등급의 자리로 옮겨 주고 승진할 수 없게 함으로써, 그로 하여금 스스로 지난 세월을 아깝게 느껴 부지런히 힘쓰도록 해야 합니다. 머물러 방비하는 데 있어서는 반드시 그 고을의 군사들을 거느리게 하되 그 고을의 군사가 부족한 뒤에야 옆 고을에 배정토록 해야 합니다. 머물러 방비하고 있는 곳은 제색[486]의 양역[487]을 모두 폐지하고 오직 머물러 방비하는 군역만 있게 하여 먼 곳에 부역하는 수고로움이 없도록 하는 한편, 번番을 나누어 번갈아 가면서 쉬도록 하여야 합니다. 진鎭에 있을 때에는 또한 조금이라도 노력이 허비되거나 재물을 손해보는 일이 없게 해야 하며, 진장[488]의 사령[489]에 응하는 것은 땔감을 나르거나 물을 길어오는 일만 하게 하고 기타 다른 일은 하는 일이 없게 하여, 활을 다루고 활쏘기를 익히는 일에 전념할 수 있게 하여야 합니다. 황해도의 기병騎兵을 북방에 수자리 사는 군역에 종사하도록 하는 일은 혁파하여 그렇게 하지 말도록 해야 합니다. 만약 국경의 경비가 허술해질까 걱정이 된다면 연변[490]의 수령들에게 명을 내려 백성들에게 활쏘기를 익히게 하도록 하되 3개월에 한 번씩 시험을 실시하여 많이 적중시키는 자는 상을 후하게 주고, 두 번 일등을 차지한 자는 그 가족의 부역을 면제해 주고, 다섯 번 일등을 차지한 자는 군졸의 경우에는 군관으로 특별히 보임[491]시키고, 그중에서 지식이 여러 사람을 거느릴 만한 자가 있을 경우에는 해조에 그 이름을 아뢰어 권관權管에 보직시킴으로써 쓸 만한지의 여부를 시험하도록 하소서. 그리고 그가 공사천[492]일 경우에는 그 이름을 아뢰어 면천[493]을 특별히 허락하되, 사천은

---

486) **제색**諸色 : 각 방면.

487) **양역**良役 : 16세부터 60세까지의 양인이 부담하던 국역.

488) **진장**鎭將 : 각 진영의 으뜸 벼슬.

489) **사령**使令 : 각 관아에서 심부름하던 사람.

490) **연변**沿邊 : 국경·강 또는 큰길 등을 끼고 따라가는 언저리 일대.

491) **보임**補任 : 어떤 직職에 보하여 임명함.

본 주인에게 그 대가를 충분히 주도록 하소서. 이렇게 하면 다섯 번이나 일등을
차지하는 자는 매우 드물 것이나 변경의 백성은 모두가 정병[494]으로 변할 것입
니다. 그렇게 되면 혹시 적이 변경을 침입할 경우라도 사람들은 제각기 스스로
를 방위하려고 할 것인데, 그 누가 힘써 싸우지 않겠습니까. 상번[495]한 군사에
대해서도 유사有司가 또한 수시로 그들의 무예를 시험하여 그중 가장 우수한 자
는 계달하여 논상하고, 다섯 번 일등을 한 자는 그가 사는 지역의 진鎭·보堡의 군
관으로 특별히 보임함으로써 군무軍務에 힘쓸 뜻을 지니도록 하소서. 군적을 만
드는 일을 실질적인 군인을 얻는 데 힘써야지 한정閒丁을 억지로 채우려 해서는
안 됩니다. 15세가 채 안 된 소년에 대해서는 이름과 나이만을 별도의 장부에
기록해 두었다가 그들의 나이가 찰 때에 군적에 넣도록 해야 합니다. 날품팔이
나 거지는 모두 삭제하여야 합니다. 열읍[496]의 군부軍簿는 옛 기록을 그대로 두
되 다만 몇 명이 모자란다는 것만은 기록해 두어야 합니다. 그리고 수령들에게
명을 내려 그들을 부지런히 휴양시키고 위무하게 하였다가 장정이 생기는 대
로 군적에 보충시키되, 일정한 기한을 정하지 말고 기필코 채우도록 해야 합니
다. 또 6년마다 한 번씩 반드시 군적을 고침으로써 갑자기 고치는 데 따른 소요
가 일어나지 않도록 해야 합니다. 만약 군졸이 부족하여 여러 곳의 군역에 대응
할 수가 없을 경우에는 상번 군사의 수를 적절히 줄이고, 그래도 부족할 때는
방비가 허술해도 무방한 곳의 군사 수를 적절히 줄이고, 그래도 부족한 때는 남
쪽 지방의 겨울철에 머물러 방비하는 군사의 수를 적절히 줄이고, 그래도 부족

---

492) **공사천**公私賤 : 관가와 사삿집의 종을 아울러 이르던 말.

493) **면천**免賤 : 천민의 신분에서 벗어나 평민이 됨.

494) **정병**精兵 : 우수하고 강한 군사.

495) **상번**上番 : 군인이 돌림 차례로 번을 들러 군영으로 들어가던 일. 지방의 군인이 서울로 번
을 들러 올라가던 일.

496) **열읍**列邑 : 여러 고을.

할 때는 병역 대신 가포⁴⁹⁷⁾를 바치는 보병步兵의 수를 반으로 줄여서 머물러 방
비하는 군사의 부족한 인원을 보충하게 해야 합니다. 머물러 방비하는 군사가
진장⁴⁹⁸⁾의 침해를 당하는 일이 없게 되면 보병들 역시 이리나 호랑이를 피하듯
군역을 싫어하지는 않게 될 것입니다.

　이른바 조예⁴⁹⁹⁾나 나장⁵⁰⁰⁾ 등 여러 원역의 경우는 각기 일정한 소속이 있
을 필요가 없으니, 그러한 명목을 모두 폐지하여 보병으로 다 변경한 뒤 가포
를 병조에 바치도록 하고 병조는 각사에서 원역을 세우는 수를 헤아려 가포를
지급한다면, 저리⁵⁰¹⁾는 불시에 독촉받는 것을 면하게 되고, 민간에서는 세 배
나 되는 가혹한 양의 면포를 내게 되는 일이 없을 것입니다. 군정軍政에 관한
좋은 계책으로서는 이것이 그 대략입니다. 이상 다섯 가지는 백성을 편안히
할 수 있는 요목으로서 그 대강이 이와 같은데, 그에 대한 자세한 것은 전하께
서 널리 의논하시어 계책을 세우기에 달려 있을 따름입니다.

　살펴보건대, 지금의 시사時事는 날로 그릇되어 가고 백성의 기력은 날로 소
진되어 가고 있는데, 권간이 세도를 부리던 때보다 더 심한 듯합니다. 그 까닭
이 무엇이겠습니까. 권간이 날뛰던 시절에는 그래도 조종들의 남기신 은택
이 어느 정도나마 남아 있었기 때문에, 조정의 정치가 혼란했다 하더라도 백
성들의 힘은 그런대로 지탱해 나갈 수가 있었습니다. 오늘날의 경우는 조종
들이 남기신 은택은 이미 다하고 권간이 남겨 놓은 해독이 바야흐로 피어 나
오고 있기 때문에, 청론이 비록 행해진다 하더라도 백성들의 힘은 이미 바닥

497) **가포**價布 : 역에 나가지 않는 사람이 그 대신 군포에 기준하여 바치는 베.
498) **진장**鎭將 : 각 진영의 으뜸 벼슬.
499) **조예**皂隷 : 일곱 가지 천역 중 하나.
500) **나장**羅將 : 의금부에 속하여 죄인을 매질하는 일과 귀양 가는 죄인을 압송하는 일을 맡아보
　　던 하급 관리.
501) **저리**邸吏 : 경저리(향리) 및 영저리(아전)를 통틀어 이르던 말.

나 버린 상태입니다. 비유하자면 마치 어떤 사람이 한창 젊을 때 주색에 빠져 여러 가지로 몸을 해치는 일이 많았다 하더라도 혈기가 왕성한 때라서 몸이 상하는 것을 모르고 있다가, 만년에 이르러서야 그 해독이 틈만 있으면 불현 듯 나타나 아무리 근신하며 몸을 보양해도 원기가 이미 쇠퇴하여 몸을 지탱할 수 없게 되는 것과 같습니다. 오늘날의 일이 실로 이와 같으니 앞으로 10년이 채 안 되어 화란이 반드시 일어나고야 말 것입니다. 보통 사람들도 열 칸의 집 과 백 이랑의 밭을 자손에게 물려주면 자손은 오히려 그것을 잘 지켜 선조를 욕되지 않게 하려고 하는데, 하물며 지금 전하께서는 조종조 백년의 사직과 천리의 강토를 물려받으셨고 게다가 환란이 곧 닥칠 것 같은 상황에 처해 있 음이겠습니까. 마음으로 정성을 다하여 해결책을 구한다면 꼭 잘 된다는 보 장은 없어도 적어도 아주 엉뚱한 결과가 생기지는 않는 것이며, 능력이 부족 하다 하더라도 스스로 구제할 수는 있는 것인데, 하물며 지금 전하께서는 권 세의 중추를 관장하시고 사리에 밝으시어 시대를 구제할 능력이 있음이겠습 니까.

　소신小臣은 나라의 두터운 은총을 받아 백 번 죽는다 해도 보답하기 어려울 정도이니, 참으로 나라에 이익이 되는 일이라면 끓는 가마솥에 던져지고 도 끼에 목이 잘리는 형벌을 받게 된다 하더라도 피하지 않을 것입니다. 그런데 더구나 지금 전하께서 언로를 넓게 열어 놓고 의견을 거리낌 없이 받아들이겠 다고 간절한 말로 수교502)를 내리셨으니, 신이 만약 말을 하지 않는다면 실로 전하를 배반하는 것이 되겠기에 충정에 격동되어 극진하게 다 말씀드렸습니 다. 그러나 병을 앓고 난 끝이라서 정신은 흐리고 손은 떨리며 글은 비속하고 중복되었는가 하면 자획도 겨우 이루었으므로 볼만한 것이 못됩니다. 그렇

---

502) 수교手敎 : 훈작勳爵을 봉할 때 공신에게 내리던 임금의 책명策命.

기는 하지만 아뢴 그 뜻이 요원한 듯해도 실은 가까운 것이고 계책이 오활한 듯해도 실은 절실한 것이니, 비록 삼대[503]의 제도는 아니라 하더라도 실로 왕정[504]의 근본으로서 이를 시행하면 효과가 있어 왕정을 회복할 수 있을 것입니다.

삼가 바라건대, 전하께서 자세히 보시고 익히 검토하시며 신중히 궁구하고 깊이 생각하시어 성상의 마음속에서 취하고 버릴 것을 결정하신 다음, 널리 조정의 신하들에게 하문하시어 그 가부를 의논하게 한 뒤에 이를 받아들이거나 물리치신다면 매우 다행스럽겠습니다. 전하께서 신의 계책을 쓰신다면 그 진행을 유능한 사람에게 맡겨 정성껏 그것을 시행하게 하고 확신을 갖고 지켜나가게 하소서. 그리하여 보수적인 세속의 견해로 인하여 바뀌게 하지 말고, 올바른 것을 그르다 하며 남을 모함하는 말로 인하여 흔들리는 일이 없도록 해야 하겠습니다. 그렇게 하여 3년이 지나도록 나랏일이 여전히 부진하고 백성이 편안해지지 않으며 군대가 정예로워지지 않는다면, 신을 기망[505]의 죄로 다스리어 요망한 말을 하는 자의 경계가 되도록 하소서. 신은 지극히 절실하고 황공한 마음을 금할 수 없습니다.

---

503) **삼대**三代 : 아버지·아들·손자의 세 대.

504) **왕정**王政 : 임금의 정치.

505) **기망**欺罔 : 기만欺瞞.

해서海西의 민폐民弊를 진달한 상소

삼가 아룁니다. 신은 본래 쓸모없는 선비로서 시대의 쓰임이 되기에 적합하지 못하여, 여러 번 벼슬자리에 나아갔다가 여러 번 낭패를 당하고 분수를 달갑게 여기고 골짜기에서 살아왔습니다. 외람되게 성상께서 돌보아 주는 은덕으로 한 도를 맡기시니 성상의 은혜에 감격하여 감히 굳이 사양하지 못하였습니다. 명을 받은 이래로 먹어도 맛이 달지 않고 잠을 자도 자리가 편하지 않으며 백성을 편안하게 어루만져서 조그마한 효과라도 나타낼 도리만 생각하였지만 민폐가 이미 깊어서 한 가지 약으로는 고치기 어렵게 되었습니다. 신이 비록 정신을 가다듬어 노력하였으나 지혜와 생각이 얕고 짧아 좋은 정책을 얻지 못하였습니다. 대개 신이 스스로 할 수 있는 한도에서는 폐정을 거의 다 제거하였지만 백성의 괴로움을 백분의 일도 구제하지 못하고 있습니다. 이에 이 도道의 폐단을 대강 진술하니, 조정의 처분이 있기를 바람과 동시에 한번 전하께서 열람하시기를 바랍니다. 도내 백성의 병폐에는 큰 것이 둘이 있으니, 그 하나는 먼 서쪽 변방에 가서 수자리 사는 괴로움이며, 그 둘째는 진상506)이 번거롭고 무거운 폐단입니다.

이른바 '먼 서쪽 변방에 가서 수자리 한다.'는 것은 이런 뜻입니다. 본도의 군졸이 국초國初에는 연해의 각 진鎭에만 머물러 방비하였는데, 그 후에는 서쪽으로 나누어 보내어 평안도에서 수자리하게 되었습니다. 이것이 어느 때부터 시작된 것인지 알지 못하겠습니다. 을묘왜란[507] 이후로는 서쪽 수자리의 역役을 없애고 본도 방어를 힘쓰는 데만 충실하게 하더니, 4년이 지난 기미년(1559, 명종14년)에 평안도의 감사와 병사가 함께 의논하여 계청[508]함으로써, 별시위[509], 갑사[510], 기병騎兵 등 2000명을 10월 1일부터 다음해 2월 말일까지 둘로 나누어 보내 교대로 서쪽 변방에서 수자리하게 하고, 그 다음해에는 또 2000명을 전에 수자리에 나아간 예에 따라 하니, 4000명으로써 한 해 걸러 먼 곳에서 수자리하는 것은 혼자만 수고한다는 불평이 있으므로 별시위, 정로위[511], 갑사, 기병 등을 모두 계산하여 윤번으로 복역하게 하여 1년은 상번[512]하고 1년은 휴식하며 또 1년은 부방[513]하고 또 1년은 휴식하여 혼자만 수자리 사는 괴로움을 구제하고자 하였으나, 당번의 차례에도 드물게 닥쳐오는 자도 있고, 자주 닥쳐오는 자도 있어 괴로움과 편안함이 같지 아니하여, 정로위와 기병은 몰래 상번이었던 자가 다음 해에 부방을 하게 되는 자가 많으니, 원망하고 괴로워하는 형상이 도리어 전보다 심합니다. 그리고 처음에 구

---

506) **진상**進上 : 지방의 토산물이나 진귀한 물건 따위를 임금이나 고관에게 바침.

507) **을묘왜란**乙卯倭亂 : 1555년에 전라남도 해남군의 달량포에 왜구가 쳐들어온 사건.

508) **계청**啓請 : 임금에게 아뢰어 청함.

509) **별시위**別侍衛 : 오위의 하나인 용양위에 딸렸던 장교 부대.

510) **갑사**甲士 : 각 고을에서 뽑혀 서울의 수비를 맡던 의흥위의 군사.

511) **정로위**定虜衛 : 1480년에 창설한 군대. 1512년부터 광해군 무렵까지 존속한 군대.

512) **상번**上番 : 군인이 돌림 차례로 번을 들러 군영으로 들어가던 일. 지방의 군인이 서울로 번을 들러 올라가던 일.

513) **부방**赴防 : 다른 도道의 군대가 서북 변경을 방어하기 위해 파견 근무를 하던 일.

현駒峴에서 점호하고 다시 영변寧邊에서 점호하는데 점호할 때마다 반드시 비용을 쓰게 하고, 또 나누어 방비하러 갈 때는 간사한 관리가 틈을 타서 뇌물을 토색했는데 그 많고 적음에 따라 부임하는 곳의 멀고 가까움을 정합니다. 남쪽 사람은 북쪽의 풍토에 익숙하지 않아 도착도 하기 전에 미리 놀라 두려운 마음을 품고, 게다가 진鎭의 장수는 착취가 심하고 그 지역의 병졸들도 업신여기고 난폭하게 합니다. 그리하여 부방한 지 얼마 되지 아니하여 전대[行橐]는 텅 비어 버리고, 북풍이 한 번 일면 거북이 목같이 오므라들어서 움직이지 못하게 되며, 적은 일이라도 시키는 일이 있으면 반드시 다른 사람을 고용해서 대행하게 하느라 옷을 전당에 잡히고 말을 팔아서 거의 벌거숭이가 되어 버리며, 배가 고프고 지쳐서 병이 들고 사람의 모양 같지 않게 됩니다. 이렇게 해 가지고 말 탄 적군을 만난다면 달음질쳐 도망조차 못할 형편인데, 하물며 어찌 적을 막고 방어하기를 바랄 수 있겠습니까. 이러므로 서쪽 사람들은 이 군대를 황군[514]이라 하여 뭇 개미들이 노린내 나는 고기 한 덩이를 물어뜯듯이 하고 황군으로서 수자리에 가는 자는 함정에 몸을 던지는 것과 같고, 한 번 수자리 역을 겪고 난 후에는 그 집을 보전하는 자가 열 집 중 예닐곱이고, 두 번 갔다가 패가하지 않는 자는 열 집 중 서넛이고, 세 번 갔다가 죽음을 면하는 자는 열 집 중 한둘입니다. 그러므로 수비시킬 사람을 보낼 때마다 갑사[515]를 더 시험하고 한정閑丁을 긁어모으며 나이 따라 병적兵籍에 올리게 되는데, 민간의 소요는 늘 적이 침입하여 군사를 뽑아 보내는 때와 같습니다. 한계가 있는 양민으로서 무한의 부족 수를 채우려는 것이니, 그것이 계속할 수 있는 방도가 아님은 어린아이라도 알 수 있는 일입니다. 삼가 생각건대, 황해도는 안으로는 경기에 접하고 밖으로는 변방 요지를 견제하고 있으니 실로 중요한 지역

---

514) 황군黃軍 : 황해도에서 뽑은 군정.
515) 갑사甲士 : 각 고을에서 뽑혀 서울의 수비를 맡던 의흥위의 군사.

입니다. 그리고 서쪽으로는 바다가 접해 있어 왜놈의 출현을 또한 예측할 수 없으니, 평시에 군사와 민간을 잘 길러 남은 힘이 있게 한 뒤에라야 밖을 막고 안을 지켜서 급할 때에 쓸 수 있을 것입니다. 그런데 지금은 사방의 국경에 군란이 없는데도 한 도의 백성만 홀로 괴로움을 받아 허둥지둥하는 것이 마치 문전에 도적이 들어온 것과 같습니다. 그리하여 도망하는 자가 계속 생겨서 친족과 가까운 이웃에까지 해가 미쳐서 동네가 폐허가 되었습니다. 평소에도 고생하여 조금도 남는 힘이 없는데, 만약 한 번 사변이 있으면 속수무책이오니, 이것은 한 도의 근심이 아니라 실로 국가의 심원한 근심입니다. 만일 이것을 개혁하여 안전한 길을 열지 못하면, 그 형세는 반드시 백성이 남아 있을 수 없는 지경까지 다다를 것입니다. 또 생각건대, 서쪽 변방의 병력이 또한 매우 위축되고 약하여 바다 쪽에 틈이 생기어, 외적이 어떤 짓을 하게 될는지 예측할 수가 없는 형편인데, 하루아침에 수자리를 없애는 것도 미리 위험에 대비하는 방법이 아닙니다. 신臣이 밤낮으로 깊이 생각하여 한 계책을 얻었습니다. 병사는 정강516)을 힘쓸 것이며 많은 것을 힘쓸 것이 아니니, 대개 2000의 병사를 한갓 변경의 고깃덩이로 만들어 두는 것은 1천 정예로 선발하여 적의 침입을 방어하는 임무를 맡게 하는 것만 같지 못할 것입니다. 지금 만일 기병을 뽑지 말고 다만 도내의 서쪽 경계에 가까운 군읍郡邑의 별시위, 갑사 3000명을 세 번番으로 나누어 항구적으로 부방하도록 정해서 2년 휴식하고 1년 부방하게 하여, 매년 2번으로 나누어 1번에 500명으로 하되, 그 거리의 원근遠近을 참작해 나누어 방비하는 장소를 정합니다. 강계517)를 지키는 사람은 영구히 강계로만 정하고 이산理山을 지키는 사람은 영구히 이산으로만 정하며, 다른 진鎭도 또한 그렇게 하여 임시로 바꾸어 정하지 못하게 합니다. 또 조금씩 쪼

516) **정강**精强 : 뛰어나고 강함.
517) **강계**江界 : 자강도 중북부, 장자강 연변에 있는 도시.

개어서 여러 진에 흩어 두게 하지 말고, 다만 긴요히 방비해야 할 요해처에만
충분한 병력의 수를 나눠 더 보낼 것이며, 변장邊將에게 엄중히 명하여 침탈하
는 폐단을 영원히 없애야 합니다. 또 기병 1000호戶를 그 번番서는 역을 면제하
고, 매년 호戶와 보保를 물론하고 각기 면포 3필疋을 내게 하되 사졸들에게는
면포 두 필을 내게 하여 군영 창고에 거둬 넣었다가, 수자리하는 병사가 서쪽
으로 갈 때마다 나눠 주어 보내되, 갑사와 같이 보保가 많은 자는 적게 주고 별
시위까지 보가 없는 자는 많이 주어 수자리하는 비용으로 삼게 해야 합니다.
또 구현과 영변 두 곳의 점고518)를 폐지하고 다만 본 읍의 수령으로 하여금
임시 검열하여 영리領吏에게 맡겨 주게 하며, 또 수자리하는 병사 중에서 근면
성실하고 글을 아는 자를 골라 도장都將으로 차임하여 곧장 방비할 곳으로 바
로 보내소서. 방비에 빠지는 자는 중한 형률로 다스리되 으레 방비하는 지역
에서 군사를 충원하도록 하고, 도장과 영리領吏의 죄도 다스려야 합니다. 이와
같이 하면 나누어 방비하는 것이 일정한 지역이 있게 되고 길을 가는 데 있어
서는 여비와 식량이 있게 되며, 여관에 묵게 되더라도 외로움을 느낄 걱정이
없이 주인과 나그네가 서로 낯익은 정情이 있게 되며 그 지역 풍토에 점차 익숙
해져서 마음이 안정되어 방비할 곳을 보기를 별장別庄에 나가듯이 할 것입니
다. 이런 상태에서 그들을 훈련시키면 기분이 편안하여 용맹이 생기고, 이런
상태에서 방비하게 하면 윗사람을 친히 하여 힘을 다할 것입니다. 그것은 인
구를 늘이고 물자를 비축하는 방도와 나라를 방비하는 계책을 둘 다 얻게 되
는 것입니다. 상번하는 군사의 경우는 별시위, 갑사, 기병으로 서울 가까운
군郡·읍邑에 사는 자를 적당히 참작하여 상번으로 영구히 정하되, 6삭 군사六朔
軍士는 1년 상번하고 2년 휴식하고, 2삭 군사는 1년 상번하고 1년 휴식하게 하

518) 점고點考 : 명부에 일일이 점을 찍어 가며 사람의 수효를 조사함.

며, 또 별시위와 갑사 등 연해沿海의 군·읍에 있는 자를 적당히 참작하여 머물러 방비하는 군사로 영구히 정하되 또한 1년 걸러 휴식하게 하며, 정로위의 경우는 본래 숙위519)를 위해서 신설한 것이므로 녹祿도 없고 보保도 없어 변경에 나아가 수자리해서는 안 되니 모두 상번으로 영구히 정하되 또한 1년 걸러 휴식하게 하여야 합니다. 대개 이와 같이 하면, 임시로 자주 고치는 폐단이 없어져서 백성들의 마음이 그로 인해 안정되어 힘을 저축하고 정예병을 양성하는 효과가 있게 되며, 사기士氣도 씩씩해져서 숙위宿衛도 허술하지 않고 방비도 소홀하지 않을 것이니, 공사公私가 모두 편하게 될 것입니다. 삼가 바라건대, 해조該曹에 하교하시어 대신大臣에게 의논하게 한 다음 빨리 그 결정을 보여 주시어서 신이 재임하고 있는 동안에 규정을 고치고 일을 처리할 수 있도록 해주시면 매우 다행이겠습니다.

이른바 '진상이 번거롭고 무겁다.'는 것은 이런 뜻입니다. 본도의 진상이 어떤 다른 도보다 더욱 무겁습니다. 우리나라 모든 도에서 토지의 넓이로 보나 물력物力의 성대함을 보아, 하삼도下三道(충청·전라·경상)와 같은 도가 없는데, 진상하는 물품은 도리어 이 도만도 못하니, 당초에 나눠 정한 본의를 신은 참으로 알지 못하겠습니다. 신이 임지에 도착하니, 순찰하는 읍마다 백발노인이고 조그만 아이에 이르기까지 마당 가득히 모여들어 괴로움을 호소하기를, "강원도에 정해졌던 진상을 그 도가 다시 회복되는 동안만 이 도에 옮겨 정한 것인데, 그것이 오래도록 원래대로 돌아가지 않고 그대로 영구적인 고정 규례가 되었다."고 하였습니다. 신이 일찍 그 이유를 알지 못하였고, 또 상고할만한 문적文籍도 없었고 백성의 말을 가벼이 믿을 수는 없으나, 단지 조그만 도道에서 허다한 진헌물520)이 도리어 하삼도보다 많다는 것은 늙은이의 말이

---

519) **숙위**宿衛 : 밤에 숙직함.

520) **진헌물**進獻物 : 웃어른이나 임금에게 바치는 물건.

혹 옳은 말이 아닌가 합니다. 이것은 해조의 옛 장부를 고찰해 보면 알 수 있을 것입니다. 그러나 이 때문에 한 도의 쇠잔한 백성들이 산으로 사냥하러 가고 물로 고기 잡으러 가므로 날마다 틈이 없어 밭이 묵어도 풀을 매지 못하고 집이 부서져도 수리하지 못하며, 떠돌며 정착해 살지 못하고 그 지역에서 생산되지 않는 물건 같은 것을 모아서 멀리 다른 지역으로 사러 가니, 수고로움은 열 갑절이나 됩니다. 심지어 아장521)과 보장甫獐 따위의 봉진522)은 노루를 몇백 마리를 잡더라도 아장과 보장이 아니면 잡기를 그칠 수 없으니, 그 괴로움이란 너무 심합니다. 어리석은 신이 곰곰이 생각건대, 아장과 보장을 약용으로 진상하는 것이라면, 마땅히 의사醫司에 바쳐야 할 것이지, 사옹원523) 궐내 어선524)과 공궤525)를 맡은 관사官司에 바쳐서는 안 됩니다. 그리고 노루는 한 가지인데 반드시 아장과 보장만을 구한다는 것은 신은 진실로 그 까닭을 알지 못하겠습니다. 또 사슴의 꼬리와 혀는 본래 좋은 맛도 아니어서 전하께 바치는 물건으로서는 합당하지 않고 도내道內의 군읍郡邑에 사슴이 많지 아니하여 모두 베나 재화를 가지고 서울로 가서 사게 되는데, 대부분 귀족들 집안에서 사게 되고 그 값이 엄청나게 비싸며 가끔 한 번 진상했던 물건이 돌고 돌아 다시 바치는 수도 있으니, 이것은 백성의 피땀을 착취하여 귀족들이 이익을 추구하는 바탕을 만들어 줄 뿐입니다. 생각하면 기가 막힙니다. 그리고 본도는 서울과의 거리가 수일 걸리는 노정인데, 따뜻한 때도 생물生物을 진상합니다. 비록 아침에 준비하여 저녁에 봉封한다 하더라도 봄여름이면 수일 안에 색과

---

521) **아장**牙獐 : 사향노룻과에 속한 짐승.
522) **봉진**封進 : 밀봉하여 올림.
523) **사옹원**司饔院 : 어선御膳 및 대궐의 음식에 관한 일을 맡아보던 관아.
524) **어선**御膳 : 임금에게 올리는 음식.
525) **공궤**供饋 : 윗사람에게 음식을 드림.

맛이 반드시 변할 것인데, 그것을 반드시 미리 준비하여 얼음 창고에 두었다가 여러 날이 지나서야 도회관[526]에게 보내게 됩니다. 이 때문에 처음 봉할 때도 이미 많이 변질이 된 상태인데, 하물며 수백 리를 지나서 서울에 도착한 것이야 말해서 무엇하겠습니까. 만일 미리 마련한 것이 부패하여 불합격이 되면, 때에 임해서 급작스레 대부분 마련할 수 없습니다. 이것은 형편상 필연적인 일입니다. 무릇 사람을 책함에 있어 절대로 할 수 없는 일로써 하고 거기에 따라서 처벌을 준다면, 성왕聖王의 정사이겠습니까. 지난날의 봉진[527]이 무사히 되어 온 것은 사옹원의 관리에게 뇌물을 준 것에 불과할 뿐이고 빛깔과 맛이 변하지 않아서 그런 것은 아닙니다. 삼가 생각건대, 밝으신 성상께서는 백성들을 갓난아이를 보호하듯 하고 다친 사람을 보듯이 하소서. 민정[528]이 급박한 이때를 당하여 특별한 은혜를 베푸시지 않으신다면 아마도 백성들의 마음을 위로해 주고 나라의 명맥을 영원하게 할 길이 없게 될 것입니다. 어리석은 신의 망녕된 생각으로는, 유약[529]의 말에, "백성이 풍족하면 임금이 누구와 더불어 풍족하지 않으실 것이며, 백성이 풍족하지 못하다면 임금이 누구와 더불어 풍족하시겠습니까."라고 하였으니, 임금과 백성이 한몸이 되어 상하가 서로 필요로 함은 이와 같이 분명합니다. 이제 본도의 민력[530]은

---

526) **도회관**都會官 : 회계 일을 관리하는 책임자.

527) **봉진**封進 : 밀봉하여 윗사람에게 올림.

528) **민정**民情 : 국민의 사정과 생활 형편.

529) **유약**有若(BC518년 −458년) : 자는 자유子有로 노魯나라 사람으로 알려져 있다. 공자의 제자이다. 당 현종은 '변백卞伯'으로 존칭한 바 있고, 송 진종은 '평음후平陰侯'로 봉한바 있으며, 명 가정제는 선현先賢'유자有子'로 개칭하여 존칭하였다. 맹자 등문공 상에 전하는 바에 따르면, 유약이 공자와 닮았기에 공자의 사후 자하, 자장, 자유등이 공자 대신 유약을 모시려고했지만, 자여가 이를 비판했다고 한다. 사기에도 비슷한 이야기가 있는데 다른 제자가 생전의 공자 언행에 대해 유약에 질문했지만 유약이 대답할 수 없는바가 있기에 공자를 대신할 수 없는바를 거론했다고 한다.

점차 지탱할 수 없어 이미 크게 삶의 즐거움을 잃고 말았습니다. 만일 전례를 따라 규정대로 지키면서 오직 오늘날처럼 요행스러운 생존이 영구히 아무 일 없이 계속되리라고 여긴다면 하루아침에 흙더미가 무너지듯 망하여 수습할 방법이 없을까 두렵습니다. 삼가 바라건대, 깊이 백성의 고통을 생각하여 성상의 마음으로 결단을 내리시어 산 사슴과 납 돼지의 진상을 참작하여 견감하신다면, 비록 대여섯 마리의 면제라도 성상의 은택이 백성에게 미치는 것은 넓을 것입니다. 아장과 보장은 반드시 따로 명칭을 세우지 마시고 단지 산 노루를 잡는 대로 봉진하게 하시면 사냥하는 괴로움이 조금은 덜어질 것이고, 사슴의 꼬리와 혀는 맛이 좋지 않을 줄 아시고 진상을 다 없애라고 명하신다면 갑절로 드는 값으로 먼 데서 사 오는 고통이 조금은 사라질 것입니다. 만일 본도로 하여금 2월 이전과 10월 이후에만 생물을 봉진하게 하고 3월 이후부터 9월 이전에는 본도의 생물을 경기京畿의 건물531)과 바꾸도록 명하신다면, 공진532)하는 물품이 어선533)에 합당하고 군읍에서는 꼭 도착시켜야만 한다는 책임을 면하게 될 것입니다.

　대개 이 몇 가지는 밝으신 성상 입장에서는 손을 뒤집는 것만큼 쉬운 일이고 백성들 입장에서는 뼈에 사무칠 은혜이니, 한 번 유념하시어 나라의 근본을 공고히 하시어 길이 만세토록 뽑히지 않을 기반을 세우신다면 매우 다행이겠습니다. 신이 방백534)의 직책을 더럽히면서 백성들을 이끌어 전하를 받드는 데에 정성을 다하지 못하고, 진헌물을 감하여 주시라는 말씀을 올리니 신

---

530) **민력**民力 : 국민의 노동력이나 재력.

531) **건물**乾物 : 마른 식품.

532) **공진**供進 : 신이나 임금에게 음식을 바침.

533) **어선**御膳 : 임금에게 올리는 음식.

534) **방백**方伯 : 관찰사.

161

으로서 면복이 너무 없습니다. 다만 지금 시급한 일로는 백성을 보호하는 것
보다 앞설 것이 없으며, 백성을 사랑함은 임금을 사랑하는 까닭이니, 죄가 오
는 것은 신이 달게 받겠습니다. 지금 신의 상소 내용은 비록 이에 그치지만 한
도의 여러 폐단을 일일이 열거하기 어려워 추후에 진달할 것이오니 어찌 감히
번거롭다고 꺼리겠습니까. 신이 여위고 병든 몸을 이끌고서 외람되이 중임重
任을 맡은 채 분수를 헤아려 스스로 물러날 줄 모르고 있는 것은, 진정 한 가지
터득한 어리석은 생각이라도 드러내어 조금이라도 백성을 이롭게 하고 밝으
신 성상의 천지와 같은 은혜에 보답하고자 하기 때문입니다. 만일 신이 말한
것이 진실로 쓰지 못할 것이라면, 신이 관직을 태만히 하고 전하의 은혜를 저
버리는 죄가 분명해지는 것입니다. 신은 차라리 초야에서 말라 죽을지언정
소나 양 같은 백성의 죽음을 차마 서서보고 있을 수는 없습니다. 신은 지극히
떨리고 두려운 마음을 금할 수 없습니다.

유지有旨에 응하여 시사時事를 논하여 올린 상소

삼가 아룁니다. 신이 삼가 전지[535]가 있는 서장[536]을 받았는데, 성상의 비답[537]에, "그대가 생각한 것이 있으면 사실대로 글로 써서 들려주도록 하라." 하셨습니다. 신이 삼가 두세 번 읽으매 정신이 날 것 같았습니다. 신이 은혜를 받고 감격하여 항상 몸을 바쳐 나라에 충성할 뜻을 품고 있었으니, 진실로 어리석은 충심이나마 다하여 만분의 일이라도 도움이 될 수만 있게 된다면, 몸이 가마솥에 던져지고 도끼에 동강이 나는 형벌을 받게 된다 하더라도 신이 또한 피하지 않을 것입니다. 하물며 성상께서 넓은 도량으로 너그러이 용납하시며 신으로 하여금 말씀을 올리도록 하시는 데야 어떠하겠습니까. 신이 이제 속마음을 다 털어놓아 성상의 심기心氣를 거슬려 노여움을 사게 된다 하더라도 걱정하지 않겠습니다. 삼가 생각건대, 성명[538]께서는 한 번

---

535) **전지**傳旨 : 상과 벌에 관한 임금의 뜻을 해당 관청이나 관리에게 전하여 알리는 일.

536) **서장**書狀 : 서장관書狀官. 삼사三使의 하나. 외국에 보내는 사신을 수행해서 기록을 맡던 임시 벼슬.

537) **비답**批答 : 상소에 대한 임금의 대답.

538) **성명**聖明 : 임금의 밝은 지혜.

도리에 비추어 구하여 보소서. 아, 이제 천도[539]가 떳떳함을 잃고 칠정[540]이
궤도에 어긋나며, 요성[541]이 하늘을 가리고 흰 무지개가 태양을 꿰뚫었으며,
때 아닌 바람과 우박이 일어나고 수재水災와 한재旱災가 극심하며, 요사스럽고
독한 기운이 공중에 가득하여 전염병을 빚어내고 있음은 전하께서 이미 우러
러보신 바요, 지축地軸이 안정을 잃어서 지진이 불시에 일어나고, 큰 내가 중간
에서 마르기도 하고 명산名山이 소 울음소리를 내고, 새와 짐승이 해괴한 짓을
하고 나무와 돌이 이상한 징조를 나타내며, 토기土氣가 산만해져서 오곡[542]이
성숙하지 않는 것은 전하께서 이미 굽어살피신 것입니다. 선비의 습성이 경
박하고 비천하여 태만히 입만 놀리며, 의義는 뒤로 돌려놓고 이익만 앞세우며,
공公은 메마르게 하고 사私는 살찌게 하며, 더럽고 혼탁한 것이 날로 왕성해지
고, 충성스럽고 곧은 말을 하는 자는 날마다 고립되어 기강이 문란해지고 모
든 공적이 한꺼번에 무너지고 있음은 전하께서 이미 보아서 아시는 것입니
다. 민생이 도탄에 빠져 타고난 천성을 모두 잃어버려서 부자父子가 서로 찌르
고 형제가 서로 해치며, 강상[543]이 끊어지고 도적이 횡행하며 재난이 홍수보
다 참혹하고, 풍속이 오랑캐보다 심하게 나빠진 것도 전하께서 역시 들어서
아시는 것입니다. 하늘이 노하고 백성이 궁핍해져서 나라의 형세가 위급하
다는 것은 모두 전하께서 스스로 알고 계시니, 신이 어찌 감히 소상히 번거롭
게 아뢰겠습니까. 신은 청컨대 근본으로 돌이켜 말씀드리겠습니다.

　신이 듣건대, 천하의 일은 근본이 있고 말단이 있는데, 그 근본을 다스리면

---

539) **천도**天道 : 천지 자연의 도리.

540) **칠정**七政 : 일·월과 수·화·금·목·토 오성을 말한 것으로, 『서경』 「순전」에 "선기옥형으로 살
　　펴 칠정을 고르게 하셨다. [在璿璣玉衡 以齊七政]"라고 하였다.

541) **요성**妖星 : 재해의 징조로 나타난다고하는 별. 혜성이나 큰 유성流星.

542) **오곡**五穀 : 쌀·보리·콩·조·기장의 다섯 가지 곡식.

543) **강상**綱常 : 삼강과 오상. 곧, 사람이 지켜야 할 도리.

말단은 다스려지지 않을 수 없게 되고, 근본을 뒤로하고 말단을 먼저 하면 쓸데 없는 노력만 하고 이익은 없게 된다고 하였습니다. 맹자가 말하기를, "임금이 인仁해지면 인하지 않음이 없고, 임금이 의로워지면 의롭지 않음이 없으니, 의 를 행하지 않는 이가 없어서, 한 번 임금의 마음을 바루면 나라가 안정된다." 하 였고, 주자544)는『시전』545)에서 문왕文王의 덕을 찬양하여 말하기를, "문왕의 교화는 사람에게 끼침이 깊고, 은택은 물건에 미침이 넓도다. 대개 뜻을 성실 히 하고 마음을 바르게 하는 공부를 쉬지 않고 오래하면 사람에게 교화가 찌 는 듯이 푹 깊이 베어 들어 가 통하게 되고, 물物에는 진액이 녹아 고루 퍼지듯 은택이 두루 미쳐 자연히 그만둘 수 없는 것이 있으니, 사사로운 지혜와 힘으 로 미칠 수 있는 것이 아니다." 하였으며,『주역』546)「관괘觀卦 구오九五」에 이 르기를, "내가 내는 것을 보되, 군자다우면 허물이 없으리라." 하였는데, 상전 象傳에 이르기를, "내가 내는 것을 본다는 것은 백성을 봄이다." 하였고, 정자程 子는 전傳을 지어 말하기를, "구오九五는 임금의 지위에 거하였으니, 때의 다스 려지고 혼란함과 풍속의 좋고 나쁨이 자기에게 달려 있을 뿐이다. 만일 천하 의 풍속이 모두 군자답다면 이는 자기가 행한 정치와 교화가 선善한 것이니 바로 허물이 없는 것이요, 만일에 천하의 풍속이 군자의 도에 합하지 못하다 면 이는 자기가 행한 정치와, 교화가 선하지 못한 것이니 허물을 면치 못할 것 이다. '내가 낸대我生'는 것은 자기에게서 나온 것이니, 임금이 자기가 시행한 것이 선한가 선하지 못한가를 보고자 한다면 마땅히 백성을 관찰해야 한다."

544) **주자**朱子 : '주희'를 높여 이르는 말.

545)『**시전**詩傳』:『시경』을 주해한 책

546)『**주역**周易』:『역경』이라고도 한다.「경 經」·「전 傳」의 두 부분을 포함하며 대략 2만 4,000자 이다. 주周의 문왕이 지었다고 전해진다. 괘·효爻의 2가지 부호를 중첩하여 이루어진 64 괘·384효, 괘사, 효사爻辭로 구성되어 있는데, 괘상에 따라 길흉화복을 점쳤다. 주나라 사 람이 간단하게 8괘로 점을 치는 책이었으므로『주역』이라고 했다.

하였습니다. 이로 말미암아 본다면, 임금은 한나라의 근본이고 한나라의 다스려짐과 어지러워짐이 임금에게 달려 있습니다. 임금이 그 도를 얻고서 나라가 다스려질 수 없는 것을 반드시 없다는 이치입니다. 오늘날의 인심과 세도[547]가 한결같이 이 지경에 이르렀으니, 이는 전하의 정치와 교화가 훌륭하지 못한 것이 아니겠습니까. 정치와 교화는 임금의 마음에 달려 있으니, 이는 전하께서 자신을 반성하는 학문과 뜻을 성실히 하고 마음을 바르게 하는 공부에 미진한 점이 있는 것이 아니겠습니까. 전하께서는 어찌 또한 근본을 돌이켜 생각하지 않으십니까. 아, 도가 밝아지지 못하고 행해지지 못한 지가 오래되었습니다. 성인의 경經과 현인의 전傳이 단지 아름다운 이야기의 자료가 되어서, 명예를 구하는 자는 이것을 빌어서 명예를 얻고, 녹을 구하는 자는 이것을 계제로 하여 벼슬을 얻을 뿐, 그 말을 실천하고 그 몸을 다스리는 자는 매우 적습니다. 진실로 호걸다운 재주를 지닌 사람이 아니라면 누가 백세 뒤에 분발하여 일어나 한 시대의 비루한 풍습을 씻어 버릴 수 있겠습니까.

아, 전하의 영특하신 자질과 슬기로우신 바탕이 무리들 속에서 뛰어나, 이미 일세[548]의 탁월한 재주를 가지고 임금과 스승이 되시어 한나라에 임하시었고, 또 치세[549]의 형세가 있는데, 오늘날까지 진실한 덕을 이루지 못하시고 잘 다스리지 못한 것은 그 까닭이 무엇입니까. 옛날부터 신하 된 자로 선한 일을 하는 이가 적은 것은, 보통 사람의 마음은 대개 이익을 좋아하는데 도덕이 쇠퇴한 세상에서는 선한 일을 하여도 그 이익을 받지 못해서입니다. 자신이 바르면 여러 사람들이 꺼리고, 도가 곧으면 벼슬이 떨어지며, 직책으로 다스리면 투기가 일어나고, 말이 충성되면 은총이 바뀌게 됩니다. 이 때문에 진실

547) **세도**世道 : 세상을 올바르게 다스리는 도리.
548) **일세**一世 : 한 사람의 일생. 한 시대나 한 세대. 당대.
549) **치세**治世 : 잘 다스려져 태평한 세상.

로 도에 뜻을 두고 자기 할 도리를 다하는 선비가 아니면, 선한 일을 할 수 없고 대부분 세속世俗에 빠지게 됩니다. 임금은 그렇지 않아서 도가 나에게서부터 행하여지고, 다스림이 내게서부터 나오며, 선한 일을 하면 상서를 내리고 악한 일을 하면 재앙을 내리며, 나를 편안하게 하면 임금이 되고 나를 학대하면 원수가 되니, 하늘의 뜻과 백성의 마음을 뚜렷이 볼 수 있습니다. 임금이 이를 알지 못하는 것이 아닌데도 선한 일을 행하는 이가 적은 것은, 욕심이 고질이 되고 보이는 것이 가리어진 까닭입니다. 대개, 음악과 여색을 좋아하면 지나치게 음란한 것만 즐기게 되어, 그 짐독550)을 보지 못하고, 재물을 좋아하면 모아 거두는 데만 힘써서, 백성들이 흩어지는 것을 보지 못하고, 편안히 놀기를 좋아하면 절도 없이 놀고 즐기기만 하여 정사政事를 폐하는 해를 보지 못하고, 군사 부리기를 좋아하면 끊임없이 무력을 함부로 써서 백성들이 재앙을 당하게 됨을 보지 못합니다. 임금이 도를 잃게 되는 것은 대개 이 네 가지에서 벗어나지 않습니다.

지금 전하께서는 타고난 정기가 밝고 순수하며 몸가짐이 맑고 검약하시니, 어찌 여색을 좋아하고 재물을 좋아하는 병폐가 있겠습니까. 즉위即位하시어 나라를 다스리신 지가 12년이 되지만 일찍이 놀이를 가신 적이 없으니 편안히 즐기는 병폐가 없음을 알 수 있고, 군비軍備만을 닦고 함부로 군사를 일으키지 않으니 용맹을 좋아하는 병폐도 없으십니다. 그런데 전하께서 무슨 병폐 때문에 학문에 힘쓰지 못하며 몸을 성실하게 하지 못하십니까. 도道라는 것은 높고 먼 것이 아니라 다만 일상생활에 있는데 어떤 사람은 지극히 어려운 것이라 생각하고, 어떤 사람은 힘이 약한 것을 근심하여 감히 공부를 하지

---

550) **짐독**鴆毒 : 짐새의 깃으로 담근 독주毒酒인데 이것을 마시면 사람이 죽게 되므로, 『춘추좌씨전春秋左氏傳』 민공閔公 원년 조條에, "안일에 빠지는 것은 짐독과 같은 것이니, 생각해서는 안 된다." 한 데서 온 말이다.

않습니다. 전하께서도 지극히 어려운 것이어서 힘이 미치지 못한다고 생각하고 계신 것은 아닙니까. 전하께서 이미 분발하여 성군이 되겠다는 뜻이 없으시므로, 여러 신하들이 모두 그러함을 보고서, 마음을 바르게 하고 뜻을 성실히 하라는 말을 듣기 싫은 케케묵은 말이라 여기며, 어려운 일을 책임지우고 선한 일을 베풀라는 의견을 어리석은 선비의 오활[551]한 방책方策으로 여기고 있습니다. 경연經筵에서도 그저 문자文字를 해석하는 것만으로 선도善道를 임금에게 아뢰는 책임을 메울 뿐이며, 전하께서도 반복하여 글자의 새김과 글의 뜻이나 물으실 뿐 절실하게 실천해야 할 공부는 하문하신 적이 없으십니다. 책을 읽으면서 글 뜻만을 구하고 자신에게 반성하지 않는다면 그것은, 바로 과거를 보려는 선비가 이름이나 구하고 녹이나 구하는 방법인 것입니다. 속된 선비는 이것으로 출세하여 이름이 드러나고 녹이 후해지는 것으로 진실로 소원을 이룰 것입니다. 이제 전하의 소원은 자신을 요순堯舜과 같이 만들고 백성을 요순의 백성과 같이 만드는 데 있으니, 어찌 그 꽃만을 구하고 열매는 구하지 않을 수 있겠습니까. 이것이 첫째 일입니다.

  아, 전하께서 세상을 다스리는 재주를 가지고 무거운 부탁을 받으시어 시작이 맑고 밝았으니, 어찌 나라를 평안하게 다스리어 백왕百王 중에 뛰어나려는 뜻이 없었겠습니까. 다만 여러 신하들 중에 그 뜻을 받들어 감당할 사람이 적음으로 말미암아 큰 계획이 적당함을 잃고 옳다고 여긴 일을 시험하여 보았으나 공적이 이루어지지 않으며, 의론은 여러 갈래이고 실덕實德은 나타나지 않았으며, 조정의 대관들 사이의 언론은 볼만하나 궐문 밖으로 혜택이 퍼지지 못하니, 이에 성상의 마음이 슬퍼져서 비로소 다스릴 수 없다는 탄식이 나와 큰일을 하려는 뜻이 막혀 버렸습니다. 성상의 뜻이 이미 막히어 다시 다스

551) 오활迂闊 : 실제와 관련이 없음.

림을 꾀하지 않으시므로, 여러 신하들도 그러함을 보고서 마음이 느슨해지고 몸이 풀려 먹고 마시는 것으로 일을 삼고, 남을 위하여 벼슬을 택하여 주고 한가로이 놀면서 날을 보내며, 한 벼슬에 오래 있게 되면 병을 핑계로 사직하고 다른 자리로 옮겨가서 창고의 녹만 축내면서 여러 가지 사무는 다스리지 않고 있습니다. 간혹 공사公事를 받들고 직책을 다하는 이가 있으면, 여러 사람이 기어이 지목指目하여 혹은 어리석고 망녕된 자라고 조롱하고, 혹은 이름을 낚는다고 풍자합니다. 오직 일을 게을리하고 시속552)을 따르는 자만이 위로는 임금의 뜻에 거스르지 않고, 아래로는 벗을 잃지 않으며, 밖으로는 남의 비방을 받지 않고 안으로는 부모의 꾸지람을 듣지 않으며, 맛있는 음식을 먹고 편안히 앉아서 몸을 영화롭게 하고 집을 윤택하게 합니다. 지금 세상의 선비들이 그 직분을 직분대로 하지 않는 것은 그의 본심이 아니라, 자신을 받아들이고 지위를 보전하는 술책이 여러 사람을 따르는 데 있기 때문입니다. 아, 인간의 상정으로 누가 자기에게 이롭게 하려 하지 않겠습니까. 오직 도를 지키는 군자라야 의義를 중히 여기고 이익을 가볍게 여길 수가 있습니다. 오늘날 의를 중히 여기고 이익을 가볍게 여기는 자가 몇 사람이나 있겠습니까. 세속을 따라서 지위를 구하면 몸이 귀하게 될 수 있고, 세속을 따라 재물을 구하면 집이 부유해질 수 있어서, 자기를 이롭게 하려는 뜻을 이루지 않음이 없습니다. 오직 전하만이 조금도 이익 되는 것이 없고 다만 시국의 일이 날마다 글러져서 수습할 수 없게 되는 것을 보게 될 뿐입니다. 2백 년 사직이 위태로워 망할 지경에 빠졌으니, 전하의 밝으심으로 환히 알지 못하지는 않을 것이고, 전하의 능력으로 떨쳐 일으킬 수가 있는데, 어찌하여 지금까지 손을 대에서 구해보려 하시지 않습니까. 옛날 춘추春秋 시대에 세상이 쇠퇴하고 도가 미약하여 제

---

552) **시속**時俗 : 그 당시의 풍속.

후[553)는 제도를 제멋대로 뜯어 고치고, 대부大夫는 정사를 잡고 흔들어 천하의 혼란이 극도에 다다랐습니다. 그래서 공자께서 필부[554)의 힘으로 오히려 한 세상을 구제하려 하여 사방의 나라를 두루 돌아다니셨는데, 말씀하시기를, "천하에 도가 있으면 내 더불어 변역[555)시키려 하지 않을 것이다." 하셨습니다. 대개 성인의 마음은 도가 없다고 해서 천하를 버리려 하지 않은 것입니다. 오늘날 세도[556)가 차차 쇠하여짐은 비록 춘추 시대보다도 아랫니기는 하지마는, 열국[557)과 전쟁을 하는 환란이 없고 전하께서 다스릴 수 있는 지위에 계시니, 공자와 같은 필부에 견줄 바가 아니어서 다스리려고 하면 다스릴 수 있습니다. 전하께서 어찌 도가 없다고 해서 한나라를 버리실 수 있겠습니까. 이것이 둘째 일입니다.

아, 전하께서 총명하심은 남보다 뛰어나고 정기[558)는 한 세상을 어거하지만, 성학聖學이 진보되지 않고 도량이 넓지 못하십니다. 그러므로 선비를 가볍게 여기는 뜻이 있음을 면치 못하여, 그 사람을 믿지 않고 그의 말을 채용하지 않습니다. 지금 위로는 대신으로부터 아래로는 모든 관리에 이르기까지, 가까이는 시종[559)으로부터 밖으로는 목사[560)와 도백[561)에 이르기까지, 전하

---

553) **제후**諸侯 : 봉건 시대에 영토를 가지고 그 영내의 백성을 지배하던 사람.

554) **필부**匹夫 : 한 사람의 남자. 신분이 낮은 사내.

555) **변역**變易 : 고쳐서 바뀜.

556) **세도**世道 : 세상을 올바르게 다스리는 도리.

557) **열국**列國 : 여러 나라.

558) **정기**精氣 : 민족 따위의 정신과 기력. 만물을 생성하는 원기. 생명의 원천이 되는 원기. 영기靈氣.

559) **시종**侍從 : 임금을 가까이에서 모시며 국사를 처리하던 홍문관의 옥당, 사헌부 또는 사간원의 대간 등을 통틀어 이르는 말.

560) **목사**牧使 : 관찰사 아래에서 지방의 각 목을 맡아 다스리던 정삼품 외직 문관.

561) **도백**道伯 : 관찰사.

께서 진심으로 믿고 중하게 여기시어 그 계책을 채용하고 있는 사람이 누가 되는지 모르겠습니다. 이미 죽은 현인賢人으로서 온 세상이 높이는 자라할지라도 전하께서는 오히려 존중하고 소중하게 여기는 뜻이 없으시거늘, 하물며 지금 시대의 선비들이야 어떠하겠습니까. 시험해 볼만한 재능이 있는 선비라면 전하께서는 반드시 그가 일 만들기를 좋아한다고 걱정하시고, 곧은 말로 조정에서 간하는 선비라면 전하께서는 반드시 그가 뜻을 어긴다고 싫어하시고, 선비의 행실에 대해 법도를 제정하려는 선비라면 전하께서는 반드시 그가 거짓으로 꾸민다고 의심하시니, 알지 못하겠습니다만, 어떤 도를 배우고 어떤 계책을 아뢰어야만 성상의 마음에 합치되어 의지하고 믿음을 얻을 수 있겠습니까. 쇠퇴한 세상에서는 자기와 같은 것을 좋아하고 다른 것은 미워하기 때문에 선비들은 미움을 받고 세속을 따르는 자들이 뜻을 얻는 것이니, 전하께서는 어찌 이 폐단을 생각하지 않으십니까. 대개 세속의 상정562)으로 말하자면 선비는 진실로 미워할 만합니다. 다스림을 논할 적에는 멀리 당우563)를 끌어대고, 임금을 간할 적에는 난처한 일로 책임을 추궁하며, 잡아두어도 머물지 않고, 총애해도 즐거워하지 않으며, 오직 자기 뜻을 행하려는 데에만 마음을 쓰니 참으로 쓰기가 어려운데, 그중에는 혹은 과격한 자도 있고, 혹은 세상일에 어두운 자도 있고, 또한 명성을 좋아하는 자도 간혹 그 세속을 따르는 대열에 끼어 있으니, 어찌 임금들이 미워할 만한 대상이 되지 않겠습니까. 세속을 따르는 선비들은 시속을 따르며 대중들과 같이하여 거스른 일이 없으며, 임금을 섬기는 데 익숙하여 오직 명령을 따르며 그릇된 일을 익히는 데 안신564)하여, 그른 것을 바로잡거나 과격한 것은 일삼지 않으니, 참으로

---

562) **상정**常情 : 사람에게 공통적으로 있는 보통의 인정.

563) **당우**唐虞 : 중국의 도당씨陶唐氏와 유우씨有虞氏. 요순堯舜 시대를 말함.

564) **안신**安身 : 몸을 편안하게 함.

임금이 가까이 두고 신임하는 사람입니다. 비록 그러하나 선비들은 의義를 좋아하고, 세속을 따르는 자들은 이익을 좋아하니, 이익을 좋아하면서 그 임금을 사랑하는 자는 없으며, 의를 좋아하면서 그 임금을 잊는 자는 없습니다. 하루아침에 화란이 일어나면, 자신을 던져 임금을 구하고 의義를 취하여 목숨을 버리는 자는 반드시 선비에서 나오지, 결코 세속을 따르는 자에서 나오지 않습니다. 아, 의를 좋아하는 자는 나라를 위하고, 이익을 좋아하는 자는 제 집을 위하는데, 나라를 위하는 것과 제 집을 위하는 것은 분별하기가 어렵지 않습니다. 조정 신하 중에서 용렬하게 세파565)를 따르고 아무런 의견도 드리는 것이 없으며, 임금에게 허물이 있어도 감히 올바로 규탄하지 않는 자는 대개 제 집만을 위하는 자로서 제 이익을 잃을까 두려워해서입니다. 만약 곧은 말로 얼굴빛을 바르게 하여 머뭇거리거나 흔들림이 없이 생각한 바가 있으면 반드시 아뢰고, 재능이 있으면 반드시 그 재능을 다하는 자는 대개 나라를 위하는 자로서, 그 의義를 잃을까 두려워해서 입니다. 오직 임금이 이들을 밝게 가려내지 못하여 참소하고 아첨하는 무리가 그 틈을 잘 타게 됩니다. 그러므로 제 집을 위하는 자는 대부분 총애 받아 발탁되고 나라를 위하는 자는 대부분 형벌[刑戮] 속에 빠지니, 진실로 슬퍼할 만한 일입니다. 다만 명성을 좋아하는 선비는 그럴 듯해서 가려내기가 어렵지만, 만일 임금이 이치에 밝고 의義에 정밀하다면 허위虛僞가 또한 그 정상情狀을 숨기지 못할 것입니다. 그러나 사람이 명성을 좋아하는 것을 싫어하여 실질적인 덕이 있는 선비까지 의심해서는 안 됩니다. 기묘년(1519년, 중종14년)에도 중종中宗께서 매우 날카롭게 다스림을 구하시어 여러 현인들이 떼를 지어 나왔는데, 그중에 어찌 명성을 좋아하는 자가 없었겠습니까. 대개 나라를 위하는 사람이 많았는데 남을 참소하는 자

---

565) **세파**世波 : 모질고 거센 세상살이의 어려움.

들이 망극하게도 교묘히 그럴 듯한 트집을 만들어 드디어는 한꺼번에 몰아 죽였던 것입니다. 조광조가 죽음에 임하여 시를 지어 이르기를, "임금 사랑하 기를 아버지 사랑하듯 하니, 하늘 해가 나의 붉은 마음을 비추리라.[愛君如愛父 天日照丹衷]" 하였는데, 신이 매양 이 구절을 읊을 때마다 눈물을 흘리지 않은 적 이 없습니다. 지금 전하의 밝으심으로 반드시 간사한 사람들에게 속임을 당 하지 않을 것이니, 결코 기묘사화[566]같은 일은 없을 것입니다. 다만 여러 신 하들이 전하께 바라는 것이 어찌 사림土林의 화禍를 일어나지 못하게 하는 데만 그치겠습니까. 전하의 뜻이 고상하고 명쾌하신 데도 신임과 존중을 받은 사 람이 없고 채택되어 쓰인 계책이 없으므로, 대소 관원들은 침묵을 지키는 것 으로 풍조를 이루어 구차하게 자리를 차지하고 있으니, 현명한 자는 감히 덕 으로 보필하지 못하고 능력 있는 자는 감히 재능으로 돕지 못하며, 지혜 있는 자는 그의 계책을 아뢸 곳이 없고, 용기 있는 자는 그 과단성을 쓸 곳이 없어서, 충신들은 속으로 탄식하고 비루한 자들은 제멋대로 날뛰니 전하의 나랏일이 다시 어찌할 형세가 되었습니다. 이것이 셋째 일입니다.

아, 전하께서 세상의 일에 마음을 두지 않는 것이 아니며, 백성들의 고통에 대하여 측은하게 여기지 않는 것도 아닙니다. 그러나 지금까지 정사의 한 가 지 폐단도 고쳐지지 못하고, 백성의 한 가지 괴로움도 해결하지 못한 것은, 전 하께서 이전의 규정만 고수하시고 변통을 생각하시지 않는 까닭입니다. 예 로부터 제왕이 창업하여 법을 제정하면, 비록 그 법이 처음에는 더할 나위 없

---

566) **기묘사화**己卯士禍 : 1519년(중종 14년) 11월 남곤·심정·홍경주 등의 재상들에 의해 조광조· 김정·김식 등 사림이 화를 입은 사건. 중종 즉위 이후 정국을 주도한 훈구파에 대해 신진 사림파들이 정계에 진출해 세력을 늘려가면서 갈등을 일으켰다. 특히 사림파들은 중종반 정의 공신 중 공이 없음에도 공신이 된 자들을 솎아 내야 한다고 주장하고 이를 일부 관철 시켰다. 그러자 훈구파들은 사림파들이 붕당을 지어 왕권을 위협하고 국정을 어지럽힌다 고 고해 중종은 이를 수용해 사림파들을 숙청했다. 이후 훈구파가 다시 정계의 중심이 되 었으나 사림의 대세는 막을 수 없었다.

이 훌륭하고 아름답지마는, 시간이 흐르고 일이 변하면 법이 오래되어 폐단
이 생깁니다. 그래서 후손으로서 이를 잘 계승하고 잘 발전시키는 임금은 반
드시 때에 따라 적당하게 개혁하며 예전 것에만 얽매이지 않기 때문에, 진서산
眞西山 진덕수眞德秀는 『중용』567)의 계술568)의 뜻을 논하여 말하기를, "마땅히
지킬 것을 지키는 것이 진실로 계술이기는 하나, 마땅히 변통할 것을 변통하
는 것도 계술이다." 하였으니, 이 말이 참으로 정치의 본체를 알고 있는 것입
니다. 우리 왕조는 태조대왕께서 기업基業을 여시고 법을 세우시어 큰 강령은
비록 이루어졌으나 절목節目은 갖추어지지 못하였습니다. 열성조569)가 이어
받아서 때에 따라 법을 창제하되, 한 규정에 구애받지 않고 대代마다 새로운
법을 제정하여 각각 그 마땅한 바에 맞도록 하였습니다. 그러므로 『대전大典』
을 반포하여 내리는 때에 그 법에는 벌써 한두 가지 시행할 수 없는 것이 있게
되었던 것입니다. 연산조燕山朝 때에 조종朝宗의 법규가 모조리 전복되었고, 중
종이 반정570)한 뒤에는 고쳐 새롭게 할 수가 있었으나 조정의 신하들 중에 시

---

567) 『중용中庸』: 『대학』·『논어』·『맹자』와 더불어 사서四書라고 한다. 유교에서 사서라는 일컬
    음이 생긴 것은 중국의 송나라 때에 이르러서이다. 주희朱熹가 『예기』 49편 가운데 「대학」·
    「중용」을 떼어내어 『논어』·『맹자』와 함께 사서라 이름을 붙인 것이다. 이 후 사서는 유교
    의 근본 경전으로 반드시 읽어야 하였다.

568) 계술繼述: 조상의 뜻과 사업을 이음.

569) 열성조列聖朝: 여러 대의 임금의 시대.

570) 중종中宗이 반정反正: 연산군 때는 농업진흥책에 힘입어 산업구조상의 변화가 일어났으며
    지배층의 관료는 훈신·척신계와 사림계로 나뉘어 대립했다. 훈신·척신계는 경제변화 속
    에서 관권을 매개로 부상들과 결탁해 부를 늘려갔다. 이에 대한 신진관료집단인 사림파
    들의 공격이 거세게 일어나 국왕과 그의 측근 세력들에게도 맹렬한 공격을 퍼부었다. 연
    산군은 1498년 무오사화를 일으켜 사림파들을 제거했고 1504년에 갑자사화로 훈신계열
    을 숙청하고 잔존의 사림파마저 제거했다. 이 과정에서 지배층 내부의 불만을 야기됐고
    연산군의 방종한 생활은 백성들로부터 원성을 사게 되었다. 이러한 약점을 이용하여 훈
    신계열인 박원종·유순정·성희안 등이 모의해 1506년 임사홍·신수근 등을 제거한 후 연산
    군을 폐위시키고 중종을 등극시켰다.

무⁵⁷¹⁾를 아는 이가 적어서 의논이 여기에 미치지 못하였습니다. 게다가 사화가 일어나서 만사가 기왓장 깨지 듯하여 조종의 훌륭한 법과 아름다운 뜻이 많이 폐지되어 행하여지지 않고, 권세 있는 신하와 재간 있는 관리가 일에 따라 지혜를 써 법령을 덧붙여 만들어 재물을 긁어모으고 백성을 병들게 하는 제도를 만든 것이었는데, 이를 행한 지가 이미 오래되어 마침내 성법成法이 되고 금석⁵⁷²⁾의 법전으로 여기어 감히 다시 개혁하려는 개혁을 내지 못하니, 지금 이른바 지키려는 자들은 조종이 이루어 놓은 법에 대해서는 빈이름만 지킬 뿐 그 실상이 없으며, 근대의 폐단이 되는 법에 대해서는 이를 인습하여 따르기만 힘쓸 뿐 고치지를 않으니, 정치가 흥성하지 않는 것과 백성이 곤핍한 것은 곧 이때문입니다. 이제 전하께서 진실로 큰일을 하고자 하신다면 비록 조종의 옛 법이라도 오히려 잘 헤아려서 변통하셔야만 할 것입니다. 하물며 권세를 부리던 간신들이 만든 백성에게 병이 되는 법은 마땅히 불에 타는 것을 구원하고 물에 빠진 것을 건지듯 개정하셔야 할 것입니다. 무엇이 괴로워하며 그대로 준수하면서 스스로 위태하고 망하는 지경에 이르게 하십니까. 지금 의논하는 자들이 대부분 말하기를, "법에 따라서 정치를 하면 근심이 없을 수 있지만, 만일 법을 개정하고자 한다면 일세에 뛰어난 재능 있는 사람이 아니고서는 할 수 없다."라고 하는데, 이 말이 그럴 듯하기는 하나 실제로는 그렇지 않습니다. 대개 이른바 '법에 따라 정지를 한다.'는 것은 그 법이 다스릴 만한 것을 말합니다. 지금 백성을 병들게 하는 법을 지키면서 백성을 다스리기를 구하는 것은 도리어 뒷 재앙이 없는 나무에 올라서 물고기를 구하는 것만도 못할 것입니다. 또한 연산군⁵⁷³⁾이 정한 공안貢案 같은 것은 임사홍⁵⁷⁴⁾의

---

571) **시무**時務 : 시급한 일. 그 시대에 중요하게 다루어야 할 일.

572) **금석**金石 : 금석 문자.

573) **연산군**燕山君 : 조선의 제10대 왕(재위 1494~1506년). 무오사화를 일으켜 많은 신진 사류들

무리가 만들어 놓은 것에 지나지 않습니다. 임사홍의 무리가 만들어 놓은 폐단이 많은 법을 반드시 일세의 뛰어난 재능 있는 사람을 기다려 개정할 수 있다는 것이 무슨 말입니까. 만일 오늘날 그릇된 전철을 고치지 않는다면 비록 성주聖主가 위에서 근심하며 부지런히 다스리고, 어진 재상이 아래에서 심력心力을 다하더라도 역시 백성의 곤핍함을 구제하지 못하여 마침내는 반드시 망하고 말 것이옵니다. 비유하면, 어떤 집안의 자손이 조상의 큰 집을 지키고 있으면서 오랫동안 중수하지 않아서 들보와 기둥이 썩고 기와와 벽돌이 깨어졌으며, 괴고 떠받치는 것이 주밀하지 못하여 넘어지고 무너지게 될 형세가 되었다면, 어찌 팔짱을 끼고 앉아서 보기만 하는 사람을 잘 이어간다고 하고 반대로 기와를 고치고 재목을 바꾸는 사람을 잘 지켜나가지 못한다고 할 수 있겠습니까. 옛사람이 말하기를, "말을 듣는 방법은 반드시 그가 하는 일을 관찰하는 것이니, 그러면 사람이 감히 망녕된 말을 하지 못할 것이다." 하였습니다. 어리석은 신이 개혁해야 한다는 말을 올릴 때마다 전하께서는 매우 듣기 싫어하시는데, 청컨대 그 일을 가지고 증험하여 보소서.

전하께서 길을 따르고 전철을 지키신 것이 이제 10년이 지났습니다. 만일 다스리는 도가 당연하였다면, 의당 공이 이루어지고 제도가 정하여져 위로는 종묘사직이 편안하고 아래로는 백성들이 순탄할 것인데, 구법을 유지해 나가기를 오래 할수록 온갖 폐단이 더욱 생기어 정사는 날로 어지러워지고 기강은 날로 무너지며 민생은 날로 고통스러워지고 풍속은 날로 퇴폐해져서 온 나라

을 죽이고, 생모 윤씨의 폐비에 찬성했던 윤필상 등 수십명을 살해하였다. 경연을 없애고 사간원을 폐지하는 등 비정批政이 극에 달하여 중종반정으로 폐위되었다.

574) **임사홍**任士洪 : 조선시대 전기의 문신이자 외척, 사상가, 성리학자이다. 신수근 등과 함께 폐비 윤씨 사사 사건을 연산군에게 알려 갑자사화의 빌미를 제공한다. 음서로 출사한 뒤 사재감사정과 사직을 거쳐 1465년(세조 11년) 알성문과에 급제하여 관직은 숭록대부 지중추부사에 이르렀다.

가 무너져 버려 마치 강물을 터놓은 것같이 감히 막을 수가 없게 되었으니, 그 까닭은 무엇이겠습니까. 전하께서도 그러한 것을 아실 터인데 어째서 돌이켜 생각하지 않으십니까. 이것이 넷째 일입니다.

　오직 이 네 가지 일이 오늘날 고질의 깊은 근원이 되고 있습니다. 위로는 전하로 하여금 움츠려들어 스스로를 작게 여기며 평범한 것을 편안히 여기고 옛것만을 익힌 채 분발하여 떨치고 일어나 자신을 닦고 사람들을 다스리려는 뜻이 없게 하고, 다음으로는 조정 신하들로 하여금 앞을 내다보고 뒤를 돌아보며 얻는 것을 근심하고 잃은 것을 근심하며 나라를 위해 몸을 바치고 충성을 다하여 허물을 보충하려는 마음이 없게 하고, 아래로는 백성들로 하여금 떠돌아다니며 살 곳을 잃고 물 위에 떠 있는 저 물풀과도 같이 편안히 생활하며 생업을 편안히 생활하며 즐기면서 부모를 섬기고 처자를 기를 바탕이 없게 하고 있습니다. 위아래와 사방이 위축되어 나아갈 곳을 알지 못하니, 아, 괴롭습니다. 만일 이 네 가지 병폐가 제거되지 못한다면 비록 고요[575]와 익益으로 하여금 안에서 계책을 진달하게 하고, 주공[576]과 소공[577]으로 하여금 밖에서

---

575) **고요**皐陶 : 소호 금천씨의 후손이다. 순임금이 우에게 치수를 맡길 때 우가 거절하고 후직과 설, 고요를 추천하였으나 순임금은 우에게 치수를 맡기고 고요는 사士를 맡게되어 순임금 때 법관이 되었다. 고요는 부임 후 형법과 교칙을 제정하여 「오형」, 「오교」를 시행하였다. 이때부터 사회가 화합하고 천하가 크게 다스려졌다. 우禹 임금은 다음 제위를 고요에게 선양하려 하였는데 고요가 먼저 세상을 떠났다. 아들 백익의 자손들이 영英, 육六, 허許에 봉해졌다고 한다. 고요는 공자의 고향으로 알려진 산동성 곡부현에서 태어났고 묘지는 안휘성 수현에 있다고 전한다. 당나라 현종이 고요를 덕명황제로 추존하였다.

고요

576) **주공**周公 : 주나라의 정치가다. 그는 문왕의 아들이자 무왕의 동생이다. 성은 희姬, 이름은 단旦, 시호는 문공文公이다. 아들이 노나라의 제후로 봉해진 이래 노의 시조로서 받들었다. 통칭은 주공이라고 한다. 그는 형인 무왕을 보좌하였고, 무왕 사후 그의 어린 아들인 성왕을 보좌하고 주나라 건국 이후 불안한 정국을 안정시켰다. 그는 강태공, 소공 석과 함께

정치의 교화를 베풀게 하더라도 끝내 한 푼의 이익도 없을 것인데, 하물며 조정에 도량이 좁은 신하들이 성상의 조정을 좌우하는 데야 어떠하겠습니까. 예로부터 충신으로서 말을 올리는 자들은 반드시 다스려진 세상을 가지고 어지럽다고 하기 때문에, 임금들은 반대로 생각하기를, "이 세상이 어찌 그런 지경까지 이르렀겠는가." 하나,

주공

말을 올리는 도리는 마땅히 이렇게 해야 합니다. 지금 전하께서도 신의 말을 생각해 보셨습니까. 오늘날이 과연 다스려진 세상인데 어리석은 신이 지나친 말을 한 것입니까. 오늘날 나라의 형세와 백성들의 실정을 가지고 보면, 평시에 일이 없는 때에도 이미 숨이 경각에 달려 있어 마치 병이 심한 사람이 형해[578]는 겨우 남아 있으나 숨이 다해 가고 있는 것과 같습니다. 만일 혹시라도 불행히 안에 소인이 있어서 사림에 화禍를 떠넘기고, 밖에 무력 세력이 있어 분수도 모르고 공손하지 않은 행동을 하게 된다면, 이는 국가의 운수가 다하는 때입니다. 소인의 화는 밝으신 성상께서 위에 계시니 근심할 것이 없으나, 무력에 의한 환난의 경우는 어찌 반드시 없으리라고 보증할 수 있겠습니까. 가만히 듣건대, 지난해 조정에서 논밭을 측량할 일이 있어서 한산직[579]에 있는 벼슬아치를 경차관[580]에 충당하여 여러 번 명령을 거듭하였으나 끝내 일어나 응하는 자가 없었다고 합니다. 논밭을 측량하는 것이 죽을 곳에 가는 것이 아니고, 벼슬아치들이 완악한 백성도 아닙니다. 식견이 있는 사람으로 하

주의 창업 공신 가운데 한 사람이다.

577) **소공**召公 : 서주의 정치가이자, 연나라와 소나라의 초대 군주이다. 제 태공, 주공 단과 함께 주나라를 개국한 공신들 중 한 사람이다.

578) **형해**形骸 : 사람의 몸과 뼈.

579) **한산직**閑散職 : 한량과 산관직.

580) **경차관**敬差官 : 지방에 임시로 보내던 벼슬. 주로 전곡田穀의 손실을 조사하고 민정을 살핌.

여금 죽지 않을 곳에 나아가게 하려 해도 되지 않으니, 기강을 알 수 있으며 인심을 알 수 있습니다. 이런 기강과 인심으로 만일 외부의 도적을 만나게 된다면 윗사람을 친애하고 어른을 위하여 죽을 사람이 있겠습니까. 지난날 전조[581] 공민왕[582] 때에 홍건적[583] 14만 기騎가 얼어붙은 압록강을 건너왔는데, 우리나라 사람이 막는 자가 없으므로 곧바로 송경[584]까지 들이치니 공민왕은 안동安東으로 피해 달아났다가 나라의 군사 20만을 모아 겨우 이길 수 있었는데, 그 당시의 병력이 그래도 오늘날보다는 나았습니다. 오늘날은 외적이 비록 1만 기騎가 못 된다 하더라도 누가 감히 막겠습니까. 외적만이 근심되는 것이 아닙니다. 백성이 궁핍하

공민왕

고 재물이 다하면 형세는 반드시 도적이 되게 마련입니다. 영남에 진陣을 쳤던 군졸들은 나라를 배반할 조짐이 있습니다. 한곳에 진을 쳤다가 다시 흩어지게 되면 전하께서 처벌할 수 있지만, 만일 곳곳에 진을 쳐서 흩어지지 않는다면 전하께서는 장차 어떻게 처치하시겠습니까. 신의 말은 모두 사실에 의거한 것인데 과연 지나친 말이라 하겠습니까.

아, 전하께 만일 아름다운 자질이 없으시어 큰일을 해낼 수가 없으시다면

---

581) **전조**前朝 : 바로 전대의 왕조. 선조先朝.

582) **공민왕**恭愍王 : 친원 세력을 제거하고 개혁 정치를 추진한 고려 제31대 왕. 충숙왕의 둘째 아들로 이름은 기이며 1351년 왕위에 올라 원명교체라는 대륙정세의 변동을 효과적으로 이용하여 고려의 중흥을 꾀하는 많은 개혁을 시도하였다. 그러나 1365년 왕비인 노국대장공주가 죽자 실의에 빠져 모든 국사를 신돈에게 맡기고 정사를 소홀히 했다. 그림에 뛰어나 고려의 대표적 화가의 한 사람으로 일컬어지며 글씨에도 능했는데 특히 큰 글자에 뛰어났다.

583) **홍건적**紅巾賊 : 중국 원나라 말기에 허베이河北에서 한산동韓山童을 두목으로 하여 일어났던 도둑의 무리.

584) **송경**松京 : 고려의 서울이던 개성開城.

신이 아무리 지성으로 말씀드리더라도 다시 무엇을 바라겠습니까. 이제 신이 머리를 들고 슬피 울며 거짓 없는 진심을 피력하여 여러 번 글을 올리고 물러나 있으면서도 아직껏 그치지 못하는 것은, 다만 전하의 자질이 도道에 들어갈 수 있어서 오늘 깨닫지 못하시면 내일은 반드시 허물을 뉘우칠 수 있으실 것이기 때문입니다. 아, 신의 계책은 참으로 스스로도 헤아리지 못하나, 신의 심정은 참으로 슬픔입니다. 비록 그러하나, 만일 성주聖主의 은혜를 입지 못하였다면 신이 어떻게 이에까지 이를 수 있었겠습니까.

신이 들으니, "시대는 비색[否塞]한 때도 있고 태평한 때도 있으며, 일에는 기회가 있어 시대가 비색하여도 다스릴 기회가 있고, 시대가 태평하여도 어지러워질 기회가 있어서 임금이 자세히 살펴 그 기회를 잘 타는 데 달려 있다." 고 합니다. 전하께서 즉위하신 처음에 어질다는 소문이 널리 퍼져 온 나라 인사士들이 머리를 들고 목을 늘여 지극한 다스림이 있기를 크게 바랐습니다. 이때가 바로 다스릴 수 있는 기회였는데, 당시의 대신들을 나라를 다스릴 원대한 계책이 없어서 성상의 뜻을 이끌어 보좌하지 못하고, 도리어 성상을 심상585)한 길로 인도하여 드디어 그 기회를 잃어버렸던 것입니다. 을해년(1575년, 선조 8년)에 이르러 성상께서 친히 상사喪事를 당하시어 상제喪制에 따라 예를 다하시며 유신586)을 친근히 하시고 치도587)를 강구하시니 인심이 흡족해하여 다시 덕화588)를 바랐습니다. 이때 또한 다스릴 수 있는 기회였으나 때마침 헌부589)의 관리가 궁금590)에 잘못 저촉되어 대신591)이 사실대로 대답하지

---

585) **심상**尋常 : 대수롭지 않고 예사로움.

586) **유신**儒臣 : 유학에 조예가 깊은 신하. 홍문관 관원의 통칭.

587) **치도**治道 : 다스리는 도리나 방법.

588) **덕화**德化 : 덕행으로 교화시킴.

589) **헌부**憲府 : 사헌부.

590) **궁금**宮禁 : 궁궐.

못하여 드디어 성상의 노여움을 격발시켰고 이로 말미암아 성상께서 마음을 돌리시어 도리어 유자592)들을 싫어하시게 되어 드디어는 그 기회를 잃어버렸습니다. 이러한 때는 비유하면, 봄볕이 따스하여 초목의 싹이 트다가 갑자기 엄한 서리가 내리어 생장하려던 뜻을 홀연히 잃게 된 것과 같습니다. 지금 지난 일을 돌이켜 생각해 보니, 한심하여 창자가 맺혀지는 듯하여 스스로 달랠 수가 없습니다.

지난해 겨울에 전하께서 원흉593)의 비밀 술책을 밝게 통찰하시고 공손히 인성왕후594)의 아름다운 뜻을 삼가 받들어 가짜 공훈595)을 삭탈596)하도록 명하심으로써 국시597)를 안정시키고 원흉과 그 잔당까지 일체 캐내어 잘라 없애도록 하였습니다. 이것은 훨씬 뛰어난 것이었습니다. 성상의 마음으로 결단을 내리신 것이고 여러 신하들이 생각하던 것보다도 30년에 걸친 신명598)과 사람들의 분함을 조금도 유감이 없게 하루아침에 통쾌하게 풀어 주셨습니다. 나라 사람들이 서로 경사로 여기고 절름발이나 앉은뱅이도 손뼉 치며 기뻐하였으니, 이렇듯 명분을 바로잡는 거사로 인하여 다시 큰일을 하리라는 희망을 불러일으켰습니다. 이 또한 다스릴 수 있는 기회입니다. 전하께

---

591) **대신**臺臣 : 사헌부의 대사헌 이하 지평까지의 벼슬.

592) **유자**儒者 : 유학을 공부하는 선비. 유생.

593) **원흉**元兇 : 못된 짓을 한 무리의 우두머리.

594) **인성왕후**仁聖王后 : 반남박씨로 아버지는 첨지중추부사 용이다. 1524년(중종 19년) 세자빈에 책봉되었으며, 1544년 인종이 즉위하자 왕비가 되었다. 존호는 공의·효순이며, 전호는 효모이다. 자식이 없었다. 능은 고양에 있는 효릉이다.

595) **공훈**功勳 : 나라나 사회를 위해 세운 큰 공로.

596) **삭탈**削奪 : 죄지은 사람의 벼슬과 품계를 빼앗고 벼슬아치의 명부에서 이름을 지우던 일. 삭탈관직削奪官職.

597) **국시**國是 : 국가 이념이나 국가 정책의 기본 방침.

598) **신명**神命 : 하늘과 땅의 신령.

서 지난날에 이미 두 번 그 기회를 잃으셨는데, 이제 어찌 차마 세 번째까지 잃을 수 있겠습니까. 아, 전하께서 자신을 닦고 사람을 다스리지 못하심은 하지 않는 것이지, 할 수 없는 것이 아닙니다. 전하께서 만일에 네 가지 병폐가 해가 된다는 것을 아셨다면, 오늘날 마땅히 힘써야 할 방도가 어찌 부지런히 힘껏 네 가지 병폐를 제거하는 데 있지 않겠습니까.

전하께서 진실로 하루아침에 개연히 분발하시어 이르시기를, "사람의 성품은 모두 착한데 나만이 홀로 요순599)이 될 수 없겠는가. 도는 예전과 지금이 없는데 나만이 홀로 지극한 다스림을 일으킬 수 없겠는가. 조종께서 맡겨 주신 사업을 어찌 차마 내 몸에 와서 무너뜨릴 수 있겠는가. 조종께서 곧게 인도해 온 백성들을 어찌 차마 내 시대에 와서 버릴 수가 있겠는가. 재능은 다른 시대에서 빌리지 못하는데 우리나라에 어찌 인물이 하나도 없겠는가. 법은 시대로 인하여 변통하는 것인데 예전 법규를 어찌 모두 지킬 수 있겠는가."라고 하소서. 이미 이러한 마음을 분발하셨으면 기본을 세우시고, 깊이 과거의 뉘우침을 고하시고 친히 애통한 교서를 내리시어 지성으로 어진 이를 초빙하고 지성으로 간언을 구하며, 전날의 상례600)만 따르던 습관을 벗어 버리시고 온 나라 신민의 희망을 불러일으키소서. 어진 선비가 이르고 여러 계책이 모이면, 또 모름지기 뜻을 굽히어 자문하시고, 허심탄회하게 즐겨 들으시며, 충성된 말은 반드시 받아들이고 좋은 계책은 반드시 취하여 그것으로 자신을 닦고 그것으로 정치를 하소서. 그렇게 하면 어진 자는 그의 도를 행하려 하고, 능력 있는 자는 그의 재능을 펼려 할 것이니, 반드시 천리길을 대수롭게 여기지 않고 이르는 자가 있을 것입니다. 제왕으로서 먼저 힘써야 할 것은 사람 얻는 것보다 더 급한 것이 없는데, 사람을 얻는 방법은 또 몸을 닦는 데 있는 것입

---

599) **요순**舜舜 : 중국의 요임금과 순임금.

600) **상례**常例 : 보통 있는 일. 늘 있는 일.

니다. 몸이 닦여지지 않으면 마음이 바르지 않고 마음이 바르지 않으면 지혜가 밝지 않고, 지혜가 밝지 않으면 충성된 사람과 간사한 사람을 분간하지 못하고, 선薌하고 선하지 못한 것을 변별하지 못하니, 어떻게 사람을 얻을 수 있겠습니까. 그러므로 공자께서 말씀하시기를, "정사를 하는 것은 사람을 얻는데 달려 있으니, 몸으로써 사람을 취하고 도로써 몸을 닦아야 한다."고 하셨습니다. 지금 전하께서 묵은 습성을 쓸어버리고 성심으로 도道로 향하시려면, 반드시 힘써 노력하여 몸을 닦아서 몸으로써 사람을 취하여야 하는데, 몸을 닦는 도는 성현聖賢의 말에 갖추어져 있습니다. 신이 전날에『성학집요』601)를 지어 바쳤는데, 그것은 신의 말이 아니라 바로 성현의 격언입니다. 전하께서 유의하시어 기억하고 계신지 알지 못하겠습니다. 몸을 닦는 대요602)가 이 책에서 벗어나는 것이 없으니, 신은 오늘 다시 덧붙여서 말씀드리지 않겠습니다.

다만 생각건대, 몸을 닦는 실제의 공적은 기질을 바로잡아 다스려주고 병을 살펴 약을 쓰는데 있는데, 이제 전하께서 뜻을 세우지 않고 몸을 닦지 않으며 정사를 다스리지 않으시는 것은 무슨 병의 근원이 있어서 그러시는 것입니까. 이는 전하께서 돌이켜 구하여 보는 데 달려 있습니다. 어리석은 신이 가만히 보건대, 성명聖明께서 자신이 넘치시고 남을 따르는 데는 생각이 적으십니다. 대개 자신에는 두 가지가 있습니다. 선을 가리고 중中을 지키면서 자신을 가지면 진실로 일정함이 있어서 덕을 이룰 수 있습니다. 그러나 오로지 자신만해서는 안 되고 반드시 선을 취하는 것이 바탕이 되어야만 합니다. 하물며

---

601) 『성학집요聖學輯要』: 13권 7책. 고활자본. 궁중에서 왕자의 교재로도 사용했으며, 민간에서도 널리 읽혀 이이의 저작인『격몽요결』과 함께 조선시대에 가장 많이 읽힌 책 중의 하나이다. 따라서 판본도 여러 종류가 있으며,『율곡전서』권19~26에 수록되어 있다.

602) 대요大要 : 대략의 줄거리.

권형[603)이 바람을 얻지 못하면서 자신만 한다면, 이는 오로지 내 말대로만 하여 나를 어기지 말라고 하는 것과 거의 같지 않겠습니까. 옛날의 제왕이 허심탄회하게 선을 좇음으로써 덕을 덕으로 나아가는 근본을 삼지 않은 이가 없었습니다. 그러므로 『서경』[604) 「상서商書 중훼지고仲虺之誥」에 이르기를, "스스로 스승을 얻을 수 있는 자는 왕이 되고, 남이 자기만 못하다고 말하는 자는 망한다. 묻기를 좋아하면 여유가 있고, 자기 소견대로 하면 작아진다." 하였습니다. 이제 전하의 성지[605)로 의당 선한 것을 좇지 않음이 없으실 터인데, 오히려 한 편에만 집착하시고 남을 이기기만 좋아하는 병통을 면치 못하시니 그 까닭이 무엇이겠습니까. 전하께서 스스로 학문이 이미 성취되었으니 다른 사람에게 의뢰할 것이 없다고 여기시기 때문이 아니겠습니까. 아니면 세상에 어진 선비가 없어서 신임할 만한 사람이 없다고 여기시기 때문입니까. 아니면 마음이 다른 일을 주장하여 선을 하기에는 미칠 겨를이 없다고 여기시기 때문입니까. 아니면 성상의 마음이 막연하시어 시비是非와 선악善惡에 대하여 도무지 관심이 없기 때문입니까. 저울질해 본 뒤에야 가볍고 무거운 것을 알고, 재어 본 뒤에야 길고 짧은 것을 알 수 있으니, 전하께서는 어찌 또한 저울질해 보고 재어 보지 않으십니까. 만일 전하께서 스스로 학문이 이미 성취되었으니 다른 사람에게 의뢰할 것이 없다고 생각하신다면 그것은 그렇지 않은 것입니다. 옛사람이 요堯를 칭찬하여 말하기를, "자기를 버리고 남을 따른다."

---

603) 권형權衡 : 사물의 경중輕重을 재는 척도나 기준. 사물의 균형.

604) 『서경書經』 : 오경五經 중의 하나로, 중국 상고시대의 정치를 기록한 책이다. 고대에는 제도상으로 사관史官이 있어 나라 안에서 일어나는 모든 정치적 상황이나 사회 변동·문물 제도 등을 낱낱이 문자로 기록하였다고 한다. 따라서, 옛날에는 그저 서書라 일컬었으며 때로는 왕조王朝의 이름을 위에 얹어 우서虞書·하서夏書 등으로 일컫기도 하였다. 공자孔子는 이 서를 대단히 중히 여겨 번잡한 것을 정리해 다시 편찬했다는 설이 있으며, 시詩와 더불어 제자들의 교육에 핵심적인 교과 과정으로 삼았다.

605) 성지聖智 : 성인의 지혜.

하였고, 순舜을 칭찬하여 말하기를, "남에게서 취하여 선善을 함을 좋아한다." 하였으며, 우禹를 칭찬하여 말하기를, "훌륭한 말에 절하였다." 하였고, 탕湯을 칭찬하여 말하기를, "간諫하는 대로 따라서 어기지 않는다." 하였습니다. 요·순·우·탕은 덕이 이미 지극하였고 다스림도 이미 극진하였으나, 오히려 허심탄회하게 선을 좇되 미치지 못할까 두려워하는 듯이 하였습니다. 하물며 이제 전하께서는 덕이 네 성인에 미치지 못하고 다스림은 삼대三代에 미치지 못하니, 남의 말을 소홀히 여기고 성심으로 구하지 않을 수 있겠습니까. 만일 세상에 어진 선비가 없어서 신임할 만한 사람이 없다고 생각하신다면 역시 그렇지 않습니다. 옛말에 이르기를, "어리석은 자도 천 번 생각하면 반드시 한 가지는 얻는 것이 있으므로, 미친 사람의 말도 성인이 택한다."고 하였으니, 옛날의 제왕이 꼴 베고 나무하는 자들에게 물어보았던 것은 바로 이 도를 쓴 것입니다. 안연606)은 능하면서 능하지 못한 사람에게 물었으며, 자기가 아는 것이 많으면서 적게 아는 사람에게 물었으니, 대개 남는 것이 자기에게 있고 부족한 것이 남에게 있음을 알지 못한 것입니다. 하물며 열 집이 있는 조그만 고을에도 반드시 충직하고 믿음직한 사람이 있는데, 천리가 되는 나라에 어찌 신임할 만한 선비가 없겠사옵니까. 만일 전하께서 마음이 다른 일을 주장하여 선을 하는 데에 미칠 겨를이

안연(안회)

없다고 하신다면, 임금의 병통은 앞에서 말씀드린, 여색女色을 좋아하고 재물을 좋아하며, 사냥을 좋아하고 군사 부리기를 좋아하는 데서 벗어나지 않는

---

606) **안연顔淵(안회顔回)** : 중국 춘추시대 노나라 사람으로, 공자의 제자이다. 자는 자연子淵이다. 자字를 따서 안연顔淵·안자顔子淵이라고도 부른다. 학덕이 높고 재질이 뛰어나 공자의 가장 촉망받는 제자였다. 그러나 공자보다 먼저 죽었다. 빈곤하고 불우하였으나 개의치 않고 성내거나 잘못한 일이 없으므로, 공자 다음가는 성인으로 받들어졌다. 그래서 안자(顔子)라고 높여 부르기도 한다.

것인데, 이제 전하께는 이런 병통이 없으시니 어찌 다른 일을 주장하신다 하겠습니까. 만일 전하의 마음이 막연하여 시비와 선악에 대하여 전연 관심이 없다고 하신다면, 이는 말세의 혼미하고 용렬한 임금이 기력이 차차로 쇠약해져서 위태로운 것을 편안하게 여기고, 재앙을 이롭게 여기는 기상인데, 어찌 전하의 영명하고 탁월하신 자질에 이런 병통이 있겠습니까. 반복하여 생각해도 끝내 성상의 마음이 있는 곳을 깨닫지 못하겠으니, 이것이 신은 황송하여 헤아릴 수 없게 된 까닭입니다. 전하께서는 어찌하여 마음에 돌이켜 그러한 까닭을 깊이 생각하여 보시지 않습니까.

아, 한 사람의 총명에는 한도가 있고 천하의 도리는 무궁하므로, 비록 성인이라도 감히 자신의 총명을 믿지 않고서 반드시 여러 사람의 귀를 나의 귀로 삼고, 여러 사람의 눈을 내 눈으로 삼습니다. 그런 뒤에야 귀는 듣지 못하는 것이 없고 눈은 보지 못하는 것이 없게 되어 지혜가 두루 미치지 않음이 없고 덕이 갖추어지지 않음이 없게 되는 것입니다. 전하께서 참으로 순舜 임금의 사방을 보는 것을 밝히고 사방에 듣는 것을 통달하였음을 근본으로 삼아 온 나라의 선한 말이 모여들지 않는 것이 없게 하고, 성상의 마음으로 저울질하고 헤아려 깨끗하고 밝음이 어긋나지 않아서 그 두 끝을 잡고서 중용을 쓴다면, 이는 학문에 힘쓰고 몸을 진실하게 하는 것이 여기에 근본을 두게 되고, 하늘을 공경하고 백성들을 부지런하게 하는 것이 여기에 근본을 두게 될 것이니, 어찌 덕이 진보되지 않으며, 어찌 기업이 닦여지지 않으며, 어찌 천재天災를 그치게 할 수 없으며, 어찌 백성의 고통을 해결해 줄 수가 없겠습니까. 아, 임금은 한나라의 근본이며, 허심탄회하게 선을 좇음이 또한 임금이 덕을 진보시키고 기업을 닦는 근본이니, 천하의 덕에 그 무엇을 여기에 더할 것이 있겠습니까. 신하로서 임금께 아뢰는 자는 대부분 자기를 버리고 남을 따르라

는 것으로써, 이 말은 늙은 선비가 늘 하는 말과 다름이 없습니다. 지금 신은
범연[607]한 말을 하는 것이 아닙니다. 감히 전하의 몸에 절박한 병통에 대하여
정성을 다하여 남김없이 말씀드린 것입니다. 삼가 바라건대, 전하께서는 심
상한 말로 여기지 마시고 다시 깊이 생각해 주소서. 우리나라의 운수가 비색
하고 태평해지는 기미와, 종묘사직이 흥하고 망하는 기미와 천명天命·인심人心
의 거취去就와 이합집산[608]하는 기미가 모두 전하께서 선을 좇느냐 좇지 않느
냐에 결정될 뿐입니다.

　아, 전하께서 이미 몸을 닦는 것으로써 다스림을 내는 근본을 삼으시고,
또 반드시 사람을 잘 알아보고 벼슬에 잘 임명해야만 정사를 이룰 수가 있습
니다. 비유하면, 사람의 집에서 목수는 집을 짓고 도공[609]은 그릇을 만들며,
사내종은 논밭을 갈고 김매는 일을 맡고, 계집종은 베 짜는 것을 맡으며, 닭은
새벽을 알려 주는 일을 맡고, 개는 짖어 도적을 막아 각각 그 재주가 있어 제각
기 직책을 담당하는데, 만일 부리는 것을 그 재주에 맞지 않게 하고 부산하게
임무를 변경하여 한 가지 일에 전념하지 못하게 하면 반드시 일이 실패하게
되는 것과 같습니다. 나라를 다스리는 것이 이와 무엇이 다르겠습니까. 지금
진실로 밝게 드러난 사람을 등용하고 신분이 미천한 사람도 뽑아 써서 한 시
대의 어진 이와 재능 있는 자를 모두 거두어들이되, 새 사람과 묵은 사람을 논
하지 말고, 문벌도 물을 것 없이, 오로지 그의 사람됨과 기국[610]이 서로 맞는
자를 택하여, 덕과 도량이 있고 도리를 아는 자는 묘당[611]에 거하게 하고, 경

---

607) **범연**泛然 : 차근차근한 맛이 없이 데면데면함.

608) **이합집산**離合集散 : 헤어졌다가 모였다가 하는 일. 취산이합聚散離合. 취산봉별聚散連別.

609) **도공**陶工 : 옹기장이.

610) **기국**器局 : 사람의 도량과 재간. 기량器量.

611) **묘당**廟堂 : 의정부. 종묘와 명당明堂의 뜻으로, 나라의 정치를 하던 곳. 곧, 조정.

술[612]에 정통하고 계옥[613]을 잘하는 자는 경연[614]에 두며, 사람을 알아보는 것이 공정하고 밝은 자는 전형[615]의 직책을 맡기고, 재물을 늘리는 방법을 가진 자는 탁지[616]의 직책을 맡기며, 예禮를 강구하는데 어그러짐이 없는 자는 종백[617]의 직책을 맡기고, 병법을 알고 원대한 계략이 있는 자에게는 사마[618]의 직책을 주며, 충직하고 신의가 있고 명확히 판단하는 자는 형옥[619]을 다스리게 하며, 일을 처리함에 폐단이 없는 자는 공역[620]을 맡게 하고, 자신을 바르게 하고 사람들을 바로잡는 자는 풍헌[621]의 중책을 맡기며, 내 몸을 곧게 하여 말을 다하는 자는 간쟁[622]의 직책을 위임하고, 공사公事를 받들고 백성을 사랑하는 자는 풍교[623]를 받들어 교화를 펴는 임무를 주도록 하소서. 대소 안팎의 관직에 모두 적합한 사람을 택하여 전임시키되 오래 지속하게 하여 공적을 이룰 것을 기약하고, 기일을 한정하지 말며, 그 사이에 맡긴 지위보다 재능이 더 뛰어난 자는 승급을 시키고, 재능이 직위를 감당하지 못하는 자는 좌천시키며, 재능과 직위가 서로 상당한 자는 비록 종신토록 한 가지 직책을 맡게 하여도 괜찮을 것입니다. 만일 질병이 있더라도 가벼이 직위를 갈지 말고 반

---

612) 경술經術 : 경서經書에 관한 학문.

613) 계옥啓沃 : 충성스러운 말을 임금에게 아룀.

614) 경연經筵 : 어전御前에서 경서를 강론하게 하던 일.

615) 전형銓衡 : 인물의 됨됨이나 재능 따위를 시험하여 뽑음.

616) 탁지度支 : 호조戶曹.

617) 종백宗伯 : 예조의 정이품 으뜸 벼슬.

618) 사마司馬 : 병조 판서의 딴 이름.

619) 형옥刑獄 : 형벌과 감옥.

620) 공역工役 : 토목·건축 공사.

621) 풍헌風憲 : 유향소에서 면面이나 이里의 일을 맡아보던 사람.

622) 간쟁諫諍 : 임금에게 옳지 않거나 잘못된 일을 고치도록 간절하게 말함.

623) 풍교風敎 : 교육이나 정치의 힘으로 풍습을 잘 교화시키는 일. 풍화風化.

드시 한漢나라 법에서와 같이 석 달이 찬 뒤에 해임시키소서. 혹시 한 관직에 있기를 싫어하여 병을 칭탁하고 사퇴하는 자가 있다면 대간624)이 드러나는 대로 논핵625)하여 반드시 공경626) 백관627)으로 하여금 성실하고 부지런하게 직책을 지키며 한 마음으로 나라를 위하게 해야 합니다. 그리고 고쳐야 할 폐단이 된 법과 시행할 만한 새로운 제도에 있어서는 모름지기 널리 여러 사람의 의논을 받아드려서 밝게 살피고 정밀히 가려서, 혹은 개혁하고 혹은 법을 제정하되 시의628)에 맞도록 힘써서, 정치의 결함과 백성의 고통을 일체 쓸어 버리고, 주현629)으로 하여금 조세를 거두어들이는 것을 너그럽고 공평하게 하고 요역630)은 가볍고 고르게 하며, 관리들은 가혹한 정사를 못하게 하고, 백성은 일정한 생업을 갖게 해야 합니다. 그러면 하늘의 뜻을 돌이킬 수 있고, 백성의 마음을 얻을 수 있으며, 교화를 베풀 수 있고, 예악631)을 일으킬 수 있을 것인데, 어찌 유독 위태로워서 망하는 것만 면할 뿐이겠습니까. 전하께서 진실로 이러한 뜻을 세우시고 덕음632)을 널리 알리신다면 선정633)이 미처 베풀어지기도 전에 나라 사람들이 벌써 천리 밖에서도 고무634)될 것이니, 어찌 우리나라의 억만년토록 무궁한 아름다움이 아니겠습니까. 삼가 바라건대,

624) 대간臺諫 : 사헌부·사간원.
625) 논핵論劾 : 잘못을 따지고 꾸짖음.
626) 공경公卿 : 삼공三公과 구경九卿. 고관의 총칭.
627) 백관百官 : 모든 벼슬아치. 백공百工. 백규.
628) 시의時宜 : 그 당시의 사정에 맞음.
629) 주현州縣 : 지방 행정 구역의 명칭인 주와 현.
630) 요역徭役 : 나라에서 정남丁男에게 구실 대신으로 시키던 노동.
631) 예악禮樂 : 예법과 음악.
632) 덕음德音 : 도리에 맞는 말. 임금의 말.
633) 선정善政 : 백성을 바르고 어질게 잘 다스리는 정치.
634) 고무鼓舞 : 북을 치며 춤을 춘다는 뜻으로, 격려하여 기세를 돋움.

전하께서는 기회를 잃지 마소서. 하서[635]에 이르기를, "나타나지 않았을 때에 도모하여야 한다." 하였으니, 하물며 이제 위태로워서 망하려는 형상이 이미 나타났는데, 전하의 밝으신 총명으로써 도모하지 않을 수 있겠습니까. 형세가 절박하고 정세가 급하여 조금도 지체할 수 없습니다.

아, 말을 잘하는 사람이라 하여 반드시 재주와 덕행이 있는 것이 아닙니다. 그러므로 그 사람을 보고 그가 하는 말을 버려서는 안 되고, 또 그의 말만 듣고 그 사람을 취해서도 안 됩니다. 지금 신의 몸이 재주가 없다고 하여 신의 말은 취할 것이 없다고 하는 것도 옳지 않습니다. 신의 말에 이치가 있다고 하여, 신의 재주가 쓸 만한 것이 있다고 하는 것도 옳지 않습니다. 삼가 바라건대, 전하께서는 사람을 보고 그의 말을 버리는 일이 없도록 하소서. 또 듣건대, 학교는 풍화[636]의 근본이라 하였습니다. 지금 학교가 황폐하여진 지가 오래되었습니다. 풍화가 어디에서 일어날 수 있겠습니까. 서울에 있는 성균관[637]이 이미 학문을 일으키기에 부족하고 지방에 있는 향교[638]는 더욱 한심스럽습니다. 근래 서원[639]을 세운 것은 학문에 뜻을 둔 선비를 기를 수가 있어서 유익함이 적지 않으나, 다만 스승과 어른을 두지 않고 있기 때문에 유생[640]들이 서로 모여 마음 놓고 방자하여지니, 공경하고 본받는 바가 없어서 학업을 연마하는 효과가 나타나지 않고 있습니다. 국가에서 서원을 설립한 본뜻은 반드시 이와 같지 않았을 것입니다. 그러므로 의논하는 자가 혹은 서원을 비난하여 폐해야 한다고 하나, 이는 격분한 데서 나오는 말이지, 정론正論은 아닙니

---

635) **하서**夏書 : 하안거夏安居 동안에 경문을 쓰는 일.

636) **풍화**風化 : 교육이나 정치의 힘으로 풍습을 잘 교화시키는 일.

637) **성균관**成均館 : 유교의 교육을 맡아보던 관아. 학궁學宮. 태학太學.

638) **향교**鄕校 : 시골에 있던 문묘와 거기에 속한 관립 학교.

639) **서원**書院 : 선비들이 모여 학문을 강론하고, 석학碩學이나 충절로 죽은 사람을 제사 지내던 곳.

640) **유생**儒生 : 유학을 공부하는 선비.

다. 어리석은 신이 빌건대, 큰 곳의 서원은 중국 제도에 의거하여 동주洞主와 산장[641] 등의 임원을 두어 동몽교수[642]와 같은 예例로 봉록[643]을 조금 주되, 학식과 행실이 남의 사표[644]가 될 만한 사람과 벼슬을 그만두고 은퇴한 사람을 골라서 그 직책을 맡게 하여, 유생들을 인도하고 통솔하는 책임을 지우면, 그 교육의 효과는 반드시 볼만한 결과가 있을 것이요, 뒷날 국가에서 사람을 얻는 데도 반드시 여기에 의뢰하지 않을 수 없을 것입니다. 신과 같이 보잘것없는 사람은 서울에서나 지방에서나 백에 하나도 쓸모가 없으나, 장구[645]나 훈고[646]의 사이에서 주로 수업을 닦고, 또 오래 배움으로 해서 아는 것이 없지 않습니다. 만일 해주 서원海州書院에서 산장의 직책을 맡아 동몽[647]을 가르쳐서 그 구두句讀나 바로잡아 주도록 하고, 번거로이 부르심을 내리지 마시어 제 분수나 편안히 하게 해 주신다면, 성조[648]에는 버리는 물건이 없고 어리석은 신도 공연히 녹만 먹고 지내지 않게 될 것입니다. 이것은 바로『주관』[649]의 향대부[650]가 백성을 가르치던 유법[651]입니다. 전하께서 진실로 이것을 가지

---

641) 산장山長 : 학식이나 도덕이 높으나 벼슬을 하지 않고 산중에 묻혀 사는 선비.

642) 동몽교수童蒙教授 : 아직 성년이 되지 않은 어린 남자를 가르치는 사람.

643) 봉록俸祿 : 관원에게 일년 또는 계절 단위로 나누어 주던 금품(쌀·콩·보리·명주·베·돈 따위). 봉록. 식록食祿. 녹봉祿俸.

644) 사표師表 : 학식·덕행이 높아 남의 모범이 될 만한 사람.

645) 장구章句 : 글의 장과 구. 문장의 단락.

646) 훈고訓詁 : 자구字句의 해석.경서의 고증·해명·주석 등의 통칭.

647) 동몽童蒙 : 아직 장가가지 않은 남자아이.

648) 성조聖朝 : 어진 임금이 다스리는 조정朝廷. 당대의 왕조를 백성들이 높여 이르는 말.

649)『주관周官』: 주周 왕실의 관직 제도와 전국 시대戰國時代 각 국의 제도를 기록한 책으로, 후대 중국과 우리 나라에서 관직 제도의 기준이 되었다. 전한前漢 말에 이르러 경전에 포함되면서 예경禮經에 속한다고 '주례'라는 명칭을 얻게 되었다.

650) 향대부鄉大夫 : 향의 장인.『주례』의 사도교관직조에 보면 지방을 향鄉·주州·당黨·족族·여·비比 등으로 나누었는데, 그중 주에서 행한 의례를 향사례로 규정해 자세히 설명하고 있다. 즉

고 대신에게 물어서 제도를 새로 설치하여 시행하게 하신다면 또한 백성의 풍습을 교화시키는 데 얼마간의 도움이 될 것입니다. 신이 이미 전하의 허물 없이 물으심을 받들었으므로, 감히 어리석은 소견을 다하지 않을 수 없어서 충정[652]을 피력하다 보니, 말을 재량할 줄을 몰랐습니다. 삼가 바라건대, 성명께서는 어지신 마음으로 살펴 용납해 주소서.

향의 장인 향대부鄕大夫가 정월에 사도로부터 국가의 법을 받아 주장州長에게 전하면 주장은 정월 중에 길일을 택해 향사례를 행했다고 한다.

651) 유법遺法 : 옛사람이 남긴 법.

652) 충정衷情 : 마음에서 우러나오는 참된 정情.

대사간을 사직하는 상소

삼가 아룁니다. 소신小臣은 재주가 부족하고 병이 깊어서 벼슬을 쉬고 물러나는 것이 사리에 합당하므로, 부르시는 명령이 거듭 내렸는데도 아직껏 감히 나가지 못하고 소장[653]을 여러 번 올렸으되, 성상의 윤허가 내리지 않으니, 이는 신의 말이 뜻을 전달하지 못하고 정성이 하늘에 이르지 못하여서 스스로 낭패를 자초한 것입니다. 오히려 누구를 원망하겠습니까. 군신[654]은 부자父子와 같으니, 부자의 사이에 무슨 말을 다하지 못하겠습니까. 이제 간절한 정성을 모두 말하여 털끝만큼이라도 남겨 두지 않으려 합니다. 삼가 바라건대, 한번 성상께서 살펴 주소서. 선비가 이 세상에 태어나서 나아가면 도를 행하고 물러나면 뜻을 지키는, 이 두 가지 이외는 다시 다른 길이 없습니다. 도를 행하는 방책은 뛰어난 재능과 높은 덕으로 이룬 공이 백성들에게 고루고루 퍼지게 하는 자가 아니면 감당할 수 없으나, 뜻을 지키는 절개 같은 것은 부끄러움을 알고 스스로 몸을 깨끗이 하는 자도 거의 할 수 있습니다. 지

---

(653) **소장**疏狀 : 상소하는 글.

(654) **군신**君臣 : 임금과 신하.

금 신은 재능이 있으면서 감추고 있거나 덕이 있으면서 숨기고 있는 선비가 아닙니다. 조정에 선 지 여러 해 동안에 일찍이 시험하여 이미 증험이 나타나 도를 행할 만한 그릇이 아니라는 것은 사람들이 아는 바이니, 하물며 성상께서 살펴보심이 매우 밝은데 어찌 모르겠습니까. 성상께서 이미 신을 자세히 아시고 신도 이미 익히 자신을 헤아리고 있으니, 뜻을 지키는 이외에 어찌 다른 소망이 있겠습니까. 하잘것없는 한 병든 신하로서 있다 없다를 따질 대상이 되기에도 부족한데, 부르시는 명이 지금까지 그대로 내려지는 것은 무슨 까닭입니까. 신이 쓸모가 없다는 것은 말하지 않아도 알 수 있지만, 그래도 해나 달 같은 성상의 밝으심이 혹시나마 비추지 못함이 있을까 염려되어 이제 대강을 진달하니, 그 조목이 네 가지가 있습니다.

타고난 성품이 경박해서 자중하는 데에 부족하고, 성현聖賢의 글을 읽지 않은 것이 아니고 의리義理의 미묘함을 궁리하지 않는 것이 아니지만 한갓 말로만 표현하고 몸과 마음으로 실천하지는 못하였습니다. 이것이 쓸모가 없다는 첫 번째 이유입니다.

뜻이 옛것을 좋아하는데 있어 때의 마땅함을 헤아리지 않고 망녕되이 생각하기를, '삼대三代의 정치를 오늘날 다시 회복할 수 있고 조종祖宗의 법을 변통할 수 있다.' 하였으나, 일을 직접 실시하여 보니 실로 소탈疎脫한 점이 많았습니다. 이것이 쓸모가 없는 두 번째 이유입니다.

어리석어서 일을 피하지 않고 말을 삼갈 줄을 몰라서 존엄하신 이름을 건드리고 국그릇을 엎는 것 같은 일을 하여 남에게 미움을 받았으며, 헛된 명성이 몸을 그르쳐서 당시의 선발에 잘못 뽑히니, 비방이 쌓이고 그것이 명성과 함께 커져서 세상을 살아가는 데 외롭고 쓸쓸하여 마치 외로운 종적이 남에게 붙어사는 것 같으니, 뭇사람과 달리하여 고립하고서 할 수 있는 일은 없습니다. 이것이 쓸모가 없다는 세 번째 이유입니다.

타고난 기질이 잔약하여 병이 몸에서 떠나지 않아서 한가하게 지내면서 조섭해야 조금 지탱할 수 있고, 어쩌다가 한 번 수고하고 움직이는 일이라도 있으면 번번이 여러 병의 증세가 나타나서, 한 해 동안 신중히 조섭해도 부족하고, 하루만 수고로워도 그 상해는 남아 있으니, 분주하게 돌아다니며 일을 하여 성상의 은혜에 티끌만한 공도 갚지 못할 것이 분명합니다. 이것이 쓸모가 없다는 네 번째 이유입니다.

전하께서 이러한 사정을 모르시는 것이 아니면서 여전히 불러 거두어들이고 내버려 두지 않으시는 것은, 신에게 큰일을 하는 책임을 맡기시려는 것이 아니겠습니까. 다만 조금 이름이 나 있고 분수와 의리를 대충 안다 해서 초야에 버려두는 것이 혹 애석한 일이라 여긴 듯합니다. 아니면 공이 없이 녹을 먹는 것은 선비의 습성이 모두 그러하니 신이 참람하게 뜻을 구하고자 해서 응하지 않기 때문에 은명[655]을 잘못 내리시어 벼슬과 녹을 보전하게 하려 하신 듯합니다. 신이 풍[656]을 앓고 실성한 사람이 아닌데, 어찌 성상의 은혜가 뼈에 사무치고 부귀가 즐거운 것인 줄을 알지 못하겠습니까. 영화와 벼슬에 욕심이 없이 산골짜기[溪壑]에 물러가 엎드려 입에 풀칠 할 계책도 없이, 외롭게 여기저기로 거처 없이 떠돌아다니고 있는 것은, 다만 힘을 다하여 조정 반열에 나아갔다가도 능력이 없는 자는 그만두어야 한다고 여겨 필부[657]의 뜻을 구구[658]하게 스스로 지키어, 이미 반세상을 살아왔는데 하루아침에 은총에 연연하여 개두환면[659]하고서 하는 일 없이 녹이나 타먹고 지내는 것을 달

---

655) 은명恩命: 임금이 관리를 임명하거나 죄를 용서할 때 내리던 은혜로운 명령.

656) 풍風: 정신 작용·근육 신축·감각 등에 탈이 생긴 병.

657) 필부匹夫: 한 사람의 남자. 신분이 낮은 사내.

658) 구구區區: 제각기 다르다. 길고 구차하다. 잘고 용렬하다.

갑게 여기는 사람이 된다는 것은 진실로 차마 하지 못할 일이기 때문입니다. 이제 전하께서 만일 뜻을 세워 개혁을 하여 공적을 드날리고 일을 빛내며 이전 사람을 빛내 주고 뒷사람을 유복하게 하시려면, 마땅히 학문은 성리에 밝고 세상을 다스리고 백성을 구제하는 재주를 품은 선비를 구하여, 이들과 함께 다스림을 일으키셔야 할 것입니다. 신과 같은 세상 물정에 어둡고 융통성이 없이 고루[660]한 사람은 널리 인재를 불러 모으는 반열에 있게 해서는 안 됩니다. 전하께서 만일 편안하고 조용하게 하는 일 없이 삼가 전날의 법규만 지키고 일을 만들려 하지 않으신다면, 조정에 있는 선비 가운데 노성[661]하고 성실한 사람이 부족하지 않으니, 신과 같이 경솔하고 거칠면서 일을 좋아하는 사람은 더욱 배척을 해야 할 처지에 있습니다. 백 가지로 생각하고 헤아려 보아도 끝내 한 가닥의 길도 없으니, 신이 고의로 사임하는 것이 아니고 사리와 형세가 그러한 것입니다. 삼가 생각건대, 전하께서는 한나라에 광림하시어 만민을 구제할 뜻을 지니고 계시니, 한나라 안에 한 사람이라도 제자리를 얻지 못한다면 전하께서 마땅히 측은하게 생각하셔야 할 것입니다. 이제 신이 명을 받들어 직책에 나가려 하면 관직을 수행하지 못하고 뜻을 지키지도 못하게 될 것은 앞에서 아뢴 바와 같으며, 지방 관직으로 나가기를 구하여 노둔한 재주를 다하고자 하면 공문서를 다루는 수고로움을 병든 몸이 견디지 못하고, 산림에 살면서 허물을 면하고자 하면 부르시는 명이 연이어 끊어지지 아니하여 자취가 편안하지 못하고 진퇴의 길이 궁하여 내려다보나 우러러보나 불안하고 송구하여 무거운 죄를 진 것 같으니, 신이 제자리를 얻지 못하

---

(659) **개두환면**改頭換面: 머리와 얼굴을 바꾼다는 뜻으로, 어떤 일의 근본은 고치지 않고 사람만 바꾸어 그 일을 그대로 시킴을 이르는 말.

(660) **고루**固陋: 낡은 관념이나 습관에 젖어 고집스럽고 새로운 것을 잘 받아들이지 못함.

(661) **노성**老成: 경험이 많아 노련하고 익숙함.

고 있는 것이 또한 너무 심합니다. 삼가 생각건대, 전하께서는 천지와 같고 부모와 같으시니, 특별히 불쌍히 여기시어 신의 벼슬을 그만두도록 허락하시어, 넓고 한적한 들과 적막한 물가에서 자적하며 병을 조섭하는 여가에 성현의 책을 더 읽고 정미한 이치를 더 궁구하여, 몸과 마음을 단속하고 실천에 힘쓰도록 해 주소서. 다행히 뒷날에 하늘의 신령에 힘입어서 기질을 변화하여 쓸모 있는 그릇이 될 수 있다면, 전하께서 간곡히 이루어 주신 은혜는 몸이 부서지고 뼈가 재가 된다 하더라도 갚을 길이 없을 것입니다. 근세의 제왕들 가운데에서 오직 전하께서만이 이런 말씀을 들어 주실 수 있고, 오직 신만이 전하께 이런 말씀을 진달 할 수 있을 것입니다. 어리석은 신은 임금을 사랑하는 것이 실로 아비를 사랑하는 것과 같으나, 벼슬자리에 나아가고 물러남에 있어 의를 두려워하여 힘써 종사하지 못합니다. 견마犬馬의 외로운 충성을 다 표현할 길이 없습니다. 소疏를 대하니 눈물이 떨어져 억제할 바를 모르겠습니다.

대사간을 사직하고 겸하여 동서의 당파를 없앨 것을 진달한 상소

- 기묘년(1579년, 선조12년) -

삼가 아룁니다. 벌레 같은 미미한 신이 하늘에 죄를 얻어 고질이 몸에 배어 스스로 구렁 속에 빠진 사람이 되었으나, 오직 임금을 사랑하는 한 가지 생각은 조정으로 나아가나 물러나나 다름이 없습니다. 요사이 삼가 전하께서 천재天災를 만나 두렵고 근심스러운 마음으로 구언[662]하는 하교下敎 가 있었다는 말을 듣고, 깊이 마음속을 피력하여 다시 대궐문 앞에서 부르짖 어 변경의 군비가 소홀하여 적이 이르면 반드시 패하게 되는 상황을 두루 아 뢰고, 겸하여 병사를 양성하고 백성을 편안하게 하여 뜻밖의 근심에 대비하 여야 하는 대책을 아뢰려 하였습니다. 그런데 다시 삼가 생각건대, 신은 본래 천박하여 전하께 신임을 받지 못하여 전부터 연달아 바친 글월이 모두 헛말로 돌아가 하는 말마다 무익하게 되었으므로, 민망하여 절로 중지하였습니다. 얼마 후에 다시 시론[663]이 안정되지 못하고, 사류[664]들이 동요되어 조정에는

662) **구언**求言 : 임금이 신하의 바른말을 널리 구하던 일.

663) **시론**時論 : 한 시대의 여론.

화기⁶⁶⁵⁾가 날로 없어지고, 여염⁶⁶⁶⁾에는 뜬 의논들이 구름같이 일어남을 듣고, 신이 진실로 한스럽게 여기어 홀로 탄식하는 바이지만, 또 감히 조그마한 정성으로 전하께 말씀드리지 못하고, 때로는 깊은 밤중에 베개를 어루만지며 근심스러워서 잠을 이루지 못하기도 합니다. 지금 부르시는 명을 내려 대사간의 직책을 맡기시니 감격이 지극하여 더욱 황공합니다. 신의 재주가 얕고 병은 깊어 나아갈 수 없는 정상⁶⁶⁷⁾을 일찍이 다 아뢰어 성상을 번거롭게 한 것이 한두 번이 아니었습니다. 지금에 이르러도 옛 병은 낫지 않고 새 지식은 더하지 않으니 분수와 의리를 헤아려 보아도 오히려 관직에 나아갈 수가 없으므로, 동쪽을 바라보며 눈물을 흘리고 마음만 헛되이 달리고 있습니다. 다만 생각건대, 전하의 은혜가 첩첩하여 갈수록 더하니 신이 지금 몸으로는 이미 나아가지 못하고 입으로도 말이 없어서는 신의 죄가 더욱 클 것이므로 이에 변변찮은 소견을 말씀드리니 채납해 주시기 바랍니다.

지금 시사時事에 대하여 말씀드릴 것이 많으나 우선 먼저 가장 절실하고 급한 것을 논하겠습니다. 신이 듣건대, 예로부터 국가가 믿고 유지하는 것은 사림士林이라 합니다. 사림은 나라의 원기元氣, 사림이 성하고 화합하면 그 나라는 다스려지고, 사림이 과격하고 분열되면 그 나라는 어지러워지며, 사림이 패하여 다 없어지면 나라는 망하는 것이니, 지나간 일이 사적⁶⁶⁸⁾에 밝게 실려 있습니다. 옛날 순舜 임금이 구관⁶⁶⁹⁾ 십이목十二牧을 명했을 때 질서 있게 서로 사양하였으며, 주周 무왕武王의 신하는 3000명이라도 같은 마음과 같은

664) **사류**士類 : 학덕이 높은 선비의 무리.
665) **화기**和氣 : 따스하고 화창한 기운.
666) **여염**閭閻 : 백성의 집이 많이 모여 있는 곳.
667) **정상**情狀 : 있는 그대로의 상태.
668) **사적**史籍 : 사기史記.
669) **구관**九官 : 중국 순임금 때의 아홉 가지 관명.

덕을 가졌으니 이는 사림이 성하고 화합한 것입니다. 당唐나라의 이덕유[670]·
우승유[671]는 붕당을 나누어 서로 알력軋轢하였으며, 송宋나라 현인들은 무리
를 서로 갈라서 의논이 맞지 않더니 드디어 낙당洛黨 정이程頤의 당黨·천당川黨
소식蘇軾의 당·삭당朔黨 유지劉摯의 당의 이름이 있었으니, 이는 사림이 과격하
고 분열된 것입니다. 후한後漢 당고黨錮의 화禍에는 충성스럽고 어진 신하들이
거의 남아나지 못할 만큼 되었으며, 당말唐末 백마白馬의 참사에는 청류淸流가
모두 물고기의 뱃속에 장사 지내졌으며[672], 북송北宋의 장돈章惇·채경蔡京의 무
리는 원우元祐의 여러 현인을 모두 쫓아내어 간당비[673]를 세우기에 이르렀으

---

670) **이덕유**李德裕 : 중국 당나라의 정치인이다. 당시 굴지의 명문가에
　　서 태어났으며 당 헌종 때 재상을 지낸 이길보의 아들이다. 어려
　　서부터 학문에 정진했으나 과거에 응시하는 것을 긍정적으로 여
　　기지 않아 은음恩蔭을 통해 관직에 출사했다. 820년(원화 15년) 당
　　목종이 즉위하자 한림학사가 되었고 822년(장경 2년)에는 중서사
　　인이 되었다. 이 무렵부터 우승유·이종민의 무리와 대립하기 시
　　작해 훗날 우이당쟁으로 불리게 되는 당나라에서 가장 격렬한 붕
　　당의 화를 야기했다. 당 경종 때 절강서도관찰사가 되어 임지에
　　서 선정을 펼쳤고 당 문종이 즉위한 뒤인 829년(대화 3년) 병부시

이덕유

랑이 되었다. 당시 재상이던 배도는 이덕유를 재상직에 추천했는데 이종민이 환관과 결
탁하여 먼저 재상직에 올랐고 이덕유는 정활절도사가 되어 다시 지방으로 내려갔다. 840
년(개성 5년) 당 무종이 즉위하자 이덕유가 재상이 되었고 이때 지방의 번진을 제압하는
공을 세우고 태사 위국공이 되었다. 하지만 당 선종이 즉위하자 또다시 지방으로 좌천되
었고 결국 거기서 죽었다.

671) **우승유**牛僧孺 : 중국 당나라 시대의 정치인이다. 수나라 시대의 정치인 우홍의 후손이다.
　　805년(정원 21년) 진사가 되었고 이후 호부시랑·동중서문하평장사에 올랐다. 이봉길·이종
　　민과 함께 이덕유과 다퉈 우이당쟁을 이끌었다. 843년(회창 3년) 이덕유가 이끄는 이당이
　　집권하자 우승유는 지방으로 좌천되었다. 846년(회창 6년) 당 선종이 즉위하고 이당이 배
　　척받자 847년(대중 원년) 태자소사가 되어 조정에 복귀했다. 이후 이덕유가 사망하면서
　　우당은 우이당쟁의 승자가 되었다. 『현괴록玄怪錄』의 저자로 알려져 있다.

672) **당말**唐末 …… **지내졌으며** : 당말에 주온朱溫이 조사朝士 2000명을 백마역에 잡아 두고, "이
　　자들은 청류淸流로 자처하니 탁류濁流에 던지겠다." 하고 황하에 던졌다. 『新唐書 裴樞列傳』

673) **간당비**奸黨碑 : 많은 어진 선비들을 간당奸黨으로 지목하여 이름을 간당비에 새겼다.

니, 이는 사람이 패하여 다 없어진 것입니다. 다스려짐과 어지러움, 흥하고 망함은 여기에 말미암지 않음이 없으니, 이는 사리로 보나 형세로 보나 당연한 일입니다. 오늘날의 사림은 화목하다고 말할 수 있는지 신은 알지 못하겠습니다. 다만 들리건대, 동서 붕당의 설이 방금 큰 빌미가 되었다 하니, 이는 신이 깊이 근심하는 바입니다.

신이 근본 원천을 따져서 말씀드리겠습니다. 심의겸[674]은 왕실의 외척 출신으로 약간 선善으로 향한 마음이 있었고, 계해년(1563, 명종 18년) 연간에 이량[675]이 사림을 해치고자 할 때 심의겸이 구호하는 데 힘이 있었으므로[676], 사림이 그 사람됨을 인정하였으니 심의겸을 알아준 사람은 선배先輩 사류士類였

---

674) **심의겸**沈義謙 : 이조전랑 오건이 물러나면서 후임으로 신진사류들로부터 추앙을 받고 있던 김효원을 천거하자, 심의겸은 그가 일찍이 윤원형의 집에 기거하면서 아부했다고 하여 임명을 반대했다. 결국 1574년 김효원이 이조전랑이 되었는데 1575년에 심의겸의 아우 충겸이 이조전랑에 천거되자 이번에는 거꾸로 김효원이 반대했다. 이같은 대립은 전·후배 사이의 대립으로 확대되었으며, 결국 전배는 심의겸을 중심으로, 후배는 김효원을 중심으로 결집하여 사림은 2개의 당파로 나누어졌다. 심의겸의 집이 서쪽에 있었던 까닭에 심의겸파를 서인으로 불렀으며, 김효원의 집은 동쪽에 있었으므로 김효원파를 동인이라고 불렀다. 그해에 동서간의 대립이 심화되는 것을 우려한 이이의 상소로 김효원과 더불어 외직으로 밀려나, 개성유수·전라감사를 지냈다.

675) **이량**李樑 : 왕족으로 1546년(명종 2년) 생원시와 진사시에 모두 합격하고 그 뒤 음서로 관직에 올라 현신교위를 지냈다. 1552년(명종 8년) 문과에 급제하여 인순왕후의 외삼촌이라는 배경으로 초고속 승진을 거듭하여 1563년 이조판서에 이르렀다. 그해 이조전랑에 추천된 자신의 아들 이정빈李定賓이 상피제로 갈리면서 후임으로 부임한 이정빈의 친구 유영길의 임명을 반대하던 박소립, 허엽, 윤근수, 윤두수, 기대승 등을 탄핵하려다가, 그해 10월 이를 막으려는 외조카 심의겸의 사주를 받은 홍문관부제학 기대항의 탄핵을 받고 유배, 배소에서 죽었다.

676) **계해년 …… 있었으므로** : 명종 18년 당시 이량이 명종의 사랑을 얻고 이감·권신·고맹영·김백균·이영·김명윤·정사룡·원건검 등의 무리가 조정을 차지하고 있을 때에 윤두수·기대승 등 후진 사류士類를 시기하여, 이량 등의 무리가 사화를 꾸미려 하자 이량의 생질인 심의겸이 이것을 알고 그 죄상을 알려서 이량의 무리들이 강계江界·경원慶源 등지로 귀양 갔다.

습니다. 김효원[677]은 젊었을 때는 조심이 없었지만 뒤에 행실을 고쳐 선하게 되고, 관직에 나선 후에는 자신을 단속하기를 청고淸苦하게 하고 강한 상대를 두려워하지 않았으며, 또한 즐겨 명망 있는 선비들을 뽑아 쓴 까닭에 사림이 많이 그를 높이 보게 되었으니, 김효원을 알아 준 사람은 후배[678] 사류였습니다. 선배나 후배나 모두 사류인데, 만일 서로를 의심하거나 저지하지 않고 같은 마음으로 힘을 합하여 왕실을 도왔다면 또한 좋지 않았겠습니까. 다만 그 연유된 것은, 심의겸이 김효원의 젊었을 때 잘못을 잊지 않고, 여러 번 청직[679]에 선발될 물망에 오른 것을 방해하다가[680], 김효원의 명성이 날로 성해지자 마침내 이것을 누르지 못하게 된 것입니다. 김효원도 벼슬길에 오른 뒤에 또 심의겸의 과실을 의논하여 말하기를, "그는 어리석고 기질이 거칠어 등용할 수 없다." 하였습니다. 대개 심의겸이 김효원을 비방한 것이 애초에 원수진 일이 있어서 그러한 것이 아니었고, 다만 악을 미워하는 마음을 고집하여 변통할 줄을 모른 탓이었습니다. 김효원이 심의겸의 흠을 든 것도 반드시 그 사감[681]을 보복하고자 한 것이 아니고 마침 그 소견이 이와 같았을 뿐입니다.

---

677) **김효원**金孝元 : 이조전랑직을 둘러싸고 심의겸과 대립하게 되었고, 이는 동서분당이라는 사림의 분열로 이어졌다. 그는 이황과 조식의 제자로 1565년 알성문과에 장원으로 급제했다. 1572년 오건이 이조전랑으로 추천했으나, 당시 이조참의로 있던 심의겸이 윤원형의 문객이었다는 이유로 그의 임명을 거부했다. 1574년 조정기의 추천으로 이조전랑이 되었다. 1575년 심의겸의 동생 충겸이 이조전랑으로 추천되자, 김효원은 충겸이 명종의 비인 인순왕후의 동생임을 들어 반대하고 이발을 추천했다. 이 대립을 계기로, 김효원을 지지하는 신진사림파와 심의겸을 지지하는 기성사림파가 동인과 서인으로 나누어지게 되었다. 이들의 대립이 심해지자 조정에서는 김효원과 심의겸은 외직으로 내보냈다. 그 후 김효원은 중앙의 관직에 등용되지 못했고, 당쟁에 책임을 느끼고 시사에 대해서는 언급하는 일이 없었다.

678) **후배**後輩 : 학문·덕행·경험·나이 등이 자기보다 낮거나 뒤진 사람.

679) **청직**淸職 : 홍문관 벼슬의 직무.

680) **심의겸이 …… 방해하다가** : 이조 좌랑 오건이 김효원에게 자기의 벼슬을 물려주려고 하니, 심의겸이 김효원이 젊었을 때에 적신賊臣 윤원형의 집에 출입한 것을 들어 저지하였다.

이에 이것을 방관하는 자가 그 실정을 구명하지 않고 쓸데없이 두 사람의 나쁜 점을 번갈아 말하였는데, 더군다나 불평을 가진 무리가 두 사람 사이를 이간하여 점점 뚜렷하게 분당分黨의 조짐이 생기게 되었습니다.

을해년(1575, 선조8) 연간에 신이 홍문관에 있었으므로 눈으로 직접 그 사실을 보아 이것이 후일에 화를 만들게 될 것이라고 깊이 깨닫고, 대신大臣 노수신[682]을 보고 말하기를, "두 사람은 모두 사류요, 흑백黑白과 사정[683]을 가릴 수도 있을 뿐 아니라, 또 정말 혐의할 틈이 생겨서 기어이 서로 해치고자 하는 것도 아닌데, 다만 터무니없는 소

노수신

문이 어수선하게 나서 조정朝廷을 어지럽게 하고 있으니, 이처럼 하여 그치지 않으면 큰 우환이 생길까 두려워하는 바입니다. 잠시 두 사람을 외직[684]으로 내보내어 피차를 융화하며 진정시키는 것이 좋겠습니다." 하였습니다. 노수신의 뜻도 신과 꼭 같아서 경연에서 상달하고 두 사람을 다 내보낸 후에는 거의 안정 되었는가 생각하였습니다. 그런데 신이 병으로 물러나고 시사의 그릇됨이 어찌할 수 없게 되자 의논하는 이들이 비로소 김효원을 내 보낸 것을 신의 잘못이라 하였습니다. 이에 일을 꾸미기 좋아하고 말을 지어내는 이들

---

681) **사감**私憾: 사사로운 일로 언짢게 여기는 마음.

682) **노수신**盧守愼: 대윤의 한 사람으로 영의정에 올랐으나, 정여립 모반사건에 연루되어 파직 되었다. 이황·기대승 등과 주자의 인심도심설을 놓고 논쟁을 벌였다. 1543년 식년문과에 장원으로 급제한 뒤 전적·수찬을 지냈다. 대윤에 속하여 인종 즉위 초 정언을 지내면서 소윤 이기를 탄핵, 파직시키기도 했다. 1547년 을사사화가 일어났을 때 이조좌랑에서 파직, 순천으로 유배되었고, 1547년 정황과 함께 양재역벽서사건에 연루되어 탄핵을 받고 진도로 옮겨 19년간 귀양을 살았다. 1567년에 풀려나 교리·대사간·부제학·대사헌·이조판서·대제학을 지내고, 1573년 우의정, 1578년 좌의정, 1585년 영의정이 되었다. 1589년 기축옥사가 일어나자 과거에 정여립을 천거한 일이 문제되어 파직 당했다.

683) **사정**邪正: 그릇됨과 올바름을 아울러 일컫는 말.

684) **외직**外職: 지방 각 관아의 벼슬.

은 동東·서西의 설을 만들어 내어서, 공사公私와 득실을 막론하고 다만 심의겸을 편드는 이를 서인[685]이라 하고, 김효원을 편드는 이를 동인[686]이라 하여, 조정의 벼슬아치들은 용렬한 사람이 아니면 모두 동인·서인으로 지목하는 속으로 들어가게 된 것입니다.

아, 선배의 사류가 다 심의겸에게 붙좇은 것도 아니요, 또한 청백한 인망으로 자립하는 이도 많이 있습니다. 다만 심의겸이 스스로 사류에게 붙었는데, 지금 선배를 모두 심의겸의 문객[687]으로 몰게 되었으니, 선배 된 사람은 또한 욕되지 않겠습니까. 후배 사류도 모두 김효원에게 심복하여 영수[688]로 추대한 것도 아니요, 또한 학문으로 세상에 이름 있어 김효원의 경모[689]를 받는 이도 많이 있습니다. 그런데 후배들을 모두 김효원의 문객으로 몰게 되었으니, 후배된 사람은 또한 부끄럽지 않겠습니까. 동인·서인의 이름이 한번 나오고부터 조정에는 온전한 사람이 없게 되었으니, 또한 사람의 액厄이라고 말할 수 있겠습니다.

을해년 당시의 이른바 서인들은 이미 인심을 잃고, 그 후 이른바 동인들은 점차 청론淸論을 주장하여 서로 겨루어 보지 않고도 승부는 이미 결정된 것이었습니다. 지난해에 김성일[690]이 경연에서 탐관오리들이 뇌물을 받은 것에

---

685) 서인西人 : 심의겸을 중심으로 해서 김효원의 동인東人과 대립한 당파.

686) 동인東人 : 서인에 대립한 김효원·유성룡 등을 중심으로 한 당파.

687) 문객門客 : 권세 있는 집안의 식객. 또는 권세 있는 가문에 날마다 문안 오는 손님.

688) 영수領袖 : 여럿 중의 우두머리.

689) 경모景慕 : 마음속으로 우러러 사모함.

690) 김성일金誠一 : 조선 중기의 문신이자 외교관, 학자이다. 본관은 의성, 호는 학봉鶴峰, 자는 사순士純이다. 퇴계 이황의 제자. 시호는 문충공 서애 류성룡과 함께 퇴계의 주리론 학문을 이어받은 수제자로 영남학파의 중추 구실을 했다. 1590년 일본에 통신사 부사로 갔다 와서 일본이 침략을 하지 않을 것이라는 잘못된 판단을 하여 보고함으로써 임진왜란 발발 이후 큰 비판을 받았다. 임진왜란 때 초유사로에 임명되어 경상우도관찰사 겸 순찰사

대하여 언급했을 때, 전하께서 갑자기 그 이름을 물으시
므로 감히 숨기지 못하고 들은 바를 곧이곧대로 아뢰어서
마침내 뇌물을 받은 사람이 발각되게까지 되었습니다.
대간[691]이 부득이 비로소 삼윤[692]을 탄핵하기 시작한 것
이고, 당초에는 반드시 삼윤을 배격하는데 마음이었던
것이 아니었는데, 우연히 발설한 것이 이에까지 이르게

김성일

된 것입니다. 다만 동인·서인의 이름이 생긴 지 날이 이미 오래인데 뇌물을
받은 집이 마침 삼윤으로 지적을 받게 되었으므로, 방관하는 사람은 모두 생
각하기를, "뜻은 서인 공격하는 데에 있는 것이지 장물[693]을 조사하여 탄핵하
자는 주장이 아니다."라고 한 것입니다. 그때 대사간 김계휘[694]가 휴가를 받

를 역임하다 1593년 진주성에서 병사하였다.

691) **대간**臺諫 : 사헌부·사간원의 벼슬의 총칭.

692) **삼윤**三尹 : 윤현과 서인의 거두인 작은아버지 윤두수·윤근수尹根壽가 모두 요직에 있어 함께
삼윤三尹으로 일컬어졌으며, 서인을 지지하고 동인을 배척한다고 하여 사헌부·사간원 등
언관들로부터 논핵을 자주 받았다.

693) **장물**贓物 : 범죄 행위로 부당하게 얻은 남의 물건.

694) **김계휘**金繼輝 : 조선 중기의 문신이다. 자는 중회, 호는 황강이며 본관은 광산이다. 좌의정
김국광의 현손으로 아버지는 지례현감 김호이며, 어머니는 전의이씨로 공조정랑 이광원
의 딸이다. 1549년(명종 4년) 식년문과에 을과로 합격해 사가독서를 하고, 이후 검열, 홍
문관 정자와 박사, 이조좌랑 등 청요직을 역임했다. 1557년 김홍도와 김여부의 반목으로
옥사가 일어났을 때 김홍도의 당으로 몰려 파직당하자, 낙향하여 연산현의 벌곡 양산리
에 정회당을 설치하고 후학을 가르쳤다. 1562년 이조정랑에 복직되었으나 아버지 상중이
어서 나가지 않았으며, 3년상을 마치고 벼슬길에 올라 사간·집의·응교·전한·직제학 등을
역임하고, 1566년 문과 중시에서 장원 급제해 동부승지·대사헌이 되었다. 1571년(선조 4
년) 이조참의·예조참의에 제수되어 사은사로 명나라에 다녀왔으며, 황해도·전라도 관찰
사를 거쳐 공조참판·형조참판과 동지의금부사 등을 역임하였다. 1575년 동서 분당 때 심
의겸과 함께 서인으로 지목되었으나, 당파에는 깊이 관여하지 않고 오히려 당쟁완화를
위해 노력했다. 평안도 관찰사로 있다가 1581년 종계변무를 위한 주청사로 북경에 다녀왔
다. 1582년(선조 15년) 예조참판에 올라 경연관이 되었다.

아 고향에 있었으므로 그 곡절을 깊이 살피지 못하고, 다만 풍설만 듣고 또 동인이 서인을 공격하는 것은 옳지 않다는 생각으로 달려와서 단독으로 전하게 아뢰었는데, 그 말이 매우 중도를 잃어서 지나침을 억제할 줄 몰랐습니다. 이로 인해 사류의 격분을 일으키어 드디어 큰 소요를 초래한 것입니다. 신은 평소에 김계휘가 사리를 잘 알고 의지할만한 인물이라 생각하였던 것이 하루아침에 소탈함이 이에 이르렀으니 참으로 괴이한 일이었습니다. 이미 그렇게 된 뒤에도 만일 마음이 공정하고 견식이 밝은 이가 있어서 둘 사이를 진정시키고 그 의논을 화평하게 하였다면, 어쩌면 안정되었을지도 몰랐습니다. 그런데 대신은 겨우 자신을 지킬 뿐이요 남을 진정시킬 힘이 없었으며, 그 나머지 경대부⁶⁹⁵⁾들은 입을 다물고 몸이 용납될 곳만을 찾아서 구차히 칼날을 피하여 후배가 하는 대로 맡겨 버렸습니다. 이에 여러 사람의 불평이 고슴도치처럼 일어나고 대중의 분노가 불같이 일어나 의논은 날로 격화되어 제재할 도리가 없습니다. 비유하건대, 이는 마치 일만 섬들 이의 큰 배를 풍파에 띄워 놓고 한 사람도 키를 잡지 않고 사람마다 노만 저어서 닿을 곳이 없는 것과 같으니, 신은 그 종말이 어떻게 될지 모르겠습니다.

　요사이 사헌부의 상소는 감히 노골적인 배척을 시작하여 서인을 사당⁶⁹⁶⁾이라 하고 심의겸을 소인이라 하니, 의논의 과격함이 여기에서 극도에 달하였습니다. 김효원은 신이 아는 사람이고 심의겸도 신이 아는 사람입니다. 그 사람들을 논한다면 모두 쓸 만한 사람이요, 그 과실을 말한다면 둘 다 잘못되었다 하겠습니다. 만일 한 사람만 군자요 한 사람만 소인이라 한다면 신은 그 말을 믿지 않습니다. 어째서 둘 다 잘못되었다 하느냐 하면, 예로부터 외척으로서 정사에 참여하여 실패하지 않은 사람이 적었으니, 비록 두무⁶⁹⁷⁾·장손무기[698])의 충현忠賢을 가지고도 오히려 잘못 죽고 말았는데, 심의겸이 누구이기에 감히 외척으로서 정사에 차여하려는 것입니까. 이는 곧 심의겸의 잘못입니다. 예로부터 군자는 피혐[699])하지 않은 이가 적으니, 오이 밭에서 신을 고쳐 신고, 오얏나무 밑에서 갓을 바로 하는 것은 옛사람들이 경계하였던 것입니다. 성인聖人과 대현大賢만이 피혐하지 않을 수 있는데, 김효원이 누구이기에 피혐하지 않고 바로 심의겸을 비방하여, 스스로 원수를 갚는다는 이름을 취하게 되고 서로 설화[700])를 만들어 내는 것입니까. 이것은 곧 김효원의 잘못입니다. 신이 이런 말을 하는 까닭에 요새 논자論者들은 모두 신을 비난하기를, "모호하게 둘 다 옳다 하여 시비가 명백하지 않으니, 천하에 어찌 둘 다 옳고

697) **두무**竇武 : 자는 유평이며 부풍 평릉[平陵: 지금의 섬서성 함양咸陽 서북쪽] 사람. 딸이 환제의 황후가 되었다. 환제가 죽자, 그는 영제를 황제로 영립하고 대장군이 되어 조정의 권력을 장악한다. 후에 태부太傅 진번과 함께 환관들을 주살할 일을 모의하다가 일이 누설되고 싸움에서 패하여 자살하였다.

698) **장손무기**長孫無忌 : 중국 당나라의 명재상이며, 자는 보기輔機이다. 하남성 낙양 사람으로 과거 북조의 북위의 황족 탁발씨의 후손으로서 수나라의 우효위장군 장손성의 아들이며 당 태종 이세민의 황후인 장손황후의 오빠, 즉 이세민의 처남이다. 장손무기는 여동생이 이세민과 혼인을 하여 문덕황후가 되면서 당 황실의 외척이 되었다. 617년, 수나라에 대한 반란이 터지자, 태원 유수 이연의 휘하에 들어가 참모가 되었는데 이연은 그를 매우 아꼈다. 그리고 이세민의 옆에서 항상 그를 도왔다. 당나라가 건국된 뒤에 개국공신이 되어 제국공과 조국공의 벼슬을 받았다. 626년에 현

장손무기

무문의 변이 일어나자 장손무기는 이세민을 따르는 무리들과 함께 이 정변에 적극 참여하였고 그 후 매제 이세민이 황제에 오르자 상서복야, 상서령과 사공 등을 역임하였고 곧 사도에도 오르는 등 계속 승승장구하였다. 637년에는 방현령과 함께 『정관율령』을 편찬하기도 했다. 636년에는 여동생인 장손황후가 병으로 사망하였는데 죽기 전에 그녀는 이세민에게 오빠인 장손무기를 중용하지 말라고 부탁하였으나 이세민은 이를 무시하고 그를 아끼고 중용했다.

699) **피혐**避嫌 : 혐의를 피함.

700) **설화**舌禍 : 남의 험담이나 중상 따위로 입는 재난.

둘 다 그른 것이 있겠는가." 하였는데, 신은 삼가 대응하
기를, "천하에 시비를 다룸에 있어 둘 다 옳은 것도 있는
것이니 무왕武王이 주紂를 토벌할 때 백이[701]가 말을 잡고
간諫한 것은 둘 다 옳은 것이요, 또 둘 다 그른 것도 있는
것이니 전국戰國 시대에 제후諸侯가 서로 싸운 것은 둘 다 그
른 것이다." 하였습니다. 만일 심의겸이 나라를 그르쳐서

백이

동인이 공격한다면 시비는 말하지 않아도 저절로 정해질 것이니, 애써 말할
필요가 어디 있겠습니까.

그러나 지금은 그렇지 않고 국가의 다스려짐과 어지러움, 백성의 안락과
고난이 심의겸의 진퇴進退에 달린 것이 아닌데도, 눈을 부릅뜨고 대담하게 꼭
소인小人의 지경에 떨어뜨리려 하는 것은 과연 무슨 소견이겠습니까. 시류배
의 뜻을 가만히 보건대, 심의겸이 다시 벼슬길에 들어오는 길을 막고 그에게
소인의 이름을 붙이고자 하는 데 불과합니다. 그런 뒤에 화평으로 처치하고
자 하므로, 그 말에, "시비는 명백히 아니할 수 없으며, 처치는 화평히 아니 할
수 없다."고 하니, 그 말은 그럴 듯하면서도 실은 요령 없는 말입니다. 왜 그런
가 하면 대체로 이른바 조절한다는 것은 둘 다 사류이므로 서로 화합할 수 있
는 것입니다. 만일 하나는 군자이고 하나는 소인이라 한다면 물과 불이 한 그
릇에 있을 수 없고, 향기 나는 풀과 냄새나는 풀이 한 떨기에서 날 수 없는 것입
니다. 예로부터 지금에 이르기까지 어찌 군자와 소인이 함께 조절하여 나라

---

701) **백이**伯夷 : 백이와 숙제는 고죽국 군주의 아들로 그들의 부친은 삼남 숙제로 하여금 후사를
잇게 할 작정이었다. 하지만 부친이 돌아가시자, 숙제는 장남인 백이에게 양보하려 하였
고, 그러자 백이는 부친의 뜻이라며 나라 밖으로 달아났다. 숙제 또한 왕위에 오르지 않고
달아나 버렸다. 이리하여 고죽국인들은 할 수 없이 차남을 왕으로 세웠다. 두 임금을 섬기
지 않고 충절을 지킨 의인들을 가리키는 표현으로 사용되어, 중화권의 문헌에서 여러 차
례 언급된다.

를 보전한 일이 있겠습니까. 그러므로 선인善人을 좋다 하면서도 등용하지 못하고, 악인을 밉다 하면서도 제거하지 못한 것이 곽공郭公이 망한 까닭이며, 옛글에, "불현不賢임을 알면서도 멀리 버리지 못함은 잘못이다. 오직 인인[702]이어야 이들을 추방하여 유배하되 사방 오랑캐 땅으로 내쫓아 더불어 중국에 함께 하지 않았다." 하였으니, 옛날 군자가 소인을 이와 같이 엄하게 대한 까닭은 소인이 조정에 있으면 반드시 국가에 화를 입히기 때문입니다. 지금 논자들이 만일 심의겸을 소인이라 한다면 마땅히 거리낌 없이 생각하는 바를 다 말하고 과오를 열거하여 속히 멀리 유배하고 극형에 처하는 법을 시행하게 하는 것이 옳은 것인데, 지금 꼭 참고 용서하고 있으니, 이는 전하를 정직하게 섬기지 않는 것입니다. 만일 심의겸이 소인이 아니라면 전하께 계달[703]하는 언사가 신중해야 할 것인데, 까닭 없이 남에게 악명을 씌워 허실을 헤아리지 않고 오직 마음에만 즐겁게 하고 있으니, 이는 전하를 정성으로 섬기지 않는 것입니다. 말하는 자는 저기에나 여기에나 근거가 없으니, 반드시 이 두 가지 중에서 한 가지에 해당할 것입니다. 심의겸은 그만두고라도 연루[704]의 벌罰이 어진 선비에게까지 미치게 되었습니다. 정철[705]같은 이는 충성스럽고 청

---

702) **인인**仁人 : 어진 사람.

703) **계달**啓達 : 임금에게 의견을 아룀.

704) **연루**連累 : 남이 저지른 범죄에 관련됨.

705) **정철**鄭澈 : 돈령부 판관을 지낸 정유침의 아들이며, 인종의 후궁인 귀인 정씨의 남동생이다. 1562년 문과에 급제하여 관직은 의정부좌의정에 이르렀으며, 인성부원군에 봉군되었다. 정여립의 난과 기축옥사 당시 국문을 주관하던 형관으로 사건 추국을 담당하였으며, 기축옥사 수사 지휘의 공로로 추충분의협책평난공신 2등관에 책록되었다. 훗날 심문 과정에서 동인에 대한 그의 처결이 지나치게 가혹하여 '동인백정'이라는 별명을 얻었으며, 동인들로부터 원한을 많이 샀다. 또한 서인의 정권 재장악을 위해 '정여립의 모반사건'을 조작했다는 의혹을 받고 있다. 세자 건저문제(1591년)를 계기로 귀양에 위리안치되었고, 임진왜란 직후 복귀하였다. 전란 초기에 양호체찰사 직을 수행하였으나, 술로 인해 업무를 소홀히 하다가, 명나라에 사은사로 가서는 일본군이 철수했다는 가짜 정보를 올린

백하며 강직하고 개결[706]하여 오직 한마음으로 나라를
근심하니, 비록 도량과 식견이 편협하여 고집하는 데에
병통이 있기는 하지만, 그 기개와 절조를 말한다면 독수
리에 견줄 만한데 그에게 사당[707]의 명목을 붙여 조정의
반열에 가까이 접하지 못하게 하였습니다. 김계휘는 청
백淸白으로 자신을 지키고 전고[708]에 밝고 익숙하니, 비록

정철

무게와 위엄이 없이 경솔한 데에 병통이 있기는 하지만 그 재주와 기량을 말
한다면 여러 경卿에게서 찾아도 견줄 사람을 보지 못했는데, 교묘한 말로 비방
하여 초야에 물러가 은둔하게 하였습니다. 한수[709]는 고요하고 노성老成하며
선을 좋아하고 선비를 사랑하니, 비록 재지才智와 학식에 미흡한 곳이 있기는
하지만 그 마음과 행실을 논한다면 실로 한나라의 어진 선비인데 말 한마디로
거슬림을 당해 훼방이 연이어 이르렀고 문을 막고 나오지 못하게 하였습니

일로 사직하고 강화도에 우거하던 중 사망하였다. 당색으로는 서인의 지도자였고, 이이,
성혼 등과 교유하였다. 학문적으로는 송순·김인후·기대승·임억령·양응정의 문인이다. 『
관동별곡』 등 가사와 한시를 지었으며, 당대 시조문학 가사문학의 대가로서 시조의 윤선
도와 함께 한국 시가사상 쌍벽으로 일컬어진다.

706) **개결**介潔 : 성품이 굳고 깨끗하다.

707) **사당**邪黨 : 사악한 무리.

708) **전고**典故 : 전례典例와 고사.

709) **한수**韓脩 : 고려의 충정왕, 공민왕, 우왕 재위기에 벼슬을 지냈으며 행실이 바르고 학식이
뛰어났다. 『동문선』 등에 그의 단편이 남아있다. 1347년(충목왕 3년) 15세 때 과거에 급제
했다. 충정왕 때 정방의 필도치에 임명되었는데, 강화로 쫓겨나는 왕을 따라 사람들에게
그 절개를 높이 평가받았다. 1353년 공민왕에 의해 전의주부로 기용되어 다시 필도치가
된 후 여러 벼슬을 거쳤다. 1361년 홍건적의 침입으로 왕이 안동으로 피난할 때 호종했으
며, 개경으로 돌아온 후 좌대언까지 올랐다. 1365년 신돈이 집권하자 왕에게 그가 바른 사
람이 아니므로 멀리하라고 간언했다가 관직에서 물러났다. 이후 신돈이 죽자 그 선견지
명을 높이 평가받아 1371년 다시 주요 관직에 복직되었다. 학식과 행의가 뛰어났고, 초서
와 예서를 잘 썼다. 노국대장공주묘비, 안심사사리탑비, 신륵사보제선사사리석종비 등
에 필적이 남아 있다.

다. 나머지 일은 논하지 않더라도 이 세 사람의 사퇴만으로도 이미 아까운 일인데, 하물며 있는 흉 없는 흉을 찾아내어 오명汚名을 입힌 것이 여기에 그치지 않음에 있어서이겠습니까.

시류배의 뜻도 서인을 모두 배척하려는 것이 아닙니다. 다만 국시國是를 억지로 정하여 꼭 온 나라 사람들로 하여금 모두 '동인이 바르고 서인이 사악하다.'고 말하게 한 뒤에야 수용收用하여 벼슬을 주어 자기들에게 반항하지 못하도록 하는 것이 원래의 계략인 것입니다. 비록 그렇다 하더라도 한 도시락의 밥과 한 그릇 국이라도 발로 차서 준다면 빌어먹는 사람도 달갑게 여기지 않을 것인데, 어찌 사류라 이름하고서 악명을 감수하면서 밑에 굽히려 하는 자가 있겠습니까. 사류로 대접하지 않고서 물러나는 것이 그들의 잘못이라 한다면, 이것은 문을 닫아 두고 그곳으로 들어가라 하는 것과 같은 것입니다. 을해년(1575년)의 서인은 진실로 그전에 잘못하였지만 지금 동인의 잘못은 거의 을해년보다 지나치니, 남을 허물하면서 그것을 본받는 것은 또한 너무 심하지 않습니까.

아, 조정은 전하의 조정이며, 관작官爵은 국가의 공기公器이니, 마땅히 공론公論으로써 한때의 인재를 모두 등용해야 할 것인데, 심의겸과 김효원 두 사람의 시비의 분별이 무슨 큰 관계가 있어서 이것으로 거조를 정합니까. 하물며 국시를 정하는 데는 더욱 구설710)로 다투어서는 안 됩니다. 인심이 함께 옳다 하는 것을 공론公論이라 하고, 공론이 있는 곳은 국시라고 하니, 국시라는 것은 온 나라 사람이 꾀하지 않고도 함께 옳다 하는 것이니, 이익으로 유혹하는 것도 아니며, 위엄으로 무섭게 하는 것도 아니면서 삼척동자711)도 그 옳은 것을 아는 것이 국시입니다. 지금 이른바 국시라 하는 것은 이와 달라서, 다만 의논을

710) **구설**口舌 : 시비하거나 헐뜯는 말.
711) **삼척동자**三尺童子 : 키가 석 자에 지나지 않는 아이. 철없는 어린아이.

주장하는 자가 스스로 옳다 생각하여도, 듣는 자는 혹은 따르기도 하고 혹은 어기기도 하며, 어리석은 남자나 여자까지도 모두 반은 옳다 하고 반은 그르다 하여 마침내 일치될 기약이 없으니, 어찌 집집마다 타일러 억지로 정하겠습니까. 남의 의심만 더하여 도리어 화禍의 단서를 내는 데에 불과합니다. 이 의논을 하는 자는 사류의 뜻이 모두 그러하다는 것은 아닙니다. 그 사이에 깊은 식견과 원대한 생각이 있는 선비가 없어서 여러 사람의 의논에 부대끼어 스스로 주장하지 못해서 그런 것이니, 무너진 사론712)이 어느 때나 정해지겠습니까.

아, 인재를 얻기 어렵다는 탄식은 하夏·은殷·주周 삼대에도 오히려 그러하였는데, 하물며 지금 쇠퇴한 세상에 인물은 아득하여 손가락으로 꼽아보아도 몇 사람 되지 않은 데야 어떠하겠습니까. 비록 한때의 사류로 하여금 전배와 후배를 불문하고 함께 삼가고 공경하여 함께 국사를 이루게 하더라도, 오히려 시세는 위태롭고 힘은 약하여 일이 잘되지 않을까 두려운데, 하물며 다시 동인·서인을 한정하고 당류713)와 기품氣品을 분별하여, 반드시 저것은 버리고 이것은 취하려고 하는 것이겠습니까. 한 번 조개와 황새가 서로 자기의 의견을 고집하고 양보하지 않은 후로부터는 앞뒤를 돌아보고 좌우로 견제하면서도 저들이 우리를 도모할까 두려워하기 때문에 다시 남은 힘이 다른 일에 미칠 수 없게 되는 것입니다. 대개 이런 까닭에 벼슬길이 혼탁해지고 기강은 날로 무너지며 백성은 날로 궁핍하여져서 바로잡아 구제할 길이 없게 되었습니다. 설사 동인이 군자라는 이름을 얻고, 서인이 소인이라는 이름을 얻는다 하더라도 그것이 사방 백성의 생계가 쪼들리는 데에 또한 무슨 보탬이 되겠습니까.

신이 근심하는 것은 여기에 그치지 않습니다. 예로부터 사류는 패敗하는

---

712) **사론**士論 : 선비들의 공론公論.

713) **당류**黨流 : 우리 유파流派.

것이 많고 이루는 것이 적었으니, 비록 지론[714]이 순수하게 한결같이 바른 데서 나온 것이라 해도 오히려 소인들로부터 붕당이란 명목을 받아 죽고 귀양가는 것이 연달아 일어났는데, 하물며 지금 사류의 처사는 중도를 잃어서 참소와 이간이 틈을 타기 쉬우니, 어찌 오늘의 거사가 뒷날의 화가 될 징조가 아니라 하겠습니까. 만일 소인이 있어 기회를 엿보다가 교묘하게 일망타진의 계략을 만들어낸다면, 신은 과격해서 분파되었던 것이 패하여 다 없어지는 것으로 변하고 나라가 따라서 망할까 두렵습니다. 을사년의 대윤[715]·소윤[716]의 분당[717]은 처음에는 사림과는 관계가 없었던 것인데도 저 소인이 화를 전가하였는데, 하물며 지금은 사림이 서로 과격하니 어찌 사림의 화를 면할 수 있겠습니까. 다행히 지금 성명聖明께서 위에 계시어 정상을 통촉하시어, 소인이 틈을 탈 기회가 없으므로 분쟁이 일어났어도 큰 화가 생기지 아니하였으니, 이것은 성상의 은혜입니다. 비록 그렇지만 지금 성명의 조정에서 분쟁을 해결할 방책을 베풀지 않고, 알력이 있는 대로 맡겨 두어 끝나게 될 시기가 없으면 뒷날에 종기가 터질 때 아픔이 반드시 오늘날보다 심할 것이니, 자손에게 끼쳐 줄 좋은 일이라 할 수 없습니다. 전하께서는 조정이 편안하고 국론이 통일 되는 것을 원하지 않으십니까.

대개 조정이 편안하고 국론이 통일 되는 데는 두 가지 길이 있습니다. 군자가 임금의 신임을 얻어서 간하면 행하고 말하면 들어주며 모든 관료가 직책을 봉행하여 이론異論이 없으면 이것은 선善으로 통일되는 것이요, 소인이 임금

---

714) **지론**持論 : 늘 가지고 있거나 주장하는 의견.

715) **대윤**大尹 : 인종의 외척인 윤임의 일파를 지칭하던 말.

716) **소윤**小尹 : 인종의 이복동생인 경원 대군의 외숙인 윤원로, 윤원형의 세력을 가리키던 말.

717) **을사년의 …… 분당**分黨 : 인종 원년 을사년에 인종의 외숙 윤임 대윤과 명종의 외숙 윤원형 소윤의 알력에서 벌어진 당쟁으로 뒤에 을사사화를 일으켰다.

의 신임을 얻어서 꾀를 내면 행해지고 계책을 세우면 이루어지며 중론을 막아서 대중이 말은 못하고 길 가면서 눈짓 만하게 되면 이것은 불선不善으로 통일되는 것입니다. 지금 성명聖明께 마치 해가 중천에 있는 것과 같아 진실로 소인이 간사한 꾀를 부릴 수가 없으나, 또 군자가 도道를 행한다는 말도 듣지 못하였습니다. 소인이 이미 간사한 꾀를 부리지 못하고 군자가 또 도를 행하지 못하면, 사람마다 시끄럽게 말을 내어 논의가 정해지지 않음은 당연한 것입니다. 근래 국가에는 대대로 소인의 화를 입지 않은 때가 없었으니, 불선으로 통일된 것은 듣고 보는 데 이미 익숙해졌습니다. 전하께서는 어찌하여 한 번 군자로 하여금 뜻을 얻게 하여, 이 세상으로 하여금 선으로 통일되는 성대한 일을 볼 수 있게 하지 않으십니까.

삼가 원하건대, 전하께서는 신의 이 상소를 공경대신[718]들에게 내리시어 상의하게 하소서. 신의 말이 만일 옳다고 하면 조신[719]들에게 하교하시어 동인·서인의 구별을 씻어 버리고 다시는 구별하지 말도록 하시며, 오직 어질고 재주 있는 사람이면 등용하고 어질지 못하고 재주가 없는 사람이면 버리시며, 조정을 함께 한 선비들이 모두 한마음으로 나라를 위하고 다시는 의심하고 막힘이 없도록 하시며, 탁한 것은 내치고 맑은 것은 올려서 조정의 기강을 정숙하게 하시고, 혹시 자기의 의견만을 편벽되게 주장하여 공의公議를 좇지 않는 자가 있으면 제재하여 누르시며, 혹시 꼭 분쟁을 일으켜 말을 만들고 일을 만들려는 자가 있으면 배척하여 멀리하소서. 이와 같이 하신다면 사림의 다행이야 이루 말할 수 있겠습니까. 만일 신의 말이 그르다고 하면, 또한 악을 비호하는 죄를 밝게 다스려 길이 서용[720]하지 않는 것이 국시를 정하는 데 한

718) **공경대신**公卿大臣 : 삼공과 구경의 직위에 있는 신하.
719) **조신**朝臣 : 조정에서 벼슬살이를 하는 신하.
720) **서용**敍用 : 죄를 지어 면관免官되었던 사람을 다시 등용하던 일.

도움이 될 것입니다. 신의 상소가 아침에 올라가면 추하게 헐뜯는 말이 저녁에 신의 몸에 집중될 줄을 알면서도 스스로 그만두지 못하는 것은, 삼가 생각건대 어리석은 신이 나라의 두터운 은혜를 받아서 보답할 길이 없어서입니다. 가령 정수리에서부터 갈아서 발꿈치에 이르더라도 국가에 이익이 된다면 신은 또한 사양하지 않을 것인데, 어찌 감히 허명[721]만을 보전하고자 하여 충언忠言을 다하지 않아서 전하를 저버리겠습니까.

　신이 하고자 하는 말은 대강 다하였습니다. 그러나 또 생각해 보니, 국가는 한명회[722] 이래로 외척이 많이 권병[723]을 잡아서 나라를 좀먹고 백성을 병들게 하여 세상의 큰 우환이 되고, 심한 경우는 사림을 어육魚肉으로 만들기에 이르렀습니다. 그러므로 '외척'이라는 두 글자를 사류들이 승냥이와 범이나 귀역[724]같이 여기어 이마를 찡그리고 상대한 것이 여러 해가 되었습니다. 심의겸 같은 이는 별로 죄악이 없는

한명회

데도 한 번 흠을 잡히게 되자, 젊은 사류들이 덩달아 배척을 하며 오히려 남에게 뒤지지 않는가 두려워하는 형편이니, 어찌 모두 남의 뜻에 영합하여 아부하는 자들이겠습니까. 진실로 이름이 외척인 까닭에 잘 알아보기도 전에 일

---

721) **허명**虛名 : 실속 없는 헛된 명성.

722) **한명회**韓明澮 : 조선 단종 때 수양대군과 함께 계유정난을 주도하고 사육신의 단종복위를 막은 조선의 문신. 자는 자준, 호는 압구정, 사우당으로 문종 2년 문음으로 경덕궁직이 되었으며, 문종이 죽고 단종이 즉위하자 수양대군과 의기투합해 무사 홍달손 등 30여 명을 추천했다. 단종 1년 수양대군이 김종서 등을 죽이고 정권을 장악할 때 심복 참모로서 큰 공을 세웠다. 세조 2년 단종복위운동을 좌절시켰으며, 사육신의 주살에 적극 협조했다. 세조의 충신으로 성종대까지 고관요직을 역임하면서 조선 초기의 군국대사에 많이 참여했으며, 부와 영화를 한 몸에 누렸다.

723) **권병**權柄 : 권력을 가지고 마음대로 사람을 좌우할 수 있는 힘.

724) **귀역**鬼蜮 : 귀신과 불여우라는 뜻으로, 음험하여 남몰래 남을 해치는 사람.

률석으로 그르게 여기는 것입니다. 이것으로 본다면 비록 동인·서인의 구별을 씻어 버리고 모두 기량에 따라 쓴다고 하더라도 심의겸과 같은 사람은 그 작록[725]만을 보전하게 하고 요직에 있게 해서는 안 될 것입니다. 이로 말미암아 후세에 교훈을 전하시어 외척에게는 영원히 권병을 주지 말도록 하신다면, 또한 성명께서 후손을 편안하게 하는 한 도리입니다.

아, 오늘날 말씀드려야 할 것이 어찌 여기에 그치겠습니까. 군사를 양성하고 백성을 휴식시켜 뜻밖의 근심에 예비하는 계책 같은 것은 신이 비록 초야에 있으나 나라를 위하여 애태워 생각한 나머지 혹 어리석은 견해가 있으면서도 결국 오활하고 소루한 계책이 당시의 쓰임에 맞지 않음을 알기 때문에 감히 번거롭게 말씀드리지 못하는 것입니다. 생각건대, 전하께서 매양 부르시는 명을 내리시는 것이 어찌 신의 곤궁함을 불쌍히 여겨서 녹을 주시려고 하시는 것이겠습니까. 반드시 어리석은 신의 말이 혹 채용할 만한 것이 있으리라 여겼기 때문입니다. 신은 비록 병들어 나아가지는 못하나 말은 이미 다하였습니다. 만일 신의 말은 써 주시고 신의 관직은 갈아주시어 신이 한가하게 물러가는 것을 허락하시어, 편안하게 병을 요양하고 임의로 농사나 짓게 하신다면, 천지 부모와 같은 은혜를 신은 더욱 갚을 바를 모르겠습니다. 성명께서는 살펴 주소서.

---

725) **작록**爵祿: 벼슬과 녹봉.

시폐時弊[726]에 대해 진달한 상소

- 임오년(1582년, 선조 15년) -

삼가 아룁니다. 변변치 않은 어리석은 신이 외람되게 성상의 은총을 받아, 자리가 분수에 넘치지만 공효는 조금도 없고, 복福이 지나쳐 재앙이 생겨서 몸이 중병에 걸려 자리에 누운 지 수 개월이 되었습니다. 삼가 생각건대, 성스러운 주상께서 위에 계시나 국사[727]는 나날이 어지러워지니, 밤중에 베개를 어루만지면서 새벽까지 잠을 이루지 못하고 나라를 근심하는 일편단심[728]으로 답답함을 견딜 수 없습니다. 이에 심혈心血을 기울여 마음속에 쌓인 것을 모두 아뢰고자 하는데, 상소를 미처 올리기도 전에 불의의 은전[729]이 거듭되어 이공貳公으로 승진시키시니 놀랍고 답답하여 사직하였으나 허용되지 못하고, 물러나와 전일의 초고[730]를 다시 찾아 궐문을 감히 두드립니다. 그러나 일이 급할수록 걸음을 천천히 걷지 못하고, 마음이 아프면 소리를 늦추지

726) **시폐**時弊 : 그 당시의 못된 폐단. 그 시대의 폐습.
727) **국사**國事 : 나라에 관한 일. 또는 나라의 정치에 관한 일.
728) **일편단심**一片丹心 : 한 조각 붉은 마음이라는 뜻으로, 진심에서 우러나오는 변치 않는 마음.
729) **은전**恩典 : 나라에서 은혜를 베풀어 내리던 특전.
730) **초고**草稿 : 시문의 초벌 원고.

못하는 것이니, 위로 성상의 위엄을 범하고 아래로 시정時情에 어긋남을 돌볼 여가가 없습니다. 삼가 바라건대, 전하께서는 잠깐 위엄을 푸시고 한 번 굽어 살피소서.

신은 듣건대, 상지[731]의 사람은 미연에 환히 알고 있으므로 난이 일어나기 전에 미리 다스리고 나라가 위태롭기 전에 미리 보전하며, 중지[732]의 사람은 사태가 발생한 뒤에 깨닫게 되므로 난인 줄 알고 다스릴 것을 도모하고 위태로움을 알고 안정시킬 것을 도모한다고 하였습니다. 그런데 난이 닥쳤는데도 다스릴 것을 생각하지 않고 위태로움을 보고도 안정시킬 방도를 강구하지 않는다면 이는 하지[733]의 사람이 될 것입니다. 삼가 생각건대, 전하께서는 상지의 자질로서 국운이 점차 쇠퇴해지는 때를 당하였다고 봅니다. 따라서 위망스러운 형상은 불을 보듯 환한 것으로 중지中智의 사람들도 탄식하며 안타깝게 여길 것입니다. 그런데 전하께서는 위로는 황천皇天과 조종祖宗이 맡겨주신 책임에 부응하고 아래로는 신하와 백성들의 간절한 소망에 보답할 만한 치안治安의 방책을 끝내 마련하지 않고 계십니다. 전하께서 위망의 상태를 모르고 계신다고 한다면 지금 국세가 위급하다는 것은 어린아이도 알고 있는 터인데 성명聖明께서 어찌 모르실 리가 있겠습니까. 전하께서 이미 알고 계신다고 한다면 무엇을 믿고 정사를 잘 다스려 나라를 보전할 수 있는 계책을 마련하지 않고 계십니까. 아, 매우 위태롭습니다. 위망의 상태에 대해 신은 주벌[734]을 무릅쓰고 한번 대체적인 것을 아뢰어 보겠습니다. 세도世道는 시속을 따르는 데에서 나빠지고, 공적은 작록만 탐내는 자를 먹여주는 데서 무너지고,

---

731) **상지**上智 : 가장 뛰어난 지혜.

732) **중지**中智 : 상上과 하下 사이의 지혜. 곧, 평범한 슬기.

733) **하지**下智 : 뒤떨어진 지혜.

734) **주벌**誅罰 : 죄인을 꾸짖어 벌을 줌.

정사政事는 부의浮議를 일으키는 데에서 어지러워지고, 백성들은 오랫동안 쌓인 폐단으로 곤궁해지는 것인데 이 네 가지가 그중에 큰 항목입니다.

그렇다면 세도가 시속을 따르는 데에서 나빠진다는 것은 무엇을 말하는 것이겠습니까. 그것은 시대가 흐르고 풍속이 변해짐에 따라 인심도 점점 야박해지는데 교화로 진작시키지 않는다면 풍속이 몹시 퇴패해질 것은 당연한 결과입니다. 지금의 세도는 마치 아래로 흐르는 물처럼 나쁜 습관에 젖어 든 지 이미 오래되었어도 당연한 것으로 여기고 있으므로 예의염치가 확립되지 못한 지 오래입니다. 이리하여 시속을 따르는 자는 비방이 없지만 대중과 뜻을 달리하는 사람은 비난을 받기 때문에 대소大小와 존비735)의 신분을 막론하고 서로 이끌어 거칠고 문란한 지경에 빠져들어 멋대로 악한 짓을 하면서 조금도 기탄하지 않고 있습니다. 선비들도 이利를 먼저하고 의義를 뒤로하는데 일반 백성들이 무엇을 본받을 수 있겠습니까. 심지어는 임금이나 부모도 잊고 염두에 두지 않는 판국이니 삼강736)이 없어지고 구법九法이 무너졌다는 말은 오늘날을 두고 한 말입니다. 무사한 때에 이미 강상737)이 해이해졌는데 혹시라도 위급한 상황이 벌어지면 윗사람이 죽는 것을 보고만 있으면서 구제하지 않을 것이니 흙더미가 무너지는 것 같은 사세는 한쪽 발을 들고 기다릴 수 있을 것입니다. 이것이 첫 번째 위망의 상태입니다.

공적이 작록을 탐내는 자를 먹여주는 데서 무너진다는 것은 무엇을 말한 것이겠습니까. 관직을 나누어 설치한 것은 곤궁한 사람들에게 녹을 주기 위한 것이 아니라 인재를 얻어 국사를 잘 다스리기 위한 것입니다. 그런데 지금

---

735) **존비**尊卑 : 지위·신분 등의 높음과 낮음.

736) **삼강**三綱 : 유교 도덕에서 기본이 되는 세 가지 강령. 곧, 임금과 신하, 부모와 자식, 남편과 아내 사이에 마땅히 지켜야 할 도리로 군위신강·부위자강·부위부강을 말함.

737) **강상**綱常 : 삼강과 오상을 아울러 이르는 말.

은 그렇지 아니하여 사람을 위해서 관직을 고르고 재주가 있는지 없는지의
여부는 묻지 않습니다. 이리하여 대관大官들은 녹봉만을 유지하면서 실지로
나라를 걱정하는 뜻을 지닌 사람이 적고 소관小官들도 녹 받아먹기만을 탐내
면서 전혀 직책을 수행하려는 생각을 갖지 아니하여 서로 옳지 못한 행위만을
본받으므로 관직의 기강이 해이해졌습니다. 그중에 자기가 맡은 직책을 다
스리려는 사람이 있으면 여러 사람들이 모여 비웃고 욕하면서 바보라고 손가
락질을 하는가 하면 여러모로 저지하고 방해하여 끝내 무슨 일을 이루지 못하
게 만듭니다. 심지어는 하찮은 서리738)들까지도 기회를 틈타 농간을 부려 마
침내 직위를 잃게 하는데, 이러한 습관이 이미 관례가 되어버렸습니다. 이리
하여 선비로서 조금이라도 자신의 지조를 지킬 줄 아는 사람은 벼슬을 하려고
하지 않습니다. 오직 작록과 영달을 탐내는 자와 곤궁하여 살길이 없는 자들
은 혹은 시기를 노려 득세할 수 있고 또는 마음과 뜻을 굽혀야만 관직에 오래
있을 수 있기 때문에 대소 신료 모두가 감히 직무에 뜻을 갖지 못하고 있습니
다. 따라서 그중에 조금 낫다는 자들도 문서만을 다루어 기회에 대응해 나갈
뿐입니다. 이리하여 모든 공적이 날로 무너지고 여러 관사가 모두 피폐해지
고 있습니다. 이러한 것이 군현郡縣에까지 파급되어 쇠잔하지 않은 고을이 없
으니 안팎이 텅 비어 나라가 꼴을 이룰 수 없습니다. 이것이 두 번째 위망의
상태입니다.

　　정사는 들뜬 의논을 일으키는 데에서 어지러워진다는 것은 무엇을 말하
는 것이겠습니까. 예로부터 나라를 다스리는 데에는 반드시 집정관739)을 두
었는데, 삼공三公은 육경740)을 통솔하고 육경은 여러 관사를 거느렸습니다.

738) **서리**胥吏 : 관아에 딸려 말단의 행정 실무에 종사하던 이속吏屬. 이서吏胥.

739) **집정관**執政官 : 국정을 잡은 관원.

740) **육경**六卿 : 육조六曹 판서.

이리하여 귀한 사람이 천한 사람을 다스리고 아랫사람이 윗사람을 받들어 존비의 질서가 있었으므로 기강이 확립되었던 것입니다. 그런데 지금은 그렇지 아니하여 조정의 의논이 여러 갈래로 갈라져 조석으로 변경되지만 시비是非의 권한을 누구도 주장하는 사람이 없고 상하 대소가 서로 관섭하지 않으므로 조정의 관료들이 각자 자기의 의견만을 주장합니다. 이른바 부의란 것은 어디에서 나온 것인지도 모르는 것으로 처음에는 아주 미세하지만 점차 치성해져 나중에는 묘당[741]을 동요시키고 대각[742]에 파란을 일으키기까지 하는데 온 조정이 거기에 휩쓸려 누구도 감히 저항하지 못합니다. 들뜬 의논의 위력은 태산보다도 무겁고 칼날보다도 예리한 것으로 그 칼날에 한번 저촉되면 공경도 그 존귀함을 잃게 되고 뛰어난 인재들도 그 명성을 잃게 되며, 장의[743]와 소진[744]같은 자들도 변론을 펼 수 없고, 맹분

장의

---

741) **묘당**廟堂 : 의정부

742) **대각**臺閣 : 사헌부와 사간원.

743) **장의**張儀 : 중국 전국시대 진나라秦의 정치가·외교가이다. 친구 소진蘇秦과 함께 귀곡 선생鬼谷 先生에게서 수학한 적이 있었다. 그는 진나라에 등용되기 전까지 갖은 수모를 겪다가 마침내 진 혜문왕을 만나 정치 고문이 되었다. 얼마 지나지 않아 그는 재상으로 승진되었는데, 촉나라를 평정하고 위나라의 일부를 차지하는 공을 세웠다.

744) **소진**蘇秦 : 동주東周의 낙양洛陽에서 태어났고 자는 계자季子이다. 『자치통감』 제2권 주기소진의 합종책 편에 따르면, 하산후 소진은 각국을 돌아다니며 유세했지만 알아주는 사람이 없었다. 이에 고향에 돌아와 병법과 독심술에 관한 책을 읽으며 1년간 공부한 뒤 주나라 현왕을 찾아갔으나 왕은 소진을 만나주지도 않았다. 이에 소진은 진秦나라로 갔으나 당시 상앙을 처형한 직후 유세객을 미워하던 분위기에 밀려 다시 조趙나라로 갔는데 거기서도 역시 환영받지 못했다. 이에 연燕나라로 떠나 겨우 문후文侯를 만날 수 있었다. 이때 소진은 연나라 왕에게 합종의 전략을 주장했다. 합종이란 가장 강력한 진秦나라를 막기 위해서는 서로 힘을 합해야 한다는 것이었다.

소진

745)과 하육夏育 같은 자들도 그 용력을 쓸 수 없습니다. 그런데도 끝내 그 까닭을 알 수가 없으니, 이것이야말로 이상스러운 일입니다. 이리하여 아랫사람이 윗사람을 업신여기고 천한 자가 귀한 자를 무시하면서 사람들이 각자 행동을 취하기 때문에 기강이 사라져 버렸고, 의리의 존재는 돌보지 않은 채 오직 들뜬 의논의 형세만을 관망할 뿐입니다. 아, 정사가 대각746)에서 나오더라도 오히려 난이 일어날까 걱정스럽다고 하는데, 더구나 정사가 들뜬 의논을 일으키는 자들에게서 나오는 경우야 말해 뭐하겠습니까. 이는 진정 천고에 들어본 일이 없는 것입니다. 비유하건대, 1만 석의 무게를 가진 배가 망망대해를 운항하는데 누구도 키를 잡는 사람이 없이 그냥 풍랑에 맡겨두는 것과 같은 것이라 하겠습니다. 이것이 세 번째 위망의 상태입입니다.

백성들이 오랫동안 쌓인 폐단에서 곤궁해진다는 것은 무엇을 말하는 것이겠습니까. 대체로 법이 오래되면 폐단이 생기는 것은 고금의 공통적인 병폐인 것으로 변통시키지 않으면 백성들의 살길이 곤궁해지는 것은 필연적인 것입니다. 더구나 우리나라는 여러 차례 권간747)의 손을 거치면서 많은 폐법748)이 만들어졌는데도 잘못된 것을 그대로 따라 시행하면서 고치지 아니하여 폐단이 점점 커졌고 백성들에게 끝없이 해독을 끼치고 있습니다. 그런데도 수십 년 동안 한 번도 개혁하지 아니하여 오늘날에 와서는 인구의 수와 개간된 토지가 옛날보다 반절이나 줄었는데도 공부749)의 징수는 오히려 전보다 극심합니다. 이 때문에 백성들이 곤궁해지고 재물이 고갈되어 뿔뿔이 흩

---

745) **맹분**孟賁: 전한 중기의 관료이다. 원삭 3년(기원전 126년), 소부에 임명되었다.

746) **대각**臺閣: 사헌부·사간원.

747) **권간**權奸: 권세를 가진 간신.

748) **폐법**弊法: 해로운 법.

749) **공부**貢賦: 나라에 바치던 공물貢物과 세금.

어져 떠나버렸으므로 백성이 더욱 적어지고 부역은 갈수록 심해지니 이러한 형세로 나간다면 백성들은 필시 한 사람도 남지 않게 되고야 말 것입니다. 백성은 나라의 근본인 것으로 근본이 튼튼해야만 나라가 편안해질 수 있는 것입니다. 지금 민생이 날로 위축되어 마치 물이나 불 속에 있는 것과 같습니다. "우리를 보살펴 주면 임금이고 우리를 학대하면 원수이다."라는 말에 대해서 어찌 매우 두려워하지 않을 수 있겠습니까. 맹자는, "숲을 위하여 새를 모는 것은 새매이다."라고 하였는데, 지금 다급한 상황에 처해 있는 이 나라 백성들로서 만약 조750)와 거751)와 같은 이웃 나라가 곁에 있다면 반드시 어린 자식들을 강보에 싸 업고 그곳으로 갈 것입니다. 이것이 네 번째 위망의 상태입니다.

지금 이 네 가지 상태는, 기미가 환히 드러난 것으로 은미한 것이 아니기 때문에 눈이 있는 사람은 모두 볼 수 있고 입을 가진 사람은 다 말할 수 있는 것인데 어찌 전하께서만 모르실 수 있겠습니까. 한漢나라 신하 매복752)은 자기 임금에게, "그 형상을 볼 수 없으면 그 그림자를 살피소서." 하였습니다. 만약 오늘날의 그림자를 말한다면 천문天文이 변괴를 보이고 지도地道가 안정치 못하며, 수재와 한재가 극심하고 여역753)이 해마다 발생하며, 초목·산천·곤충·조수 등 온갖 괴이가 달마다 일어나고 있으니, 이것이 어떠한 것에 대한 그림자이겠습니까. 아, 전하께서는 한나라의 임금이십니다. 그런데 한나라가 다스려지지 못할 경우 누구를 책하겠습니까. 옛날 정치를 논한 이들은 반드시 격물格物, 치지致知, 성의誠意, 정심正心으로 근본을 삼았는데, 오늘날에는

---

750) 조曹: 주周 무왕武王의 아우 숙진탁叔振鐸을 봉한 나라.

751) 거莒: 주周의 봉국封國이름.

752) 매복梅福: 매복은 『한서』「매복전」에 나오는데, 매복의 글에서 '도지태아'가 유래하여 남에게 권한을 다 내주는 것을 비유하는 말로 쓰이게 되었다.

753) 여역癘疫: 전염성 열병.

노유[754]의 진부한 말이 되었으니 누가 오활하고 요원하다고 여기지 않겠습니까. 그렇다 하더라도 격물·치지·성의·정심을 버리고서 나라를 다스리려 한다면 끝내 그것은 이치에 맞지 않습니다. 왜냐하면 격물, 치지를 하지 않으면 지혜가 이치에 밝지 못하고 성의, 정심을 하지 않으면 마음이 이치를 따르지 못하게 되는 것입니다. 따라서 이치에 밝지 못하면 사정[755]과 시비를 분별할 수 없고 이치를 따르지 못하면 어진 이를 임용하고 백성을 안정시키는 방법을 시행하지 못할 것입니다. 예로부터 임금이 아무리 무도하다고 하더라도 자기 나라가 망하기를 바라는 사람이 있었겠습니까마는, 오직 지혜가 밝지 못하기 때문에 어지러운 시대를 태평 시대로 여기고 간사한 자를 충성스러운 사람이라고 했던 것입니다. 그리고 그 마음이 바르지 못하기 때문에 어진 사람을 만나면 그가 도道를 지키는 것을 꺼리고 말재주가 있는 사람을 만나면 그가 자신에게 아첨하는 것을 좋아하는 것인데, 이 점이 나라를 전복시킨 전철을 답습하면서 끝내 깨닫지 못하는 이유인 것입니다. 지금 전하께서는 타고 나신 자품이 지혜롭고 성스러우시며 욕심을 적게 가지시어 수양을 깨끗이 쌓으시고 몸가짐도 공손하고 검소하게 하시면서 아랫사람을 예우하시어 조금도 과실이 없으십니다. 그런데도 즉위하신 지 16년이 지났건만 치도[756]는 밝아지지 않고 위망의 상태는 앞에서 아뢴 바와 같으니, 아마도 격물, 치지, 성의, 정심의 공력에 미진한 점이 있어서 그런 것이 아니겠습니까. 아, 전하께서는 오늘날 국가의 형세에 대해서 의관만 정제하고 가만히 앉아 있더라도 끝내 보존할 수 있다고 여기십니까. 아니면 바로잡아 구제하고 싶어도 그 대책을 모르고 계시는 것입니까. 또한 그 뜻이야 갖고 있지만 어진 신하를 얻지

---

754) 노유老儒 : 늙은 선비. 늙고 학덕이 높은 학자.

755) 사정邪正 : 그릇됨과 올바름을 아울러 일컫는 말.

756) 치도治道 : 스리는 도리나 방법.

못하여 일을 추진하기에 어렵다고 여기시는 것입니까. 그도 아니면 흥하든 망하든 천운天運에만 맡기고 인력을 드리지 않으려고 하시는 것입니까. 예로 부터 군주들이 잘 다스리고 싶어도 제대로 하지 못한 경우가 두 가지 있습니다. 욕심이 많은 임금으로 자신을 위하는 일이 너무도 사치스러워 궁실을 성 대하게 하는 일, 성색757)을 좋아하는 일, 말 타고 사냥을 즐기는 일을 스스로 억제하지 못하기 때문에 백성들이 견디지 못하여 난을 일으키는 것이 첫째이 고, 연약한 임금으로 정권이 권간에게 주어져 자신이 정사를 하지 못하고 붙 어사는 처지에 있는가 하면 좌우의 신하들도 모두가 심복이 아니기 때문에 조금이나마 무슨 일을 하려면 즉시 제지당하기 때문에 못하는 것이 둘째입니 다. 그러나 지금 전하께서는 욕심을 많이 가지시지도 않고 권간이 득세하는 걱정도 없으니, 왕도758)를 행하여 왕자759)가 되고, 패도760)를 행하여 패자761) 가 되는 것은 전하의 도량에 달려 있습니다. 그런데 누가 금하여 다스리지 못 하게 할 수 있겠습니까. 삼가 생각건대, 네 가지 위망의 상태는 모두 전하에게 달린 것이니 폐단을 개혁하고 태평 시대를 일으키는 것도 전하에게 달려 있습 니다. 그렇다면 하시지 않는 것일 뿐 못하는 것이 아닙니다. 그 이유를 말하자 만 이렇습니다.

　전하께서는 선善을 좋아하는 것이 지극하지만 도道를 믿는 것은 독실하지 못합니다. 따라서 충효忠孝, 청백淸白 등의 선행을 지닌 사람이 있다는 말을 들 으면 그지없이 탄상762)하면서도 도학763)으로 자임하는 사람이 있다는 말을

---

757) **성색**聲色: 노래와 여색.

758) **왕도**王道: 임금이 마땅히 지켜야 할 도리.

759) **왕자**王者: 제왕인 사람. 임금.

760) **패도**霸道: 인의仁義를 무시하고 무력이나 권모로 다스리거나 공리功利를 탐하는 일.

761) **패자**霸者: 제후諸侯의 우두머리. 패도霸道로 천하를 다스리는 사람.

762) **탄상**嘆賞: 탄복하여 크게 칭찬함.

들으면 혹시 거짓인가 의심합니다. 대체로 도학을 지닌 사람은 반드시 선행을 구비하는 것이지만, 선을 행하는 사람이 반드시 도를 아는 것은 아닙니다. 그런데 어떻게 하나의 선행을 가진 사람을 중시하면서 도학을 가볍게 여길 수 있겠습니까. 생각건대, 전하께서 도를 중시하고 선비를 존중하는 정성이 지극하지 못하기 때문에 호령을 내리고 거조하는 데 있어 시속을 따르는 자를 좋아하고 비상하게 행동하는 사람을 미워합니다. 그리고 곧은 절개가 있는 선비는 그들이 과격하다고 의심하고, 입을 다물고 말하지 않는 신하는 순후하다고 여기는가 하면 고도⁷⁶⁴⁾의 설에 대해서는 대언大言이라고 배척합니다. 이 때문에 유속⁷⁶⁵⁾의 사람들은 풀잎이 바람에 휩쓸리듯이 하여 모두들 '우리 임금은 도학을 좋아하지 않는다.'고 합니다. 이리하여 선을 행하던 사람은 기가 꺾이고 악을 행하던 사람은 기세를 부리면서 조금이라도 수칙⁷⁶⁶⁾하는 사람이 있으면 명예를 낚는다고 지목하고 세류⁷⁶⁷⁾에 같이 어울리면 천연스럽다고 허여합니다. 따라서 교화敎化가 무너지고 이륜⁷⁶⁸⁾이 상실되는데, 이것이 바로 세도는 시속을 따르는 데에서 나빠지게 된다는 것입니다.

　전하께서 선비를 아끼시는 뜻은 물론 성심에서 나온 것입니다. 그러나 이기기 좋아하는 사심私心을 극복하지 못하고 다스리기를 구하는 뜻이 확립되지 못했기 때문에 관직에 연연하는 자들은 순종하는 것으로 은총을 받게 되고, 벼슬길에 나오기를 어렵게 여기는 반면 미련 없이 물러가는 사람은 거역하는 것으로 전하의 뜻에 거슬리게 됩니다. 그리고 어진 이를 등용하는 데 있

---

763) **도학**道學 : 도덕에 관한 학문. 성리학 또는 주자학.

764) **고도**古道 : 옛날의 도의道義.

765) **유속**流俗 : 옛날부터 전해 오는 풍속.

766) **수칙**修飭 : 몸과 마음을 닦고 말과 행동을 스스로 삼가다.

767) **세류**世流 : 사회 형편의 흐름.

768) **이륜**彝倫 : 떳떳이 지켜야 할 사람의 도리.

어서는 용사[769]를 논하지 않은 채 그저 작록만으로 묶어놓으려 하며, 선비를 대우하는 데 있어서도 현부[770]는 따지지 않고 품계의 높고 낮은 것으로 경중을 구분합니다. 이 때문에 자기의 도道를 행하려 하는 사람은 충성을 하고 싶어도 할 수 없어서 방황하다가 끝내 물러가게 되고, 녹봉을 탐내는 자들은 국사에 해만 끼치면서도 자리에 오래 있음으로 인하여 마침내 대관大官의 지위에까지 오르게 됩니다. 대체로 작록이란 것은 세상 백성들을 다스리기 위한 것으로 덕이 있는 사람에게 주는 것입니다. 그런데 만일 작록을 얻으려는 사람은 모두 등용되고 작록을 구하지 않는 사람은 모두 물러간다면, 관직이 텅 비게 되는 것이 무엇이 괴이하겠습니까. 이것이 바로 공적은 작록만 탐내는 자를 먹여주는 데서 무너지게 된다는 것입니다. 예로부터 명철한 임금들도 혼자서는 정치를 할 수 없었으므로 반드시 어진 사람을 얻어 나라를 같이 다스렸습니다. 이리하여 위대한 요堯임금도 순舜임금을 얻지 못할까 걱정하였고, 순임금도 우禹와 고요皐陶을 얻지 못할까 걱정하였습니다. 임금이 신하에게 맡기는 것은 천지의 도입니다. 다만 맡는 사람이 간사하냐 정직하냐에 따라 치란과 안위가 달려 있는 것입니다. 이 때문에 군자에게 맡기면 정사가 다스려져 태평 시대를 이루고, 소인에게 맡기면 정사가 천단되어 위태로워집니다. 군자와 소인 그 누구에게도 맡기지 않으면 정치가 분산되어 어지러워지는 것으로 이것은 필연적인 것입니다. 지금 전하께서는 영명하므로 소인이 진정 농간을 부리지 못합니다. 그러나 군자에 대해서도 깊이 믿어 전적으로 위임하시지 않기 때문에 군자들도 뜻을 행할 수 없으니, 이것은 군자와 소인이 모두 쓰임을 받지 못하는 것입니다. 이리하여 나라의 권병權柄을 맡아 주장하는 사람이 없음에 따라 조정의 기강이 흩어지는 것이니, 마치 주인이 없는

---

769) **용사**用捨 : 취하여 쓰는 일과 내버리는 일을 아울러 이르는 말.

770) **현부**賢否 : 어질고 사리에 밝은 것과 그렇지 못한 것.

집에 길 가던 사람이 서로 들어가서 제가 성인인 체하면서 온 집이 떠들썩하게 발언하는가 하면 각자 사견私見을 가지고 중구난방으로 의논하는 것과 같은 격입니다. 심지어 우동牛童, 마졸馬卒, 젖내나는 어린 아이들까지도 모두 조정의 시비를 논하는 데 참여하려고 합니다. 이 때문에 조정은 엄하지 않고 나라의 형세는 높지 않으니, 이것이 바로 정사는 들뜬 의논을 일으키는 데에서 어지러워지게 된다는 것입니다.

예로부터 대업을 계승한 임금으로서 수성守成을 잘한 경우가 두 가지가 있는데, 치세를 계승했을 경우에는 그 법을 그대로 따라 잘 다스린 것과 난세를 계승했을 경우 그 폐단을 개혁시켜 치세를 이룩한 것이니, 일은 다르다 하더라도 방법은 같은 것입니다. 그러므로 진서산眞西山은, "굳게 지켜야 할 경우이면 굳게 지키는 것이 본시 계술771)하는 것이지만, 변통해야 할 경우에는 변통하는 것도 계술하는 것이다." 하였는데, 이것은 참으로 변할 수 없는 정론인 것입니다. 지금 전하께서는 폐단이 오랫동안 쌓인 뒤에 계승하였으니 경장772) 시킬 계책을 강구하셔야 합니다. 그런데 매양 제도를 고치는 일에 대해 어렵게 여기시므로 변통해야 한다는 말을 조금도 채납하지 않고 계십니다. 비유하건대, 오래 묵은 집에 재목이 썩어서 언제 쓰러질지 모르는데 서까래 하나도 갈지 않고, 기둥 하나도 고치지 않고서 무너지기는 것을 앉아서 기다리는 것과 같다고 할 수 있는데, 이것이 무슨 도리라 할 수 있겠습니까. 아무리 선조 때 만들어진 법이라 하더라도 시대가 바뀌고 사태가 변하면 간혹 준행하기 어려운 것이 있게 마련입니다. 그기에 국초國初에 『경제육전』773)을 사용했었는데 세조[光廟]께서는 『

---

771) **계술**繼述 : 조상의 뜻과 사업을 이음.

772) **경장**更張 : 정치적·사회적으로 낡은 제도를 고쳐 새롭게 함.

773) **『경제육전**經濟六典』 : 조선 최초의 법전으로 지금은 전하지 않으나, 실록에 부분적으로 인용되어 일부 내용은 파악할 수 있다. 『경제육전』은 모두 4번 간행되었다. 조선 정부는 건국 후 바로 법전 편찬에 착수하여 의정부에 검상조례사를 설치하여 법률 편찬 자료를 수

경국대전』[774)을 창제하셨고, 성종[成廟] 이후로 많은 속록[續錄]을 만들었는데 이 것이 어찌 분경[775)을 좋아해서이겠습니까. 때에 따라 적절하게 해나가는 방법 으로 그렇게 하지 않을 수 없었던 것입니다.

그런데 지금은 옛 법을 고수할 뿐만 아니라 한때 잘못 만들어진 법규라 할 지라도 시행한 지 오래된 것이라면 성헌[776)으로 인정하 여 더욱 경건하게 준수하므로 해독[777)이 온 국내에 미치 는 데도 돌보지 않고 있으니, 이 나라 백성들이 무슨 죄가 있어서 성군[778)시대를 만나서도 끝내 도탄의 고난 속에 서 벗어날 수 없단 말입니까. 옛날 제갈량[779)은, "적을 토

제갈량

집하게 했다. 이 작업은 조준趙浚이 주도하였으며, 1397년(태조 6년)에 『경제육전』으로 간 행했다. 이두를 사용했으므로 『이두육전』이라고도 한다.

774) 『**경국대전**經國大典』: 조선 건국 전후부터 1484년(성종 15년)까지의 왕명·교지·조례 중 영구 히 준수할 것을 모아 엮은 법전이다. 조선의 행정사무를 도맡은 6조에 필요한 규정을 6개 의 전으로 나누어 다루고 있다. 이전은 29개 항목으로 국가 통치 운영 규정을 다루었다. 호전 30항목은 재정·토지·조세·녹봉·공물·양전·부역·토지매매·상속에 관한 규정들을 수록 했다. 예전 61항목은 시험과 외교 의례 등을 수록했다. 병전 51개 항목은 군사기구와 관련 된 규정을 수록했다. 형전은 28개 항목은 형법제와 노비규정을 다루었다. 공전 14항목은 각종 시설물의 관리 등과 도량형 규정, 장공인의 구분 등을 다루었다.

775) **분경**紛更 : 어수선하게 고침.

776) **성헌**成憲 : 일정한 절차에 따라 문자로 표현되고 문서의 형식을 갖추어 정립한 헌법.

777) **해독**害毒 : 해치고 망가뜨리는 일. 선량한 성질이나 상태를 해치는 일.

778) **성군**聖君 : 덕이 아주 뛰어난 어진 임금.

779) **제갈량**諸葛亮 : 중국 삼국시대 촉한의 재상, 정치인이다. 자는 공명孔明이며 자를 포함해서 제갈공명이라고도 한다. 서주 낭야국 양도현 출생이다. 후한 말 군웅인 유비를 도와 촉한 을 건국하는 제업을 이루었다. 형주 남부 4군을 발판으로 유비의 익천을 도왔다. 221년 유 비가 제위에 오르자, 승상에 취임하였고, 유비 사후 유선을 보좌하여 촉한의 정치를 주장 하였다. 227년부터 지속적인 북벌을 일으켜 8년 동안 5번에 걸쳐 위나라의 옹·양주 지역 을 공략하였다. 234년 5차 북벌 중 오장원五丈原 진중에서 54세의 나이로 병사하였다. 중국 역사상 지략과 충의의 전략가로 많은 이들의 추앙을 받았다. 그가 위나라 토벌을 시작하 면서 유선에게 올린 출사표는 현재까지 전해 내려온다. 동진 시기 제갈량을 무흥왕으로

벌하지 않으면 왕업도 망할 것이니, 그저 앉아서 망하기를 기다리는 것보다는 적을 치는 것이 낫다." 하였습니다. 신 역시 '경장更張하지 않으면 나라는 필시 망할 터인데 그냥 앉아서 망하기만을 기다리는 것보다는 경장하는 것이 낫다.'고 말할 수 있으니 경장하여 잘 되면 사직[780]에 복이 될 수 있습니다. 경장하여 잘못되더라도 망하는 것을 재촉하는 것은 아니고 경장하지 않고 있다가 망하는 것과 같을 뿐입니다. 전하께서 백성을 사랑하는 마음을 가졌더라도 백성을 안정시키는 정치를 베풀지 않는다면, 단지 선심善心만 지녔을 뿐 법이 없는 것으로 백성들이 은덕을 받지 못할 것이니, 이것이 바로 백성은 누적된 폐단에서 곤궁해진다는 것입니다. 아, 우리 태조 강헌 대왕[781]께서 천명을 처음 받고, 태종 공정 대왕[782]께서 대업을 이루고, 세종 장헌 대왕[783]께서 대업의 기초를 공고히 하여 열성[784]이 전승하여 전하에까지 이르렀습니다. 그렇다면 하늘에 계신 조종의 영령[785]이 밝게 오르내리시면서 전하에게 기대하는 것이 어찌 깊고도 원대하지 않겠습니까.

지금 백성은 흩어지고 군사는 쇠약하며 창고의 양곡마저 고갈되었는데 은혜가 백성에게 미치지 않고 신의信義도 여지없이 사라졌습니다. 혹시라도 외적이 변방을 침범하거나 도적이 국내에서 반란을 일으킨다면 방어할 만한 병력도 없고 먹을 만한 곡식도 없고 신의로 유지할 수도 없는데, 모르겠습니다만 전하께서는 이 점에 대해 어떻게 대응하려 하십니까. 지금 듣건대 조사

추존하였다.

780) **사직**社稷 : 나라 또는 조정.
781) **태조 강헌 대왕**太祖康獻大王 : 이성계를 말함.
782) **태종 공정 대왕**太宗恭定大王 : 이방원을 말함.
783) **세종 장헌 대왕**世宗莊憲大王 : 이도를 말함.
784) **열성**列聖 : 대대의 여러 임금.
785) **영령**英靈 : 죽은 사람의 영혼.

786)가 곧 나온다는데 서도787) 백성들은 이미 지탱할 계책이 없다고 합니다. 지금 전하께서는 성실하고 근신한데도 나라를 제대로 보전하지 못하는데 만일 뒤를 계승하실 분이 조금이라도 법도를 근신하지 않는다면 반드시 속히 망할 것입니다. 그러니 오늘날 자손에게 태평을 누릴 수 있는 모훈788)을 남겨주지 않는다면, 이것은 전하께서 위로는 조종을 저버리고 아래로는 자손을 버리는 것입니다. 전하께서 한밤중 조용히 계실 때 생각이 여기에 미친다면, 척연하게 깨닫는 것이 없을 수 있겠습니까. 아, 비상한 공적은 보통으로 다스려 요행으로 이루어지는 것이 아닙니다. 지금 어지러운 상태를 전환시켜 치세治世를 이루고 위태로운 상태를 전환시켜 화평한 세상을 이루며 세도를 새롭게 하여 천명을 유지하며 공렬789)이 조종을 빛내고 업적이 후손에게 전하여지게 하려면, 이는 실로 비상하고 위대한 공적인 것으로 반드시 큰 뜻을 세우고 사공790)을 일으켜 일을 넓혀서 재주와 성의를 다해 날로 일을 진행한 뒤에야 성공을 기대할 수 있는 것입니다. 그런데 지금 윗사람이나 아랫사람이나 손을 놓고 안일에 젖어 있으니, 진보는 없고 퇴보만 있게 되는 것은 당연한 것입니다.

삼가 살펴보건대, 지금 조정 신하들의 기상이 몹시 위축되어 있습니다. 어진 사람은 몸가짐에 과실이 없게 하려고 할 뿐이고, 어질지 못한 사람은 동류들을 끌어들여 공사公事를 빙자해서 사욕을 채우려 합니다. 그리고 관직에 있는 사람은 모두가 확고한 뜻이 없으므로 조금이라도 남의 말을 들으면 병을

---

786) **조사**詔使 : 중국 천자의 조서를 가지고 온다는 뜻으로, 중국에서 온 사신. 조서를 받들고 가는 사신.

787) **서도**西道 : 황해도·평안남북도 지방.

788) **모훈**謨訓 : 나라에서 세운 큰 계획. 뒤의 왕에게 경계나 훈계가 되는 가르침.

789) **공렬**功烈 : 뛰어난 공적.

790) **사공**事功 : 공적功績. 일의 성취.

핑계 대고 일을 회피하기 때문에 아침저녁으로 자리가 바뀌어져 제 모양을 이루지 못하는가 하면 국가의 치란과 안위에 대해서는 막연하여 마음에 두지도 않습니다.

나라를 다스리는 원대한 계획에 대해 언급하면 어진 사람은 눈살을 찌푸리면서도 오히려 임금의 뜻을 돌리기 어렵다고 걱정을 하는데, 그 다음가는 사람은 천명에 돌리면서 어떻게 해 볼 도리가 없다고 하고, 아질지 못한 사람은 그 자리에서 비웃으며 어리석고 부질없는 것이라고 합니다. 이리하여 묘당[791]에서는 건의하는 일이 없고, 육조[792]는 문서의 규례만을 지키며, 대간은 세세한 사건을 들추어 내고 남의 묵은 죄악을 캐내는 것을 일과로 삼고, 시신[793]은 문구를 주어 모아 한만스러운 담론이나 펼치는 것으로 보필하는 일에 견주려 할 뿐, 국사에 대해 깊이 우려하거나 강령을 잡아 바른말로 극간하는 사람이 있다는 말을 들어본 적이 없습니다. 이것은 다름이 아니라 전하께서 큰일을 하려는 뜻을 신하들에게 분명히 보여주지 않기 때문에 조정의 신하들이 전하께서 귀에 거슬리는 말을 듣기 싫어하실까 의심하여 충성을 다하지 않고 있는 것입니다.

아, 예로부터 신하로서 충성을 바치려는 자가 일에 앞서 미리 말을 하면 반드시 신임을 받지 못하였고, 일이 닥친 뒤에 말을 하면 그때는 이미 늦어서 구제하려 해도 할 수 없었으니, 이것은 마치 죽을병에 훌륭한 의원이 없는 것과 같은 것입니다. 그렇다면 오늘날의 상태는 일에 앞서 논한 것이 아닙니다. 새끼줄을 마냥 잡아당기면 반드시 끊어지고야 말듯이 재앙이 자주 닥치면 반드시 피부에 닿게 마련인데 어떻게 목전에 요행으로 모면한 것을 가지고 끝내

791) **묘당**廟堂 : 의정부.

792) **육조**六曹 : 주요한 국무를 처리하던 여섯 관부官府. 이조·호조·예조·병조·형조·공조.

793) **시신**侍臣 : 임금을 가까이 모시는 신하.

무사할 것이라고 생각할 수 있겠습니까. 지금 전하께서 시폐[794]를 구제할 생
각이 없다면 아무리 고요皐陶, 직稷, 설契 같은 신하가 좌우에 줄지어 있다하더
라도 아무런 도움이 없을 것이고, 신도 입을 다문 채 할 말이 없을 것입니다.
그러나 시폐를 구제하려 한다면 어찌 전혀 계책이 없겠습니까. 아, 전하께서
진정 하루아침에 개연히 분발하여 용맹스러운 뜻을 크게 떨치려고 하신다면
반드시 천지를 전환시키고 우주를 밝혀 조종을 빛내고 후손을 복되게 할 것을
기약하소서. 그리하여 대도[795]를 돈독히 믿으시어 시종 학문을 닦되 거경[796]
과 궁리[797]의 공부를 함께 해나가며 동정[798]과 언행言行도 한결같이 천칙天則
을 따라 전하의 일신一身이 뚜렷이 표준이 된 다음 일국一國의 신민으로 하여금
성상께서 도학을 중시하고 유자儒者를 존숭하여 교화를 거듭 밝히는 것을 모
두 볼 수 있게 하기를 마치 구름과 안개가 사라지고 태양이 중천에 떠 있는 것
처럼 하신다면, 혼탁한 세속인들 어찌 변화시킬 수 없겠습니까. 그리고 훌륭
한 인재들을 지성으로 초빙함에 있어 관직에 있는 자이거나 초야에 있는 자이
거나 오직 현명하고 재능이 있다면 부류를 따지지 말고 등용하며, 인물을 쓰
는 데 있어서도 인품과 직위가 상당하게 할 뿐 일상적인 격식에 구애받지 말
도록 함으로써 각자 맡은 직책을 수행하게 한다면 작록을 탐내는 자들의 폐단
도 걱정할 것이 없을 것입니다. 어진 사람에 대해서는 자세히 살피고 정밀하
게 고르며 깊이 알고 독실히 믿어서 의심하지 말고 전적으로 위임하여 성공할
수 있게 하소서. 또 그로 하여금 아는 사람을 추천하여 여러 직무를 분담해서

---

794) **시폐**時弊 : 그 당시의 못된 폐단. 그 시대의 폐습.

795) **대도**大道 : 사람이 마땅히 지켜야 할 바른 도리.

796) **거경**居敬 : 항상 마음을 바르게 가지고 몸가짐을 조심하여 덕성을 닦음.

797) **궁리**窮理 : 마음속으로 이리저리 따져 깊이 생각함. 또는 그 생각.

798) **동정**動靜 : 움직임과 정지. 일이나 현상이 벌어지고 있는 낌새. 일상적인 모든 행위.

각자 사공799)을 일으키게 하고 그들의 공적과 근만800)을 고과801)하여 출척802)을 공정하고 분명하게 한다면 청론淸論을 주장하게 되어 나라의 형세가 존 엄해질 것은 물론이고 하는 일 없이 세월만 보내는 무리들도 모두가 머리를 숙이고 명령에 따르면서 각자 자기의 직분을 지켜나갈 것인데, 들뜬 의논을 일으키는 자가 어떻게 정치를 혼란시킬 수 있겠습니까.

인군이 정사를 할 적에는 늘 인재가 없다고 걱정하는데 이것 역시 그렇지 않습니다. 삼대三代의 군신은 진실로 논할 것이 없겠습니 다만, 한漢 무제803)는 어진 임금이 아닙니다. 그러나 그가 세력을 과시하면서 공업804)을 좋아할 당시에는 재략을 지닌 사람들이 밖으로 힘을 펼쳐 동서東西로 국토를 확장 시켜 그의 뜻대로 이루어주었고, 말년에 지난날의 행적 에 대해 과오를 뉘우치며 백성을 기르고 국경을 보전하려

무제

할 적에는 지방을 다스리는 신하들이 지혜를 써서 기구를 만들어 백성들이 농사를 짓는 데 편리하게 하고 백성을 이롭게 하였습니다. 만약 무제가 명철 한 임금을 따랐더라면 어찌 도학을 지닌 선비가 나와서 명에 응할 자가 없었 겠습니까. 세대마다 언제나 인물이 없는 적은 없는데 단지 임금이 다스리기 를 구하는 것이 정성스럽지 않아 제대로 수용하지 못하는 것이 걱정스러울

799) **사공**事功 : 일을 이루는 데에 힘쓴 노력이나 수고.

800) **근만**勤慢 : 부지런함과 게으름.

801) **고과**考課 : 고시考試.

802) **출척**黜陟 : 못된 사람을 내쫓고 착한 사람을 올려 씀.

803) **무제**武帝 : 중국 전한 제7대 황제. 성은 유劉, 이름은 철徹, 묘호는 세종世宗이다. 중앙 집권을 강화하고 흉노를 외몽골로 내쫓는 등 여러 지역을 정벌하였으며, 중앙아시아를 통하여 동서 교류를 왕성하게 하였다.

804) **공업**功業 : 공적이 뚜렷한 큰 사업.

뿐입니다. 오늘날 인물이 적으므로 전하께서 한 세상을 굽어보면 참으로 쓸 만한 인재가 없다고 탄식할 만합니다. 비록 그러하나 전하께서 성심으로 다스리기를 바라시어 재능에 따라 적당히 기용하신다면 어찌 한 시대의 사업을 이루지 못하겠습니까.

제거시켜야 할 누적된 폐단에 대해서는 지금 일일이 거론하기 어려우나 어리석은 신이 늘 경연에서 아뢴 것은 공안[805]을 개정하고 이원[806]을 줄이고 감사를 구임[807]시키는 세 가지뿐이었습니다.

이른바 '공안을 개정해야 한다.'는 것은 이런 뜻입니다. 여러 고을의 토지와 인민의 많고 적은 것이 동일하지 않아 더러는 현격한 차이가 있는 데도 공역[808]의 배정에 있어서는 그다지 차등이 없기 때문에 고달프고 수월한 것이 균등하지 못합니다. 게다가 대부분 토산품이 아닌 온갖 물건을 모두 마련하여 각 관사에 나누어 바치게 합니다. 따라서 농간을 부리는 폐해가 백성들에게 돌아가 서리[809]들만 이익을 취하고 공용公用에는 조금도 보탬이 없습니다. 그리고 근래 조세租稅의 수입이 적은 것이 북쪽 오랑캐의 제도와 같아서 1년의 수입으로는 지출이 부족하여 늘 전에 저축한 것을 보충하여 쓰게 되므로 200년 동안 저축해 온 나라가 지금 2년 먹을 양식도 없어서 나라가 나라답지 못하니, 어찌 한심한 일이 아니겠습니까. 지금 부세를 증가시키자니 민력이 이미 고갈되었고 전례를 그대로 지키자니 얼마 안가서 저축이 바닥날 것이니, 이는 알기 어려운 것이 아닙니다. 신은 생각건대, 공안을 개정하는 데 있어서 유

---

805) **공안**貢案 : 공물貢物의 품목·수량을 적던 장부.

806) **이원**吏員 : 지방관아에 딸렸던 하급 관리.

807) **구임**久任 : 관원에게 어떤 일을 오랫동안 맡기는 제도.

808) **공역**貢役 : 국가가 국민들의 노동력을 지방의 특산물을 현물로 거두어들이는 것.

809) **서리**胥吏 : 관아에 딸려 말단의 행정 실무에 종사하던 이속吏屬. 이서吏胥.

능한 사람에게 맡겨 규획規畫을 잘하게 할 것은 물론, 단지 토산품으로만 균평하게 배정하고 한 고을에서 바치는 것이 두세 관사에 지나지 않도록 한다면 원액810)의 수입은 별로 감소되는 것이 없으면서 백성의 부담을 10분의 9쯤 줄일 듯싶습니다. 이렇게 민력이 여유를 갖게 해서 백성들의 심정을 위안하며 기쁘게 한 다음 적당히 조세를 증가시킨다면 국가의 경비도 점차 충족될 것입니다. 그렇다면 공안을 개정하려는 것은 단지 백성을 위하는 것일 뿐만 아니라 실제로는 경비를 위해서입니다. 이른바 '이원811)을 줄여야 한다.'는 것은 이런 뜻입니다. 고을을 설치하여 수령을 두는 것이야말로 백성을 다스려 기르기 위한 것인데 지금 고을은 많은데다가 백성은 적으므로 수령들이 대부분 빈자리만 차지하고 있습니다. 따라서 아전이나 백성의 고달픔은 날이 갈수록 심해지고 수령을 제수할 때에도 인물을 선발하기가 어려운 실정입니다. 그런데 시의時議는 연혁812)시키는 일에 대해 곤란하다고 여기고 있으므로 이른바 폐단을 구제한다는 것은 관아官衙의 권속813)들을 줄이는 데 불과할 뿐입니다. 따라서 사방이 움츠러든 것을 소생시킬 기약이 없으니 끝내는 팔도의 수령 모두가 홀아비 노릇을 하게 되고 말 것입니다. 이것이 무슨 법제입니까. 이 폐단에 대해 전하께서도 전부터 유의하시어 누차 말씀하셨습니다. 그런데 무슨 까닭으로 곤란하게 여기며 시행하지 않습니까. 지금 두세 곳의 연접되어 있는 쇠잔한 고을을 합쳐 하나로 만든다면, 이것은 세속을 놀라게 하는 일이 아니고 백성의 부역도 3분의 1쯤 줄일 수 있으며, 수령을 선발하기도 전보다 쉬울 것입니다.

---

810) 원액元額 : 본디의 액수.
811) 이원吏員 : 지방관아에 딸렸던 하급 관리.
812) 연혁沿革 : 변천하여 온 과정.
813) 권속眷屬 : 한집안 식구.

이른바 '감사를 구임시켜야 한다.'는 것은 이런 뜻입니다. 감사는 한 도의 주인이므로 그 직에 오래 있으면서 백성들과 서로 신뢰하여야만 왕화[814]가 베풀어지고 호령이 시행되어서 평상시에는 정사를 이룰 수 있고 위급한 때에는 변란에 대응할 수 있는 것입니다. 지금은 그렇지 아니하여 감사의 임기가 단지 1년인데다가 가족들이 따라가지 못하기 때문에 사람들이 모두 싫어하여 명을 받는 날부터 이미 병을 핑계되고 사임할 생각을 가지는가 하면 수개월 동안 지체하면서 임무를 수행할 생각을 갖지 않다가 끝내는 병으로 면직하게 됩니다. 이 때문에 도에는 늘 주인이 없는 것과 같이 정사를 담당하는 사람이 없으므로 백성들이 교화를 받지 못하게 됩니다. 그중에는 국가를 위할 마음을 가진 자로서 정치와 교화를 정리하고 싶어도 임기가 얼마 안 가서 만료되어 업적을 이룰 수 없습니다. 이 때문에 감사가 있든 없든 백성들은 상관조차 하지 않으니, 감사를 두는 것이 어찌 진정 이렇게 되라는 것이겠습니까. 지금 여러 도의 큰 고을을 골라 감영監營을 설치하고 감사로 하여금 가족을 데리고 가서 함경도와 평안도 양계[815]의 예와 같이 수령의 직무를 겸임하여 그 자리에 오래 있게 하소서. 그리고 조정 신하들 중에 경제에 마음을 가져 백성을 다스려 기르고 대중을 다스릴 만한 사람을 특별히 뽑아 보내어 직무를 성심껏 수행하여서 공효를 이루게 하는 한편, 들어오면 조정의 정사에 참여케 함으로써 내직을 중하게 여기고 외직을 경시하는 폐단이 없게 한다면 백성들이 실제의 혜택을 입게 되어 석서碩鼠의 시가[816]가 읍리邑里에서 일어나지 않을 것입니다. 이것이 어찌 백성을 편안하게 하는 최상의 계책이 아니겠습니까.

　『서경』[817] 「강고康誥」에 이르기를, "적자[818]를 보호하듯이 하라." 하였습

---

814) 왕화王化 : 임금의 덕화德化.

815) 양계兩界 : 지방 행정 구역인 동계東界와 서계西界. 동계는 함경도, 서계는 평안도.

816) 석서碩鼠의 시가詩歌 : 백성이 학정에 시달림을 받아 윗사람을 원망하여 부른 시가를 말한다.

니다. 옛날 성왕聖王은 백성을 보호하기를 적자와 같이 한 까닭에 굶주리면 먹일 것을 생각하고, 추우면 입힐 것을 생각하며, 괴로우면 편하게 해 줄 것을 생각하였으니, 이것이 하우夏禹가 밥 한 끼 먹을 때에 열 차례 일어난 까닭이요, 문왕819)이 해가 중천에 오도록 밥을 먹지 못한 까닭입니다. 지금 전하께서 진실로 백성을 사랑하시기를 적자와 같이 하신다면, 지금 구렁텅이에 빠져 허덕이는 백성들이 어찌 전하의 가슴속에 측은한 마음을 일으키지 않겠습니까. 한漢나라 신하인 유도820)는, "하늘의 재앙은 군주의 피부를 살을 아프게 하지 않고, 지진地震과 일식日蝕·월식月蝕은 군주의 몸을 즉시 손상되게 하지 않으므로, 해와 달과 별의 어긋남을 무시하고, 하늘의 노여움을 가볍게 여기는 것입니다."라고 경계하였습니다. 지금 하늘의 노여움이 극도에 달하였고 백성의 살 길은 전혀 막혔는데도 전하께서는 보신둥 마신둥 하시면서 아무런 대책도 없으시니, 실로 유도의 이 말에 가깝지 않겠습니까. 아, 황천皇天과 조종祖宗의 뜻이 전하께서 다스리기를 바라겠습니까, 다스리지 않기를 바라겠습니까. 전하께서는 늘 인순821)으로 나라를 다스리려 하십니다. 그런데 만일 인순만으로 나라가 다스려진다면, 전하가 인순하신 지 이미 1기─紀 12년를 넘었으

---

817) 『서경書經』:『상서 尙書』라고도 한다. 『서경』의 일부는 후대에 쓰였다고 밝혀졌지만 이 부분을 제외한 나머지는 중국에서 가장 오래된 역사서이다. 모두 58편으로 이루어져 있는데, 그중 33편을 「금문상서 今文尙書」라 부르고 나머지 25편을 「고문상서 古文尙書」라 한다.

818) 적자赤子: 갓난아이.

819) 문왕文王: 사마소의 시호.「사기정의史記正義·시법해諡法解」에 의하면 "천하를 바르게 다스리는 것을 문文이라 하고, 도덕이 널리 퍼짐을 문文이라 하고, 학문에 근면하고 묻기를 좋아함을 문文이라 하고, 자애롭고 백성을 사랑하는 것을 문文이라 하고, 백성을 가엾게 여기고 예를 베푸는 것을 문文이라 하고, 백성에게도 작위를 주는 것을 문文이라 한다."고 하였다. 이는 사마소를 찬양한 시호이다.

820) 유도劉陶: 영제 때의 간의대부諫議大夫. 자는 자기子奇이며 영천潁川 영음潁陰: 지금의 하남성 허창許昌] 사람.

821) 인순因循: 내키지 않아 머뭇거림. 낡은 인습을 버리지 않고 지킴.

니, 오래되지 아니하였다 할 수 없는데, 무엇 때문에 국사는 더욱 어지럽고 위태하여지기만 합니까. 전하의 밝으신 지혜로서도 개혁하는 것을 마땅한 일로 생각하지 아니하신다면, 어찌 천명이 아니겠습니까. 거대한 집이 기울어지는 데는 썩은 나무로 버틸 수 있는 것이 아니니, 신같이 엉성하고 못난 사람이 감히 머리를 들고 우러러보면서 애통하게 외치는 것은 그 정상[822]은 진실로 슬프지만 그 어리석음은 진실로 자신을 헤아리지 못한 것입니다. 그러나 일생 동안 입은 은혜는 몸이 가루가 되어도 보답하기 어려운데, 알고도 말하지 않는다면 죄는 죽어야 마땅합니다.

늘 생각건대, 전하께서는 영명하신 자질과 맑고 순수한 덕을 지니시고도 인仁한 마음을 미루어 넓혀 정사에 베풀지 못하기 때문에 옛날 황음무도한 군주와 똑같이 위난의 전철을 밟으려 하니, 이에 대해 신은 밤낮으로 안타까워하며 마음 졸이며 뼈아파하고 있습니다. 전하께서 신의 말을 망녕되지 않다고 여기신다면 깊이 생각하고 오래 강구한 다음 대신에게 문의하여 조금이라도 채용해 주시기를 간절히 바랍니다. 전하께서는 신의 계책을 채용하여 인재를 얻어 정사를 맡겨 기강을 바로잡고 오랜 폐단을 개혁시키는 데 있어 유속流俗에 저지되거나 들뜬 의논에 동요되지 마소서. 3년간 이와 같이 하였는데도 세도가 새로와지지 않고 모든 정치가 잘되지 않거나 조정이 안정되지 않거나 백성이 편안하지 않으면 신에게 임금을 속인 죄로써 다스리어 요망스러운 말을 하는 자의 징계로 삼으신다면 매우 다행이겠습니다.

---

822) **정상**情狀 : 있는 그대로의 상태. 인정상 차마 볼 수 없는 가련한 상태.

239

김효원의 이보移補를 청하는 계사

신이 마음속에 할 말이 있었으나 면대[823]하지 못하였는데, 지금 사은숙배[824]로 인하여 감히 아뢰지 않을 수 없습니다. 김효원을 외직[825]에 보임하자는 말은 다만 대신의 뜻이 신의 뜻과 일치할 뿐만 아니라, 실로 이것은 사림士林 간의 공론입니다. 성상께서는 육진[826]이 무인武人의 손에 맡겨진 것을 근심하여 문사[827]로서 명망 있는 사람을 같이 있게 하여 무인을 탄압하고자 하니, 성상께서 뜻하신 바는 실로 우연한 것이 아닙니다. 만약 김효원[828]

---

823) **면대**面對 : 대면.

824) **사은숙배**謝恩肅拜 : 임금의 은혜에 감사하며 공손히 절하던 일.

825) **외직**外職 : 지방 각 관아의 벼슬.

826) **육진**六鎭 : 조선 세종 때, 북변에 설치한 여섯 진(경원慶源·경흥慶興·부령富寧·온성穩城·종성鍾城·회령會寧).

827) **문사**文士 : 학문으로 입신立身하던 선비.

828) **김효원**金孝元 : 선조가 즉위한 뒤 등용한 신사림파의 대표적인 인물로 이황의 문인이다. 김효원이 이조 정랑에 천거되자 구사림파인 심의겸이 앞서 그가 권신 윤원형에게 아부했다 하여 반대하였고, 심의겸의 동생 심충겸이 정랑에 천거되자 김효원은 전랑의 관직이 척신의 사유물이 될 수 없다고 반대하여, 두 사람의 반목이 심해져 동대문 밖에 사는 김효원 일파를 동인이라 부르고, 심의겸 일파를 서인이라고 부르게 되었다. 당쟁의 폐해를 우려

의 몸이 튼튼하여 병이 없다면, 이로 인하여 성은을 보답하게 될 것이니, 진실로 그때를 얻은 셈입니다.

다만 김효원은 몸이 허약하고 병이 중하여 작년 이후로는, 병이 없는 사람과 같지 않으며 때로는 누워서 일을 보살피지 못한 지가 여러 달이 되었으며, 한여름에도 저고리를 벗지 못하는 형편이니, 이 근력으로 북쪽 변방의 책임을 맡아 추위 속에서 고생을 한다면 곧 죽지 않는 것만도 다행할 것입니다. 어찌 능히 변방을 튼튼하게 할 계책을 하겠습니까. 그렇다면 부령富寧한 고을은 실로 부사829)가 없는 것과 마찬가지일 것이니, 적을 방어하는 책임을 어느 사람에게 맡기겠습니까.

또한 대신의 의도는 다만 김효원과 심의겸의 사이가 일찍이 서로 흠점을 비평하여 형적이 마치 혐의를 품은 듯하므로 이로 인해 사람들의 말이 분분하여 좋지 못한 사단830)이 발생할까 염려해서입니다. 이 때문에 두 사람을 잠시 외직에 보임하여 제재하고 진정시키는 계책을 삼으려 한 것뿐이고, 김효원에게 죄가 있어서 내쫓고자 하는 것은 아닐 것입니다. 자애로우신 성상께서도 이 사람으로 북쪽 변방을 튼튼하게 하려고 하신 것이지 미워할 만하여 귀양 보내는 것과는 비교할 바가 아닙니다. 그리고 병의 경중을 성상께서 어찌 자상하게 아실 수 있겠습니까.

『예기』831)에, "해어진 장막을 버리지 않는 것은 말을 매장하기 위한 것이

한 노수신·이이 등에 의해, 김효원은 부령 부사에, 심의겸은 개성부 유수 등 외직으로 나가게 되었다. 그 후 10년 동안 한직으로 있으면서 당쟁을 후회하고 시사時事에 일절 관여하지 않았으며, 선조 때 영흥 부사로 승진되어 재직 중에 죽었다.

829) 부사府使 : 대도호부사와 도호부사.

830) 사단事端 : 일의 실마리. 또는 사건의 단서.

831) 『예기禮記』 : 5경의 하나로, 고대 중국의 예에 관한 기록과 해설을 정리한 유교경전이다. 시경·서경·역경·춘추와 더불어 5경을 이룬다. 공자 사후, 예를 숭상하던 스승의 뜻을 존숭한 그 제자들에 의해 예에 대한 기록이 쌓여 갔고 그것을 대덕과 대성이 수집·편찬하여 대

고, 해어진 우산을 버리지 않는 것은 개를 매장하기 위한 것이다."라고 하였으니, 개와 말도 하찮은 공로功勞로 오히려 장막과 우산의 보답을 얻게 되는 것입니다. 하물며 김효원은 일찍이 시종侍從으로서 경연經筵에 드나들었는데, 어찌 개와 말 정도의 공로가 없겠습니까. 북쪽 변방은 결코 병을 요양할 곳은 아닙니다. 지난번에 병 있는 무인들도 오히려 대간이 의논하여 직책을 바꾸었으며, 언관832)도 김효원이 그 책임을 감당하지 못할 것을 명백히 알면서도 특명에서 나왔기 때문에 감히 직책을 바꾸어 달라고 아뢰지 못한 것입니다.

신의 말은 경솔하고 천박해서 성상께 신뢰를 얻기가 어려우나, 만약 신의 말을 대신에게 물으셔서 변방을 진압할 만한 사람을 가려 부령 부사富寧府使로 제수하고, 피폐하고 궁벽한 내지833)의 고을을 김효원에게 제수하셔서 그로 하여금 피폐한 백성을 어루만져 소생시키게 하고, 겸해서 병을 조섭하게 하시어 안으로는 군신의 의리를 보전하고 밖으로는 변방의 방비를 튼튼하게 하신다면, 성상의 덕이 더욱 두터워져서 사림들이 감동하게 될 것입니다. 신은 황공함을 견디지 못하여 감히 아룁니다.

대례기와 소대례기를 편찬했는데 이것이 예기의 시초이다. 후에 정현이 『주례』·『의례』와 함께 소대례기에 주석을 붙여 삼례라 칭하게 된 후 소대례기가 『예기』로 자리잡았다. 우리나라에는 삼국시대에 전해진 것으로 보이며 조선시대에 들어서는 예악의 흥성과 함께 많은 주석서가 간행되었다.

832) **언관**言官: 간관諫官.

833) **내지**內地: 해안이나 변두리에서 깊숙이 들어간 안쪽 지역.

육조六條를 아뢴 계사

— 계미년(1583년, 선조 16년) —

우 리나라는 태평한 지 이미 오래되어 매사에 태만함이 날로 심해지고
서울과 지방이 공허하고, 군사와 식량이 모두 궁핍하여 조그만 오랑
캐가 변경을 침범하여도 온 나라가 경동834)하니, 만일 큰 오랑캐가 침입해 온
다면 비록 슬기로운 사람일지라도 이를 막을 계책計策이 없을 것입니다. 옛말
에, "적이 나를 이기지 못하도록 먼저 준비하여 내가 적을 이길 수 있는 기회를
기다리라." 하였는데, 오늘날 나라의 정사는 하나도 믿을 만한 것이 없으니,
적이 닥쳐오면 반드시 패하고 말 것입니다. 생각이 이에 미치고 보니 한심하
여 가슴이 터질 듯합니다. 하물며 지금 경원慶源의 오랑캐는 한두 해에 평정될
것이 아니니 어떠하겠습니까. 만일 군사의 위력을 한 번 떨쳐 그들의 소굴을
소탕하지 않는다면 육진835)은 끝내 편안할 때가 없을 것이요, 이제 급급히 다
스리기를 도모하여 힘을 길러서 뒷날의 계책으로 삼지 않고서 고식책836)으

---

834) **경동**驚動 : 놀라서 움직임.

835) **육진**六鎭 : 조선 세종 때, 북변에 설치한 여섯 진. 경원慶源·경흥慶興·부령富寧·온성穩城·종성鐘
城·회령會寧.

로 미봉[837]하기만 한다면, 어찌 변경 한 구석의 작은 적만 걱정할 뿐이겠습니까. 말할 수 없는 뜻밖의 환난이 있을까 두렵습니다.

신은 본래 쓸모없는 유생儒生으로서 외람되이 병관兵官의 자리를 차지해 밤낮으로 애태우며 생각한 나머지 감히 어리석은 의견을 드리되 그 대략만을 말씀드리고 그간의 곡절[838]은 반드시 직접 뵙고 상세히 아뢰겠습니다. 그 절목節目은 다음과 같습니다. 첫째로 어질고 유능한 사람을 임용하는 것이요, 둘째로 군사와 백성을 양성하는 것이요, 셋째로는 재용財用을 풍족히 하는 것이요, 넷째로는 번병[839]을 견고히 하는 것이요, 다섯째는 전마戰馬를 준비하는 것이요, 여섯째는 교화敎化를 밝히는 것입니다.

이른바 '어질고 유능한 사람을 임용한다'는 것에 대하여 말씀드리겠습니다. 나라를 다스림에는 요령이 있는 것이니, 임금이 위에서 손을 움직이시지도 않고 노력하시지 않아도 다스려지는 것은 어진 사람이 지위에 있고, 유능한 사람은 직책에 있어서 각각 정성과 재주를 쓰기 때문입니다. 오늘날 관직을 줌에 사실상 모두 사람을 가려 뽑기는 하지만, 아침에 임명하였다가 저녁에 관직을 옮겨서 미처 자리가 따스해질 겨를도 없으니, 비록 직임을 살피려 하여도 그렇게 할 도리가 없습니다. 비록 주공[840]·소공

주공

---

836) **고식책**姑息策 : 고식지계. 당장 편한 것만 택하는 꾀나 방법.

837) **미봉**彌縫 : 일의 빈구석이나 잘못된 것을 임시변통으로 이리저리 꾸며 대어 맞춤.

838) **곡절**曲折 : 복잡한 사정이나 이유.

839) **번병**藩屛 : 왕실이나 나라를 지키는 먼 밖의 감영이나 병영.

840) **주공**周公 : 주나라 초기에 국가의 기반을 다진 인물. 공자는 그를 후세의 중국 황제들과 대신들이 모범으로 삼아야 할 인물로 격찬했다. 주공은 주를 창건한 무왕의 동생으로 무왕의 권력 강화를 도왔다. 무왕이 죽자 주변의 유혹을 뿌리치고 무왕의 어린 아들 성왕을 보좌해 통치기술을 가르치고 반란군을 제압해 정권의 안정을 도왔다. 그는 정벌에 나서 황허 강 유역의 화베이 평원 대부분을 주의 영토로 편입시키는 한편 은이 통치하던 지역에

841)·이윤842)·부열(傅說)의 어짊과 재주를 가졌다 하더라도 오늘은 사도843)를 임명했다가 내일에는 사구844)를 제수한다면, 반드시 치적을 이룰 수 없고 그저 분주하고 수고롭기만 할 뿐인데, 하물며 어질고 재주가 있는 자가 아닌 경우

새로운 행정단위를 설치하여 믿을 만한 주의 관리들이 그 지역을 다스리게 하기도 했다. 7년 동안 섭정한 후 스스로 자신의 지위에서 물러날 때쯤에는 주의 정치·사회 제도가 중국 북부 전역에 걸쳐 확고히 수립되었다. 그가 확립한 행정조직은 후대 중국 왕조들의 모범이 되었다.

841) **소공**召公 : 서주의 정치가이자, 연나라와 소나라의 초대 군주이다. 제 태공, 주공 단과 함께 주나라를 개국한 공신들 중 한 사람이다. 형인 서주 무왕이 소 강공을 소召 땅에 봉하고 제후로 삼았다. 그래서 소공, 소공 석, 소백, 소백 석, 주 소공으로도 불린다. 이후에 상나라를 멸망시킨 공이 있어서 무왕이 다시 소 강공을 연燕 땅에 봉하고 도읍을 계薊, 현재의 베이징로 정하게 하였다. 그러나 무왕이 세상을 떠나고 어린 서주 성왕이 세워지자 소 강공은 그를 보좌하기 위해 자신의 장남인 극克으로 하여금 연나라 제후가 되게 하였고 자신은 서주의 수도인 호경鎬京, 현재의 산시성 시

소공

안시과 원래 봉국인 소나라에 머물렀다. 소 강공은 서주 초기에 오랫동안 활약했던 정치가였고, 또한 오랫동안 주 문왕, 서주 무왕, 서주 성왕, 서주 강왕의 4명의 군주를 섬겼다. 서주 성왕 치세 때, 삼공三公이 되었고, 이어서 태보太保가 되었다. 주 문공과 섬陝 지역을 둘로 나누어서, 그 동쪽 지역을 주 문공이 다스리고, 그 서쪽 지역을 자신이 다스리기로 하였다.

842) **이윤**伊尹 : 가노 출신으로 은나라의 탕왕에게 불려가서 재상이 되어 하의 걸왕을 토벌함으로써 은이 천하를 평정하는 데 공헌했다. 탕왕을 뒤이은 외병·중임 두 왕에게서도 벼슬을 했으며, 그뒤 태갑의 재상이 되었다. 그러나 태갑이 포학하여 탕왕의 법을 어기면서 동궁으로 추방하고 직접 정치를 했다. 3년 뒤 태갑이 과오를 뉘우치자 정권을 태갑에게 돌려주고 그를 보좌했다. 일설에는 중임이 죽은 뒤 태갑이 뒤를 이었는데, 이윤이 왕위를 찬탈하고 태갑을 내쫓았다가 7년 뒤 태갑이 비밀리에 돌아와 그를 죽

이윤

였다고 한다. 그는 비와 곡식의 풍흉을 꿰뚫어보는 힘이 있었으며, 왕에게 재앙을 내리거나 병을 일으킬 수 있는 힘을 가지고 있었다고 한다.

843) **사도**司徒 : 호조판서.

844) **사구**司寇 : 형조판서.

에야 말할 것이 있겠습니까. 지금 관리의 직책이 자주 바뀌는 데는 두 가지의
원인이 있으니, 첫째는 병으로 정사[845]하는 것이요, 둘째는 피혐[846]하는 것
입니다. 병으로 정사하는 폐단을 바로잡으려면, 여러 신하에게 실제에 힘쓰
고 세속의 풍습을 따르지 않도록 하교下敎하시어 실제로 병이 난 사람이 아니
면 정사하지 못하게 하고 간혹 병을 핑계하는 자가 있으면 드러나는 대로 모
두 엄하게 다스리소서. 반드시 병이 난 지 만 10일이 된 뒤에 비로소 정사하게
하고, 첫 번째 정사하고서 만 10일이 된 뒤에 비로소 두 번째 정사를 하도록
하고, 두 번째 정사하고서 만 10일이 된 뒤에 비로소 세 번째 정사를 하게 하소
서. 만약 한 관청에서 한 관원이 정사를 했을 경우에는 다른 관원은 한꺼번에
정사할 수 없게 하며, 만일 병이 있어 부득이 한꺼번에 정사해야 할 경우에는
반드시 한 관청이 합의하여 입계[847]한 뒤에야 비로소 정사하도록 하여야 할
것입니다. 이렇게 하면 병으로 정사하는 폐단을 바로잡을 수 있을 것입니다.
피혐하는 폐단을 바로잡으려면, 대체로 대간[848]은 직책에 합당하지 않은 사
람을 제외하고는 피혐으로 체차[849]하지 않아야 합니다. 조종조[850]에서 대간
이 비록 추고[851]를 받더라도 체차하지 않았으며, 사헌부[852]가 추고되면 사간
원[853]으로 내렸다고 합니다. 사람이 요순堯舜이 아닌데, 어찌 매사에 더할 나

---

845) **정사**呈辭 : 벼슬아치가 사직하거나 말미를 얻고자 할 때, 원서를 관부官府에 제출하던 일.

846) **피혐**避嫌 : 혐의를 피함.

847) **입계**入啓 : 임금에게 상주하는 글을 올리던 일.

848) **대간**臺諫 : 사헌부·사간원.

849) **체차**遞差 : 관리의 임기가 다 되거나 부적당하여 다른 사람으로 바꾸던 일.

850) **조종조**祖宗朝 : 왕의 선대先代.

851) **추고**推考 : 미루어 생각함. 벼슬아치의 허물을 추문推問해서 고찰함.

852) **사헌부**司憲府 : 정치를 논의하고 풍속을 바로잡으며 관리들의 잘못을 조사하여 그 책임을 탄핵하는 일을 맡아보던 관아.

853) **사간원**司諫院 : 임금에게 간諫하는 일을 맡아보던 관아.

위 없이 선善할 수 있겠습니까. 오늘날의 대관[854]은 추고를 받고서 공무를 집행하여도 별로 염치를 상했다고 생각하지 않는데, 대간에게만 기어이 성현[855]의 업적에 비교해서 책하고 털끝만 한 실수가 있어도 반드시 체차하기에 이르렀습니다. 이목耳目의 역할을 하는 관원이 자주 바뀌어 공론[856]이 정해져 있지 못하니 진실로 나라를 다스리는 체통이 아니고 대간의 인사이동으로 말미암아 다른 관원도 자주 바뀌게 되니, 모든 공적[857]이 실패하는 것도 오로지 이에 연유한 것입니다. 신은 생각건대, 부디 고사를 상고하여 대간이 추고를 당해도 체차시키지 않던 법규를 부활시킨 뒤에야 피혐하는 폐해를 바로잡을 수 있을 것입니다. 그러나 자주 직책을 바꾸어서 그 직임을 잃는 것이나 적임자가 아닌 사람에게 오래도록 맡겨 놓는 것은 다 같이 결과적으로 잘못 다스리는 것이니, 지금부터 대소 관원은 상규[858]에 구애되지 말고 널리 현명하고 재능 있는 사람을 거두어들여 인물과 지위가 서로 합당하게 되기를 힘쓰시되, 대관을 제수할 경우에는 반드시 대신에게 하문하시어 인재를 골라서 임명하시고, 만일 그 적임자를 얻어 신임하셨으면 떠도는 말에 동요되지 마셔야만 어질고 유능한 사람을 임용하는 실상이 있게 될 것입니다.

이른바 '군사와 백성을 양성한다'는 것에 대하여 말씀드리겠습니다. 양병[859]은 양민養民을 근본으로 삼기 때문에 양민을 하지 않고 양병을 했다는 것은 고금을 통하여 들어본 적이 없습니다. 부차[860] 오나라 임금의 군사는 천하에

상대가 없었지만 마침내 그 나라를 망친 것은 양민을 하지 않았던 까닭입니다. 지금 백성의 힘은 이미 다하여 사방四方이 위축되었으니 바로 지금 대적大敵이 나타난다면, 비록 제갈량을 모사[861]로 앉히고 한신[862]과 백기[863]로 하여금 군사를 이끌게 한다 하더라도 어찌할 수가 없을 것입니다. 왜냐하면, 조련할 만한 군사가 없고 먹을 양식

백기

이 없으니, 아무리 지혜로운 사람이라 할지라도 어찌 밀가루 없이 수제비를 만들 수 있겠습니까. 이것은 각종 군역[864]이 수월하고 고된 것이 고르지 못하여 수월한 자는 그런대로 견디지만 고된 자는 기어이 도망하고, 도망을 하면 그 해독이 일족[865]에게 미치게 되고, 그 화禍가 연달아 끼치어 심지어는 한 마을이 텅 비게 된 까닭입니다. 신이 생각건대, 따로 어질고 유능한 사람을 별도로 뽑아 한 국[866]을 설치하고 군적[867]의 일을 맡겨서 군역의 고되고 수월한 것

춘추오패의 한 사람으로 꼽히며, 오왕 합려의 차남이다. 월왕 구천에 의해 죽은 부왕 합려의 원수를 갚기 위해, 오자서의 보좌를 받아 국력을 충실히 쌓아서 구천을 물리치고 승자가 되지만, 노예를 자처하며 와신상담한 구천의 반격에 의해 패배하고 자결했다.

861) 모사謀士 : 꾀를 써서 일이 잘 이루어지게 하는 사람. 남을 도와 꾀를 내는 사람. 책사策士.

862) 한신韓信 : 한나라의 개국공신으로 소하, 장량과 함께 한초삼걸이라 불린다. 유방의 진영에서 대장군으로 활동했고, 후에 제나라의 가왕假王이 되었다. 위, 제, 조, 초나라를 멸망시키는 데 큰 공을 세웠으나, 훗날 '토사구팽'의 주인공으로 더욱 잘 알려지게 되었다.

863) 백기白起 : 중국 전국 시대 진나라秦의 장군이다. 왕전王翦과 더불어 전국시대 진나라의 대표적인 명장으로 평가받는 인물이다. 진 소양왕昭襄王 때에 조나라趙·위나라魏·한나라韓·초나라楚 등의 여러 나라들과 싸워서 많은 승리를 거두고 진나라의 영토를 크게 넓혔다. 그러나 말년에는 소양왕과의 갈등 끝에 실각당하고 자살을 강요당하여 죽었다. 『전국책』에서는 그의 이름을 공손기公孫起라고도 하였다. 무안군武安君의 칭호를 받았다.

864) 군역軍役 : 군적에 등록된 신역身役. 군대에서 복역하는 일.

865) 일족一族 : 같은 조상의 친척.

866) 국局 : 사무를 분담하여 처리하는 기관 또는 부서.

867) 군적軍籍 : 군인의 지위·신분을 적은 명부. 병적.

을 사정[868]하여 균일하게 하고, 군사가 도망한 지 3년이 지난 경우에는 다시 한정[869]을 찾아내어 그 대임을 보충하여 반드시 각종 군사들로 하여금 모두 지탱하며 보전할 수 있고 일족을 침징[870]하는 병폐를 없앤다면, 군사와 백성의 힘을 펴게 할 수 있을 것입니다. 기타의 휴양과 생활에 관한 규례는 국을 설치한 뒤에 일을 맡은 자가 강구講究할 것이며, 훈련하는 방법 같은 것도 또한 양민을 한 뒤에 의논할 수 있는 것입니다.

이른바 '재용財用을 풍족히 한다'는 것에 대하여 말씀드리겠습니다. 군사를 풍족하게 함은 식량을 풍족하게 하는 것으로 근본을 삼으니, 백만의 군사가 하루아침에 흩어지는 것도 식량이 없기 때문입니다. 현재 국가의 식량 비축은 1년을 지탱하지 못할 형편이니, 이야말로 이른바 나라가 나라답지 못한 것입니다. 상하가 다 이 병폐를 분명히 보면서도 어떻게 할 수가 없다고 핑계만 하고, 재정을 늘릴[生財] 방도는 생각하지 않으니, 만일 큰 도적이 남쪽에서나 북쪽에서 쳐들어온다면 무엇으로 군량을 삼습니까. 국고가 날로 줄어들어 가는 원인은 세 가지가 있으니, 첫째는 수입이 적고 지출이 많은 것이요, 둘째는 맥도貊道로 세稅를 거두는 것이요, 셋째는 제사祭祀가 번거로운 것입니다. '수입이 적고 지출이 많다'는 것에 대하여 말씀드리겠습니다. 조종조祖宗朝에서는 세입은 대단히 많고 지출은 적었던 까닭에 1년이면 반드시 여분이 생겼으니, 이와 같이 해를 거듭한다면 물자가 썩을 정도로 많아졌을 것은 당연한 일입니다. 지금은 1년의 수입이 1년의 지출을 감당하지 못하는데 임시로 설치한 벼슬자리가 날로 늘어나고 불필요한 관원이 너무도 많아 매양 묵어온 저축으로 그 경비에 충당하니, 200년이 된 이 나라에 1년의 저축도 없는 것은

---

868) **사정**查定 : 조사해서 그릇된 것을 바로잡음.

869) **한정**閑丁 : 한가한 장정.

870) **침징**侵徵 : 위세를 부려 불법으로 남의 물건을 **빼앗음**.

정말 마음 아픈 일입니다. 신이 생각건대, 수입을 헤아려서 지출을 하고, 급하지 않은 관직과 무익無益한 경비는 모두 혁파하며, 전수典守하는 관원이 엄격하고 명확하게 규획規劃하여 도둑을 당하지 않는 뒤에야 재정이 고갈되는 지경에 이르지 않을 것입니다. '맥도로 세를 거둔다'는 것에 대하여 말씀드리겠습니다. 옛날에는 10분의 1의 세를 거두었어도 공용公用이 궁핍하지 않고 백성들도 원망하는 일이 없었으며, 조종조에서는 9등等의 세를 거두었으니, 그 세법이 세밀하고 상세하지 않은 것이 아니었는데, 행한 지 오래되어서 관리는 태만하고 백성은 완악871)해진 탓으로 재변으로 인해 면세免稅할 때마다 명예를 구하는 자료를 삼으며, 지금은 하지하下之下로 상지상上之上을 삼고 일국의 전지로서 재변으로 인해 면세하지 않는 땅이 얼마 되지 않으니, 이러고서야 어찌 국가의 재정이 고갈되지 않겠습니까. 형세가 이렇게 되고 보니, 비록 현명하고 어진 수령일지라도 감히 재변으로 인해 면세를 하지 않을 수가 없으니, 그것은 백성의 생활이 날로 곤궁하고 요역872)이 이것저것 많아지기 때문입니다. 만일 이 급박한 고생을 풀어 주지 않고 오로지 재변으로 인해 면세를 하지 않는 것만이 나라를 저버리지 않는 것이라 생각한다면, 백성은 더욱 지탱할 수 없을 것이니, 어진 군자가 어찌 차마 할 수 있겠습니까. 지금의 이런 현상을 타개하기 위한 대책으로, 공안873)을 개정하여 전역이 10분의 7, 8이 감해지게 한 뒤에 적당함을 헤아려 세를 증가해서 국가의 재용을 넉넉하게 하는 것보다 나은 것이 없습니다. 그렇지 않으면 공사公私 간에 재정이 풍족할 때가 없을 것입니다. '제사가 번거롭다'는 것에 대하여 말씀드리겠습니다. 옛날의 성제874)나 명왕875)이 누가 대효大孝가 아니겠습니까마는, 제사는 번거롭지

---

871) 완악頑惡 : 성질이 억세게 고집스럽고 사나운.

872) 요역徭役 : 나라에서 정남丁男에게 구실 대신으로 시키던 노동.

873) 공안貢案 : 공물貢物의 품목·수량을 적던 장부.

않은 것을 귀하게 여겨 종묘도 월제月祭에 불과했고 원묘[876]도 없었습니다. 한韓나라 때부터 비로소 원묘를 만들었지만, 이미 고제古制가 아닌데도 그대로 그릇된 것을 답습하여 일제日祭까지 있게 되었으니, 그 번거로움이 심하였습니다. 우리나라에서 종묘와 각 능陵에는 삭망제[877]를 지내고 문소전[878]과 연은전[879]에는 삼시제三時祭를 지내는데, 이는 본래 조종祖宗을 추모하시는 정성된 효도에서 나온 것이지만, 당우唐虞·삼대三代의 성왕聖王의 제도에 비한다면 번잡하다는 경계를 피하기 어렵습니다. 제사라는 것은 정성스럽고 간결함을 주로 하는 것인데, 문소전과 연은전은 날마다 세 번 제사를 드리는 까닭에 제사를 주관하는 사람이 마음이 태만하여 예사로 여기게 되어서, 제물祭物을 차리는 것도 정성스럽지 못하고, 기명[880]을 씻는 것도 깨끗하지 못하니, 정성스럽지 못하고 깨끗하지 못하다면 신神도 반드시 돌아보지 않을 것입니다. 제왕帝王의 효도가 어찌 이러하겠습니까. 옛날에도 흉년이 들면 사전[881]을 줄였거늘, 하물며 지금은 온 나라가 저축이 없어 흉년에만 그칠 뿐이 아니니 어찌 변통하지 않을 수 있겠습니까. 신이 생각건대, 오직 종묘만은 그전대로 삭망에 제사 드리고 각 능은 제사를 네 명절[882]에만 드리고, 문소전과 연은전은 일제日祭만 행하여 두 때의 제사는 폐지해야 합니다. 대체로 이와 같이 하고서 마음

---

874) 성제聖帝 : 성군聖君.

875) 명왕明王 : 정사에 밝고 현명한 왕.

876) 원묘原廟 : 원래의 종묘를 이르던 말.

877) 삭망제朔望祭 : 종묘나 문묘 따위에서 매달 초하룻날과 보름날에 간략하게 드리는 제사.

878) 문소전文昭殿 : 조선 태조 및 그의 정비인 신의 왕후의 위패를 모신 사당.

879) 연은전延恩殿 : 조선 덕종(추존왕, 9대 성종의 아버지)의 사당.

880) 기명器皿 : 살림살이에 쓰는 온갖 그릇.

881) 사전祀典 : 제사를 지내는 예전禮典.

882) 네 명절名節 : 1월 1일과 단오, 추석, 동지를 말한다.

을 재계하고 제물을 정결하게 하여 그 정성을 극진히 한다면, 제왕의 효성에 조금도 손상됨이 없을 뿐 아니라 도리어 빛이 있게 될 것이고, 제수祭需의 비용은 3분의 1로 줄어들 수 있을 것이니, 조종祖宗의 신령도 성상聖上께서 왕업[883]을 확장하고 국기[884]를 개척하시려는 효성에 감동되어서 더욱 향기로운 제사를 받을 것입니다.

이른바 '번병[885]을 견고히 한다'는 것에 대하여 말씀드리겠습니다. 경성京城은 곧 복심[886]이며 사방四方은 곧 번병입니다. 변방이 완고한 뒤에라야 복심이 믿는 바가 있어 편안하게 되는 것인데, 지금은 사방의 군읍郡邑이 쇠잔하여 퇴폐하게 되지 않은 곳이 없고, 감사監司도 자주 바뀌어서 백성은 도백[887]이 누구인지도 알지 못하니, 만일 강포[888]한 도적이 불의에 나타나서 풍우처럼 내달아 번개처럼 치게 된다면, 감사가 갑자기 군사를 절제하려 하여도 백성은 서로 믿지 않을 것이요, 명령도 평소처럼 행하여지지 않을 것이니, 어떻게 무슨 일을 할 수 있겠습니까. 이것은 반드시 패할 길입니다. 신이 생각건대, 쇠하고 퇴폐한 작은 고을은 합쳐서 하나로 만들어 백성의 힘을 펴게 하고, 감사를 선택하여 오래 계속해서 책임을 맡겨 은덕과 위엄이 한 도道에 드러나 백성이 평소에 신뢰하여 복종하도록 한다면, 평시에는 휴양休養을 할 수 있고 급할 때에는 방어를 할 수 있는 것이니 변방이 견고하면 국가의 형세는 반석[889]같이 될 것입니다. 어떤 사람은 감사의 권력이 너무 크면 혹시나 하고 의심

---

883) 왕업王業 : 임금이 나라를 다스리는 대업大業.

884) 국기國基 : 나라를 이루거나 유지하는 기초.

885) 번병藩屛 : 왕실이나 나라를 지키는 먼 밖의 감영이나 병영.

886) 복심腹心 : 마음속 깊은 곳. 또는 그곳에 품고 있는 심정.

887) 도백道伯 : 관찰사, 현 도지사.

888) 강포强暴 : 몹시 우악스럽고 사나운.

889) 반석盤石 : 넓고 편편하게 된 큰 돌. 아주 안전하고 견고함.

하지만, 이것은 그렇지 않습니다. 중국에서도 감사를 임명하면 가족을 데리고 가지 않는 사람이 없고, 한곳에서 길게는 10년이나 다스리는 사람도 있지만, 이 때문에 그 권력이 과중하다고 염려한다는 말을 들어본 적이 없습니다. 하물며 지금 함경도와 평안도 양계⁸⁹⁰⁾의 임기가 불과 24개월이며, 다른 도道도 역시 이와 비슷한데, 2년 동안에 어찌 한 도를 스스로 제어하여 조정의 명령을 좇지 아니할 자가 있겠습니까. 이미 적임자를 택했다면 권력이 과중해지는 걱정은 염려할 바가 아닙니다.

　이른바 '전마戰馬를 준비한다'는 것에 대하여 말씀드리겠습니다. 현재 국내에 전마가 가장 귀하니 만일 군마軍馬를 징발하는 일이 있게 된다면 보병만 쓰게 될 형편입니다. 저편은 기병騎兵이고 이편은 보병이라면 어떻게 대적할 수 있겠습니까. 지금 여러 섬에서 기르는 말은 마적⁸⁹¹⁾은 있으나 실제로 말은 없고, 세월이 갈수록 축이 나고 있는데 비록 고의로 잃는 것은 아니라 하더라도 여러 섬에 흩어져 있어 야수野獸와 다름이 없으니, 긴급할 때에 쓸 수 없게 되어 있습니다. 신이 생각건대, 서울이나 지방의 무사로서 말타기와 활쏘기를 잘하는 사람은 그 재주를 시험하여 우수한 자를 뽑아 목장에 보내어, 본도⁸⁹²⁾의 도사⁸⁹³⁾와 본읍의 감목관⁸⁹⁴⁾이 함께 감독하게 하고, 그 무사로 하여금 목장에 나가 전쟁에 쓸 만한 합당한 수말을 고르게 해서 합격한 차례대로 나누어 주되 그 털빛과 체격의 크기, 키의 치수를 기록하여 마적을 셋으로 만들어서 하나는 병조兵曹에 올리고, 하나는 사복시⁸⁹⁵⁾에 보내고, 하나는 본관本官

---

890) **양계**兩界 : 동계東界와 서계西界. 동계는 함경도, 서계는 평안도.

891) **마적**馬籍 : 장부에 기록된 말.

892) **본도**本道 : 올바른 길.

893) **도사**都事 : 충훈부, 의금부, 중추부, 오위도총부 등에 소속되어 관리의 감찰, 규탄 등을 맡아보던 종오품의 벼슬

894) **감목관**監牧官 : 지방에 있는 목장에 관한 일을 맡아보는 종육품의 외관직.

에 두며, 잘 먹여서 자신들이 타게 한 다음 해마다 연말에 서울은 사복시에서, 지방은 본읍本邑에서 그 말의 살찌고 마른 것을 살펴서 상벌賞罰을 행하게 할 것입니다. 만일 말이 죽으면 관청에 아뢰어 마시896)를 검사하되 5년 내에 죽었을 경우에는 그 값을 헤아려 징수하고, 5년 후에 죽었을 경우에는 그 값을 징수하지 않으며, 사변事變이 생기면 마적에 의거하여 거두어들여 전마로 삼고, 만일 그 사람이 종군897)하게 되면 자기가 타고 갈 것을 허락하여야 할 것입니다. 이와 같이 하면 섬에 있는 말을 아무 쓸데없이 놓아두지 않게 되고, 전쟁에 임해서 말이 있게 되는 것입니다. 당마唐馬나 호마898)를 널리 사들일 경우에도 이 법대로 하여 무사들에게 나누어 주면, 무武를 업으로 하는 사람은 말이 없는 것을 걱정하지 않을 것이고 나라에는 급할 때의 대비가 될 것입니다.

이른바 '교화敎化를 밝힌다'는 것에 대하여 말씀드리겠습니다. 전傳에, "예로부터 사람은 모두 죽음이 있지만 백성은 신의가 없으면 설 수 없는 것이다." 하였고, 맹자께서 말씀하시기를, "인仁하고서 그 어버이를 버리는 자는 없고, 의義하고서 그 임금을 뒤로 미루는 자는 없다." 하였으니, 설령 먹는 것이 풍족하고 군사가 풍족하다 할지라도 인의仁義가 없다면 어찌 유지될 수가 있겠습니까. 오늘날 풍속이 야박하고 의리義理가 모두 없어진 것은 진실로 춥고 배고픈 것이 몸에 절박하여 염치를 돌볼 수 없는 데서 나온 것이지만, 역시 교화가 밝지 않아서 삼강三綱과 사유899)를 진작시키지 못한 데에 연유한 것입니다. 오기吳起는 일개 명장名將에 지나지 않았지만 그의 말에, "편안하게 하기를 도道로

---

895) **사복시**司僕寺 : 궁중의 가마나 말에 관한 일을 맡아보던 관아. 태복太僕. 사어司馭.

896) **마시**馬屍 : 말의 시체.

897) **종군**從軍 : 군대를 따라 전쟁터로 나감.

898) **호마**胡馬 : 중국 북방이나 동북방 등지에서 나던 말.

899) **사유**四維 : 나라를 다스리는 데 필요한 네 가지 원칙. 곧, 예·의·염廉·치恥.

써 하며, 다스리기를 의義로써 하며, 움직이기를 예禮로써 하며, 어루만지기를 인仁으로써 하여, 이 사덕[900]이 닦이면 흥하고 폐지되면 쇠망한다." 하였고, 또 말하기를, "대개 나라를 다스리고 군사를 거느리는 데는 반드시 예로써 가르치며, 의로써 격려하여 부끄러움이 있게 해야 할 것이니, 사람이 부끄러움이 있어야 크게는 싸울 수 있고, 작게는 지킬 수 있다." 하였습니다. 오기도 오히려 이러한 말을 하였는데, 하물며 이제 성왕聖王께서 나라를 다스리는 데 어찌 교화가 급선무임을 생각지 않으시겠습니까. 어리석은 백성들은 하루아침에 급히 가르칠 수 없으니, 마땅히 주자胄子 장자長子를 가르침으로부터 시작해야 하겠습니다. 신의 생각에는, 태학[901]과 사학[902]의 관官에 먼저 적임자를 택하여 선비의 자제를 가르치게 하고, 외방 군읍郡邑의 교관校官은 비록 적임자를 다 얻을 수 없더라도 따로 규정을 만들어서 유풍[903]을 흥기시켜, 점차로 민중의 풍속에 마치도록 해야 할 것이고, 어찌할 도리가 없다고 내버려 두어서는 안 될 것입니다.

---

900) **사덕**四德 : 인륜의 네 가지 덕. 효·제悌·충·신.

901) **태학**太學 : 성균관.

902) **사학**四學 : 서울의 중앙 및 동·서·남의 네 곳에 세운 교육 기관. 중학·동학·남학 및 서학.

903) **유풍**儒風 : 유학의 풍습.

여섯 번 상소한 뒤에 죄를 청하는 계사

볼품없는 소신小臣은 죄지은 바가 이미 중한데, 또 병까지 심하여 자리에 누워 이리저리 몸을 뒤집게 되니, 하루 보내기가 한 해 보내는 것과 같습니다. 삼가 생각건대, 성상의 말씀이 한없이 귀에 가득하여 감격하고 송구하여 눈물이 쏟아집니다. 하찮은 신의 병은 비록 낫지 않았으나 감히 집에 물러가 있을 수가 없어 병든 몸을 이끌고 대궐에 나와서 다시 어리석은 충정을 남김없이 아뢰니, 삼가 살피시기를 바랍니다.

가만히 듣건대, 선비는 예로부터 조정에 나아감과 물러남이 구차스럽지 않아 그 나아감에는 예禮로써 하고, 그 물러남에는 의義로써 하였기 때문에, 일찍이 죄를 짓고도 부끄러운 것을 참으며 벼슬에 미련을 가진 사람은 없었다고 합니다. 지금 신은 지극히 어리석고 고루하여 감히 선비는 바라볼 수 없으나, 평일에 자처해 오기로는 그래도 선비를 기대하지 않은 적이 없었는데, 선비로서 부끄러움이 없다면 어찌 선비가 될 수 있겠습니까.

지금 대간은 이미 '권력을 제멋대로 휘두르고 교만하여 임금을 업신여긴다.'는 것으로 신의 죄목을 삼았으니 이것이 한 가지 죄입니다. 대신大臣이 신을 위하여 변명하고 나오도록 자주 재촉하면서도, 오히려 감히 탄핵하는 상소가 지나치다고 하지는 않으니, 신이 죄를 겼음이 이에 이르러 더욱 징험이 됩니다. 만약 대간이 다만 신의 흠점만 지적하였을 경우도 비록 지위가 높은 대신이라도 마땅히 허심탄회[904]하게 받아들이고, 감히 서로 견주지 않아야 할 것입니다. 이것은 '임금을 무시했다.'는 죄로써 다스리는 것인데, 신이 아무렇지도 않게 생각이 움직이지도 않고 태연하게 출사[905]한다면, 실로 남의 신하 된 의리가 아닙니다. 신이 비록 지극히 완고하지마는, 국법이 두렵고 공론이 무서운 것인 줄을 알지 못하고 죄 없는 사람처럼 처신할 수 있겠습니까.

성상의 유지[906]는 이미 지극히 간절하고 나랏일은 날로 근심스러운데, 신이 조금이라도 견디고 참을 수 있다면, 어찌 감히 이 정도까지 고집을 부려서 위로는 성상의 뜻을 잘 받들지 않고, 아래로는 여러 사람의 마음을 거스르겠습니까. 전하께서만 홀로 신을 죄가 없다고 인정하시어, 사실을 밝히지 않으시고 매양 공론을 여러 사람이 떠드는 소리로 또는 훼방하는 말로 간주하시니, 신은 진실로 감히 감당할 수 없으며 대간인들 이를 듣고 어찌 마음이 편안하겠습니까.

대간이 정계[907]한 것은 오랫동안 윤허允許를 얻지 못한 때문이고, 또 신이 전연 부끄러움을 모르는 자는 아니니 반드시 스스로 처리할 줄 알 것이라고 여겨서 대간에서 잠시 덮어 둔 것이며, 신의 죄가 가볍기 때문에 용서한 것은 아닙니다. 그런데 신이 만약 스스로 처리할 줄 모르고 성상께서 관대히 용서

---

904) **허심탄회**虛心坦懷 : 마음에 아무 거리낌이 없고 솔직함.

905) **출사**出仕 : 벼슬을 해서 관아에 나감.

906) **유지**諭旨 : 임금이 신하에게 내리던 글.

907) **정계**停啓 : 예전에, 임금에게 보고하는 죄인에 대한 문건인 전계에서 죄인의 이름을 빼 버리는 일.

하는 것만 다행으로 여기고서 거만스럽게 벼슬을 하고 있다면, 종전에 신이
여러 번 상소한 것은 다만 성상의 총애를 견고하게 하는 계책밖에 안 되니, 예
禮가 없고 의義가 없음이 심합니다. 먼저 그 지조를 잃는다면 어떻게 성상을
섬길 수 있겠습니까.

더구나 대간이 이미 신을, '권력을 제멋대로 휘두르고 임금에게 교만을 부
렸다'고 하였으니, 신이 비록 명을 받들어 나간다 하더라도, 대간이 어찌 임금
을 무시한 사람을 정경⁹⁰⁸⁾의 자리에 있도록 허용하겠습니까. 필부필부⁹⁰⁹⁾도
죄가 있는가 없는가를 마땅히 분별하여, 온 백성들로 하여금 밝히 알게 한 뒤
에 사면赦免할 것은 사면하고, 주벌할 것은 주벌하여야 유감이 없을 것입니다.
신이 여러 사람에게 버림을 당하고도 높은 품계⁹¹⁰⁾의 직책에 종사하는 것은
염치에 관계되는 일인데, 신의 죄가 거짓인가 참인가를 어찌 그냥 두고 묻지
아니하시어 마침내 죄를 진 낯짝으로 깨끗한 조정에 뻔뻔스럽게 있게 해서야
되겠습니까. 나라의 정경으로서 죄를 져서 탄핵을 받고도 참고 있다면 그것
은 조정의 커다란 수치인데 이것이 어찌 작은 일이겠습니까. 하물며 지금은
교화敎化가 밝지 못하고, 사람으로서 지켜야 할 도리가 무너져서 임금을 버리
고 어버이를 잊고 이욕⁹¹¹⁾만을 추구하는 때인데 어떠하겠습니까. 지금 신이
임금을 무시한 죄를 지고서, 그대로 병사兵事를 주관하는 장관長官으로 머물러
있게 하여 장병들을 호령하게 한다면, 사방에서 이를 듣고 반드시 권력을 제
멋대로 휘두르고 임금에게 교만을 부리는 것을 작은 허물로 여길 것이니, 다

908) **정경**正卿 : 정이품의 벼슬인 의정부 참찬, 육조의 판서, 한성부 판윤, 홍문관 대제학 등을
이르는 말.
909) **필부필부**匹夫匹婦 : 평범한 남녀.
910) **품계**品階 : 벼슬아치의 등급. 제일 위인 정일품正一品에서 가장 아래인 종구품從九品의 18단계
임.
911) **이욕**利慾 : 개인적인 이익을 탐하는 욕심.

만 풍속을 무너뜨릴 염려가 있을 뿐만 아니라 세속에 나쁜 폐단을 키우게 해서는 안 될 것입니다.

삼가 바라건대, 자애로우신 성상께서는 의리를 밝게 살피시고 여러 사람의 마음을 안정시키소서. 신의 죄를 들어 측근의 신하에게 묻고 여러 사대부에게도 물어 그들로 하여금 죄의 경중을 헤아리게 해서 만약 용서할 만하다고 한다면 신은 비록 거북스럽더라도 감히 힘써 따르지 않을 수 있겠습니까. 만약 실제 죄를 범하였다고 한다면 신에게 비록 귀양을 보내고 극형極刑을 가한다 하더라도 실로 달게 받겠습니다. 지금 우러러 아뢰는 호소는 실로 신이 감히 말할 바가 아니며, 또한 마땅히 말할 바도 아닌 줄을 알고 있습니다. 그러나 신에게는 그대로 관직을 차지하고 있을 의리가 없지만 성상의 간절한 전교가 귀신도 감동시킬 만하기 때문에 신은 비록 종일토록 울고 밤새도록 벽을 돌아도 몸을 둘 곳을 알지 못하여 감히 이와 같이 외람되이 아룁니다. 사정이 절박하고 말이 위축되어서 아뢸 바를 알지 못하겠습니다. 엎드려 죄를 기다리는 지극한 심정을 금할 수 없습니다.

양자養子를 세우는 데 대한 의논(1)

─ 신미년(1571년, 선조 4년) ─

양 자를 세우는 일을 만약 세속의 상정[912]에서 본다면, 아들이 없어서 양
자를 세웠다가 아들을 두면 도로 양자의 인연을 끊어도 불가할 것이
없을 듯하나, 다만 성인聖人이 마련한 예禮의 본뜻은 절대로 이렇지 않습니다.
부자父子의 은정은 천성天性입니다. 자식을 낳아 고생해서 기른 부모의 은혜는
하늘같이 한이 없는데도, 만약 다른 사람의 양자가 되면 바로 양부養父를 아버
지로 삼고, 생부生父는 백부모伯父母나 숙부모叔父母처럼 보아 상복을 낮추어 부
장기[913]로 하게 되니, 이로써 자식을 낳아 기른 하늘같이 한없는 은혜가 양부
에게 옮겨지게 됩니다. 양부자養父子로 정하여 자식을 사랑하고 어버이에 효
도하는 마음이 이미 굳어졌다면, 비록 양부가 친아들을 낳았다 하더라도 어
찌 변경할 수가 있겠습니까.

또한 양부가 양자에게 대한 것이나 양자가 양부에게 대한 그 은정은 같습

---

912) **상정**常情 : 사람에게 공통적으로 있는 보통의 인정.

913) **부장기**不杖期 : 상례喪禮에서 상복만 입고 지팡이는 짚지 않는, 한 해 동안만 입던 오복五服의
하나.

니다. 양자는 이미 생부를 버리고 그 양부를 아버지로 삼았는데, 양부만은 홀로 친아들을 버리고 양자를 적자[914]로 삼을 수 없는 것이겠습니까. 만약 양부가 친아들을 버리는 것이 도리가 아니라면, 양자가 생부를 버리는 것은 더욱 도리가 아니니, 성인이 어찌 예를 마련하고 법을 만들어 만세에 전했겠습니까. 양자는 생부를 버릴 수 있는데, 양부는 친아들을 버릴 수 없다면, 이는 천하에 다만 인자한 아버지만 있고 효도하는 아들은 없는 것이니, 어찌 천리天理와 인정人情의 본연인 것이겠습니까.

더구나 부자와 군신이 인륜人倫의 큰 도리가 되는 것은 꼭 같습니다. 그러므로 부자의 은정이 중하지 않으면 군신의 의리가 밝지 못할 것입니다. 신하가 임금을 섬기는 데에 두 마음을 품을 수 없다면 아들이 아버지에게 홀로 두 마음을 품을 수 있겠습니까. 지금 양부가 된 자의 뜻이, 저 아들은 친아들이 아니니 내가 만약 아들을 낳는다면 당연히 양부자의 인연을 끊을 것이라 생각하거나, 또 양자된 자도 저 양부는 친아버지가 아니니 저 양부가 만약 아들을 낳는다면 나는 당연히 물러갈 것이라고 생각한다면, 양부와 양자는 두 마음을 품고 서로 해치게 되며 구차스럽게 임시로 합친 것이니, 그 가도家道가 어떻게 되겠습니까. 그러므로 예禮에는 양부자의 인연을 끊는다는 글이 없으며, 그 논조에는 남의 양자로 간 사람과 시집간 딸은 모두 생부모의 복을 한 등급을 낮추어서 입도록 되어 있는데, '딸이 시가[915]에서 내쫓기면 출가 이전대로 복을 입는다'는 글은 있어도, 아들은 양자 이전대로 복을 입는다는 의논은 없으니, 양부자의 인연을 끊는 것을 허용하지 않는다는 것이 이로써 명백합니다. 성인이 예를 마련한 본뜻은 실로 세속의 상정[916]으로 헤아려서는 안 되는 것

---

914) **적자**嫡子 : 정실이 낳은 아들.

915) **시가**媤家 : 시집.

916) **상정**常情 : 사람에게 공통적으로 있는 보통의 인정.

입니다. 또한 세속 상정의 폐단을 예로써 막을 수 없다면 세상을 크게 문란하게 하는 길입니다.

계축년의 수교受教에 이른바, '중자衆子 장자가 아닌 아들로 논한다'는 것은 비록 『대명률』[917]을 인용한 것이나, 『대명률』에서 운운한 것은 다만 '의義가 형제와 같으므로 재물을 고루 나눈다'는 것을 논한 것이지 '중자로 논한다'는 것을 이른 말이 아닙니다. 이 수교가 세워졌으나 얼마 안 가서 곧 폐지되었는데, 예관禮官이 새로 만든 과조科條에 잘못 둔 까닭으로 지금까지 남아 있어서, 양자 든 형은 중자가 되고 아우는 적자嫡子가 되므로 인정과 도리에 매우 어긋납니다. 이 수교는 시행할 수 없는 것입니다.

대개 친아들로 제사를 받들게 하는 것은 경법經法이고 양자로 제사를 받들게 하는 것은 권도[918]입니다. 권도를 써야만 될 때에 반드시 경법을 따르려고 한다면, 이것은 감정대로 하고 예를 버린 것입니다. 위魏·진晉 이후로 비로소 양부자의 인연을 끊는다는 의논이 있었는데, 『대명률』도 또한 위·진의 옛것을 따른 것입니다. 우리나라의 조종조祖宗朝에서는 다만 형전刑典에 『대명률』을 쓸 뿐 다른 전典은 시행하지 않았으니, 일일이 『대명률』을 따라서는 안 될 듯합니다. 지금 조정의 의논은 일치하지도 않으며, 성상의 교지에도 또한 『예경禮經』에 만족하지 못한 점이 있는데, 이 때문에 감정대로 하고 예를 버린다면 부자의 은정이 가벼워지고 군신의 의리가 박하게 될 것이니, 기강은 없어지고 법도는 무너져서, 세상을 크게 문란하게 하는 길이 반드시 이에서 연유될까 염려됩니다.

다만 유화柳和의 경우는 선왕조先王朝에서 이미 양부자의 인연을 끊는 것을 허락하였으니, 지금 그 제사를 소급하여 받들게 할 수는 없으나, 다만 마땅히

917) 『대명률大明律』: 중국 명나라의 기본적인 형법전.
918) 권도權道: 목적 달성을 위해 임기응변으로 취하는 방편.

『대명률』에 의거하여 재물은 고루 나누어야 할 것입니다. 그런데 세속의 이른바 '세 살이 되기 전에 거두어 기른 아들'에 비하면 마땅함이 될 것입니다. 그 외에 이미 양부자의 인연을 끊는 것은 소급하여 고칠 수 없습니다. 지금부터 이후로는 파양하지 못할 법을 만들어 길이 변치 않는 법전을 이룬다면 강상919)과 윤기920)가 거의 바루어져서 천하 후세의 부자 관계가 정해질 것입니다. 삼가 성상께서 재결하소서.

---

919) **강상**綱常: 삼강三綱과 오상五常. 곧, 사람이 지켜야 할 도리.

920) **윤기**倫紀: 윤리와 기강紀綱.

양자를 세우는 데 대한 의논(2)

남의 양자가 된 사람이 아들 노릇하게 되는 것은 상경[921]이며 통의[922] 입니다. 아들이 없어서 아들을 두게 되었으니 부자간의 인륜人倫이 이미 정해지고, 그 아들이 도리어 자기를 낳은 부모를 백부모나 숙부모로 삼게 되니, 양자도 친아들과 조금도 다름이 없기에, 마땅히 형제의 차례로써 그 제사를 받드는 것을 정해야 될 것입니다.

그 때문에 宋나라 현인 호안국胡安國은 친아들이 있었는데도 양자 인寅으로써 제사를 받들게 하였으니, 부자간이 이미 이와 같다면 조손祖孫의 인륜도 또한 정해질 것입니다. 영천부정靈川副正 정侹의 경우는 이미 수선壽璿의 제사를 받들었으니, 그가 양원楊原의 제사를 받들게 되는 데는 의심할 것이 없습니다. 안빈安嬪의 제사 경우는 선왕先王의 후궁後宮이니, 종宗을 세우는 것에 비할 것이 아닙니다. 한때의 특명 때문에 하원군河原君 정鋥을 정한 것도 또한 이치에 해롭지는 않지마는, 종법宗法은 결코 문란하게 할 수 없는 것입니다. 지금 세속의

상정[923]으로써 친아들에게 비중을 둔다면, 선왕先王이 양자를 세운 본뜻이 밝아지지 않고 부자는 임시로 합치는 친親이 될 것이니 윤리가 문란해져서 관계되는 바가 가볍지 않을 것입니다. 삼가 상께서 재결하소서.

---

923) **상정**常情 : 사람에게 공통적으로 있는 보통의 인정.

- 율곡 이이 선생 시선 -

배를 타고 서쪽으로 내려가다

세상에 맞지 않는 일 하도 많아
끊임없이 돌아갈 생각뿐이로세
천심이야 변하지 않는다 해도
변하는 세태 그 누가 막으랴
넓은 바다엔 가랑비 아득히 내리는데
석양에 외로운 배 띄웠어라
아름답구나 넓고 넓은 물 위에
아, 온갖 생각 사라지네
다만 임 향한 일편단심이야
아홉 번 죽어도 끝내 변치 않으리

處世苦不諧　　悠然歸意催
天心縱不移　　變態知誰裁
滄海細雨迷　　斜陽孤棹開
美哉水洋洋　　萬念嗟已灰
只有一寸丹　　九死終不回

도성을 떠나 배를 타고 해주海州로 내려가다

계미년(1583년, 선조 16년)

사방 먼 곳에 구름이 모두 짙은데
중천에는 햇볕이 쨍쨍하구나
외로운 신하의 한줌 눈물을
한양성 향해 뿌리네

四遠雲俱黑　　　　中天日正明
孤臣一掬淚　　　　灑向漢陽城

고산구곡가 高山九曲歌

고산의 아홉 굽이 계곡
세상 사람들이 모르더니
내가 와 터를 닦고 집을 짓고 사니
벗들이 모두 모여드네
무이산을 여기서 상상하고
소원은 주자를 배우는 것일세

高山九曲潭　　　世人未曾知
誅茅來卜居　　　朋友皆會之
武夷仍想像　　　所願學朱子

일곡은 어디인가
관암에 해가 비쳤도다
펀펀한 들판에 안개 걷힌 뒤에
먼 산이 참으로 그림 같구나
소나무 사이에 술 항아리 놓고
벗 오기를 우두커니 기다리네

一曲何處是　　　冠巖日色照
平蕪煙斂後　　　遠山眞如畫
松間置綠樽　　　延佇友人來

이곡은 어디인가
화암에 봄 경치 늦었구나
푸른 물결에 산꽃을 띄워
들판 밖으로 흘려 보내노라
이 경치 좋은 곳을 사람들이 모르니
알게 하여 찾아오게 한들 어떠리

二曲何處是　　　　花巖春景晚
碧波泛山花　　　　野外流出去
勝地人不知　　　　使人知如何

삼곡은 어디인가
취병에 잎이 벌써 퍼졌도다
푸른 나무에 산새가 있어
그 울음소리 높고 낮을 때로구나
반송에 맑은 바람 불어오니
여름에 더운 줄 조금도 모를네라

三曲何處是　　　　翠屏葉已敷
綠樹有山鳥　　　　上下其音時
盤松受淸風　　　　頓無夏炎熱

사곡은 어디인가
송애에 해가 넘어가는구나
못 가운데 바위 그림자가 거꾸로 서니

온갖 빛이 모두 잠겼구나
숲속의 샘물 깊을수록 더욱 좋으니
그윽한 흥을 스스로 이기기 어려워라

四曲何處是　　　　松崖日西沈
潭心巖影倒　　　　色色皆蘸之
林泉深更好　　　　幽興自難勝

오곡은 어디인가
은병이 가장 보기 좋구나
물가에는 정사가 있어
맑고 깨끗하기가 한량없네
그 가운데서 항상 학문을 강론하며
달도 읊어보고 또 바람도 읊조리네

五曲何處是　　　　隱屏最好看
水邊精舍在　　　　瀟麗意無極
箇中常講學　　　　詠月且吟風

육곡은 어디인가
조계가 물가에 넓게 차지하였구나
모르겠다 사람과 물고기 중에
그 즐거움 어느 쪽이 더 많을런지
황혼에 낚싯대 메고
무심히 달빛 받으면서 돌아오네

六曲何處是　　　　釣溪水邊闊
不知人與魚　　　　其樂孰爲多
黃昏荷竹竿　　　　聊且帶月歸

칠곡은 어디인가
풍암에 가을빛이 선명하구나
맑은 서리가 살짝 내리니
절벽이 참으로 비단빛이로구나
찬 바위에 홀로 앉았을 때에
무심히 집 생각까지 잊는구나

七曲何處是　　　　楓巖秋色鮮
淸霜薄言打　　　　絶壁眞錦繡
寒巖獨坐時　　　　聊亦且忘家

팔곡은 어디인가
금탄에 달이 밝구나
옥 거문고와 금 거문고로
무심히 두서너 곡조 타는구나
옛 곡조 알아들을 사람 없으니
혼자서 즐긴들 어떠하리

八曲何處是　　　　琴灘月正明
玉軫與金徽　　　　聊奏數三曲
古調無知者　　　　何妨獨自樂

구곡은 어디인가
문산에 한 해가 저무는구나
기이한 바위와 괴상한 돌이
눈 속에 묻혀 버렸구나
구경꾼이 제 안 오고
공연히 좋은 경치 없다 하네

九曲何處是　　　文山歲暮時
奇巖與怪石　　　雪裏埋其形
遊人自不來　　　漫謂無佳景

성산星山에서 임영臨瀛으로 향하며

나그네 길에 봄도 절반 지나려 하는데
역관驛館에는 오늘 해도 지려 하네
가는 당나귀 먹일 곳이 어디뇨
연무煙霧 저편에 인가가 있네

客路春將半   郵亭日欲斜
征驢何處秣   煙外有人家